数字法治与数字中国丛书

周尚君　主　编

网络虚拟财产

权利的消解与再造

赵自轩　著

NETWORK
VIRTUAL PROPERTY
The Dissolution and Reconstruction of Rights

中国人民大学出版社
·北京·

编委会

（按姓名笔画排序）

丁晓东　中国人民大学法学院教授

马长山　华东政法大学教授

王锡锌　北京大学法学院教授

叶　明　西南政法大学教授

付子堂　西南政法大学教授

李　晟　中国海洋大学法学院教授

张吉豫　中国人民大学法学院副教授

张晓君　西南政法大学教授

张凌寒　中国政法大学教授

陆幸福　西南政法大学教授

陈　亮　西南政法大学教授

林　维　西南政法大学教授

周汉华　中国社会科学院法学研究所研究员

周尚君　西南政法大学教授

郑　戈　上海交通大学凯原法学院教授

郑志峰　西南政法大学副教授

胡　凌　北京大学法学院副教授

胡　铭　浙江大学光华法学院教授

侯东德　西南政法大学教授

黄文艺　中国人民大学法学院教授

黄志雄　武汉大学法学院教授

彭诚信　上海交通大学凯原法学院教授

解志勇　中国政法大学教授

数字社会的法治变革（代总序）

周尚君[*]

当今世界已经进入历史变革期，全球治理体系的演变深刻复杂。新科技革命和产业变革正加速推动世界变革，数字化变革是这场变革中的关键变量。当前，数字技术继续迭代，数字经济加速发展，人类正以"加速度"方式进入数字"大航海"时代。数字化变革释放和拓展了社会生产力，全力助推全社会分享数字经济发展红利。与此同时，数字化变革以前所未有的迅猛态势席卷全球，数字技术的社会化应用不仅改变了人们习以为常的生活模式和思考方式，还加速引发了社会结构乃至政治结构、法治体系的深刻变革。[①] 人与人、人与社会、人与国家之间的关系，甚至人本身皆被重新定义，建构于工业文明之上的现代法治理论体系正遭遇系统性挑战。

当代法治体系，是工业革命背景下经历了几个世纪的沉淀而形成的具有复杂专业知识、精巧逻辑规则和明确价值目标的治理体系，具有鲜明的时代性。随着数字时代的到来，法治体系赖以生成发展的社会基础已经开始发生根本改变，出现了很多既有逻辑规则难以涵盖和准确表达的数字社

---

[*] 周尚君，西南政法大学教授，国家高层次人才特殊支持计划入选者，第十届"全国杰出青年法学家"。

本文主要观点来自周尚君.习近平法治思想的数字法治观.法学研究，2023（4）.

[①] ［德］罗纳德·巴赫曼，吉多·肯珀，托马斯·格尔策.大数据时代下半场：数据治理、驱动与变现.刘志则，刘源，译.北京：北京联合出版公司，2017：17-18.

会规律和难题。① 数字社会对现代社会的塑造，不是在某个领域、某个方面的个别调整，而是对价值、制度与技术的全面系统重建。数字时代的法治，面临的是法治空间的变革，即从有形空间进入无形空间，从固定空间进入流动空间，从物理空间拓展到虚拟空间；面临的是法治结构的变革，即从作为主体的人与人之间的关系结构拓展至人物互联、万物互联的混合结构，从社会应用层法律适用拓展至物理层数字基础设施跨域管辖与逻辑层算法规制的法治；面临的是法治能力的变革，即作为一种社会能力和国家法律对社会生活的作用力，数字法治通过量化社会、解析个体、建构"数字中台"等，精准把握社会脉搏，深度理解社会运行。

一、法治空间重建

空间是国家形成和治理的基本前提，空间的社会建构也是国家能力的重要形式。通过"国家简化"（state simplification），如设计地图、户籍制度、城市规划等，古代国家可以实现空间的可见、可度量、可分类和可征税。② 中国古代自先秦开始就构建起了涵盖宇宙天象、方位地形、礼仪人伦的空间体系，三者以宇宙意识为观念起点，以天、地、人三位一体为空间结构，以解释"天人关系"这一根本问题为旨归，构成了早期中国的集体精神意志与民族文化密码。③ 德国历史学家奥斯特哈默认为，欧洲世界到了近代以后，开始把空间纳入宪法上的领土范畴，并赋予其政治和法律意义。④ 从古至今，人类治理空间经历了从陆地到海洋，从地表到太空、深海、极地、网络的拓展，法律上的疆域也从平面疆域拓展至立体疆域、

---

① 马长山.为什么是数字法学//周尚君主编.法律和政治科学：数字社会中的国家能力.北京：社会科学文献出版社，2022：8-9.
② ［美］詹姆斯·C.斯科特.国家的视角.王晓毅，译.北京：社会科学文献出版社，2019：82-102.
③ 詹冬华.中国早期空间观的创构及其形式美意义.中国社会科学，2021（6）：186.
④ ［德］于尔根·奥斯特哈默.世界的演变：19世纪史.强朝晖，刘风，译.北京：社会科学文献出版社，2016：161.

从实体疆域拓展至虚拟疆域、从有形疆域拓展至无形疆域。实际上，从拉采尔提出"作为边缘有机体的边疆"开始，空间就被纳入人文地理学和地缘政治学的范畴。[①]卡尔·施米特开创性地将空间从国家领域拓展至技术、工业、经济、机构领域，他认为先进的技术改变国家，但技术不会自我管理。[②]技术显然受制于政治和法律的引领与塑造。1890年，美国军事家马汉开拓了对海洋空间的政治法律解释，提出了"政治性的海洋历史"这一概念，并提醒人们关注"制海权"这一新国际法概念的重要价值。[③]1921年，意大利军事理论家朱利奥·杜黑从空军战略理论角度提出"制空权"概念，既超前预测了空军在未来战争中的决定性作用，又进一步拓展了国际法治的空间布局。

空间内涵和外延的不断衍生，推动着法治形态的变迁。随着数字时代的到来，网络空间成为治理新疆域，法治的新空间权力拓展至"制网权"。从1969年美国国防部组建阿帕网（ARPANET）到1991年因特网（Internet）商业用户首度超过学术研究群体，以互联网为代表的网络空间的时代正式来临。20世纪90年代互联网在世界范围内广泛传播，网络空间一度被当作绝对"自由之境""思想的新家园"，但事实是，政府最初丧失了对网络空间行为的实际控制，网络空间沦落至犯罪、谎言和技术控制的边缘，甚至导致政府可以威慑，但对网络行为无法控制，法律可以制定，但其对网络空间没有实际意义。[④]网络乌托邦主义、无政府主义因此一直伴随着数字技术的发展。

以互联网为代表的信息技术极大增强了人类认识世界、改造世界的能力，深化拓展了国家治理、社会治理的空间外延，当代法治体系的建构也

---

① ［德］拉采尔.人文地理学的基本定律.方旭，梁西圣，等译.上海：华东师范大学出版社，2022.
② ［德］卡尔·施米特.政治的概念.增订本.刘小枫，编.刘宗坤，朱雁冰，等译.上海：上海人民出版社，2018：71.
③ ［美］阿尔弗雷德·塞耶·马汉.海权论.一兵，译.北京：同心出版社，2012：18-19.
④ ［美］劳伦斯·莱斯格.代码2.0：网络空间中的法律.2版.李旭，沈伟伟，译.北京：清华大学出版社，2018：3.

就不得不从多维度、多层次对法治空间进行全新建构，即将法治的基石从有形空间建构至无形空间，从固定空间涵盖至流动空间，从物理空间推演至虚拟空间。①国家法律对传统空间的主权管辖，也应当从通过陆地边界、领海宽度、领空高度来划界的思维惯性中跳脱出来，实现网络空间管辖上的技术上可行、权益上清晰、节点上自主、法律上标准清晰。②

二、法治结构重构

治理空间的变革带来了法治主、客体结构的深刻调整。数字化网络空间具有多重属性，主要呈现出虚拟性、全球性、跨越性、物理性、人造性等基本特征，其中最根本的特性是"跨越性"③。这种跨越性表现为跨人格性（人与人之间）、跨国家性（国家与国家之间）、跨空间性（虚拟与现实之间）。这种跨越性特征使人与人的联结发生了结构性变化，从根本上改变了人与外界相互连接的方式，拓展了社会连接的边界。只要条件适合，理论上每个人都可以轻易与任何人或所有人相连，而且这种连接高效、适时、便捷。④习近平指出，"互联网让世界变成了'鸡犬之声相闻'的地球村，相隔万里的人们不再'老死不相往来'。可以说，世界因互联网而更多彩，生活因互联网而更丰富"⑤。

一方面，数字化推动了治理空间拓展，把现代社会改造成了结构上的"网络社会"（network society）、文化上的"虚拟社会"（cyber society）、观念上的"内在导向社会"⑥（self-directed society）。另一方面，数字化改变了国家治理和社会治理的主、客体关系，创造了一种混合式治理结构。这个由

---

① 黄其松.数字时代的国家理论.中国社会科学，2022（10）：72-73.
② 赵宏瑞.网络主权论.北京：九州出版社，2019：35.
③ 张龑.网络空间安全立法的双重基础.中国社会科学，2021（10）：85.
④ 王天夫.数字时代的社会变迁与社会研究.中国社会科学，2021（12）：74-75.
⑤ 习近平.在第二届世界互联网大会开幕式上的讲话（2015年12月16日）//中共中央文献研究室编.习近平关于科技创新论述摘编.北京：中央文献出版社，2016.
⑥ 周尚君.数字社会对权力机制的重新构造.华东政法大学学报，2021（5）：18.

计算机、卫星、缆线、各中心终端连接而成的网络数字空间，彻底拆除了时空界限和领域边界，将社会关系从实体社会中脱嵌出来①，同时"将政治、军事、商贸、金融、交通等各行各业，政府、非政府组织、企业与个人等各类主体连接在一起，由此成为当今世界主权国家赖以正常运转的'神经系统'"②。网络连接从"人物互联"到"人人互联"，直至"万物互联"，互联网已经成为一张无所不在的"网"，这张网是技术之网、信息之网、数据之网，更是社会之网。③网络空间这张"社会之网"包含了主体、客体、平台、活动四要素，这四要素往往分属于各个主权国家管辖，造成主权管辖上的混合式治理结构：在物理层面（网络基础设施与技术硬件问题）、逻辑层面（代码、算法与技术软件问题）、应用层面（内容层、技术产业化与社会化应用过程中带来的社会问题），都往往跨越物理边界，尤其是逻辑层的关键网络资源由全球互联网技术社群设定，应用层虚拟空间不以领土为界，事实上往往不在一国主权的实际管辖范围内。④因此，当代法治体系需要在属人主义、属地主义和属人兼属地主义的传统管辖原则基础上迭代，在新主、客体思维和数字平台思维基础上，对既非纯粹主体又非纯粹客体、既非纯粹物质又非纯粹虚拟的主体、关系和行为进行法治理论重构。

三、法治能力重塑

当前，国家治理所赖以实施的环境和条件正在发生根本性变革，数字政府建设使政府对数据的运用更加系统化、多元化。有学者对政府能力进行了信息学分析：农业时代是信息传递的低级形态，人与人之间的社会联系是地域性的小规模熟人网络，深受地理阻隔、交通成本限制和主权疆域

---

① 齐延平.数智化社会的法律调控.中国法学，2022（1）：84.
② 洪鼎芝.信息时代：正在变革的世界.北京：世界知识出版社，2015：54.
③ 总体国家安全观研究中心，中国现代国际关系研究院.网络与国家安全.北京：时事出版社，2022：3.
④ 张龑.网络空间安全立法的双重基础.中国社会科学，2021（10）：86.

的禁锢；工业时代是信息传递的中级形态，社会生活中的每个个体仍然在彼此影响不深的社会情境下进行独立决策，并有充足的时间进行谨慎思考和理性抉择，社会运行主要是以低频率社会互动和有限的信息传递为基础；数字时代是信息传递的高级形态，信息交换和信息传播正在快速取代传统物品交换和资本流动而成为新的社会驱动力量。[①] 事实上，人类政治生活的两个最基本要素是通信和信息。所有政治秩序都建立在协调、合作和调控的基础上，而这三者无疑都不能缺少信息交换机制。如何收集、存储、分析和交流信息，与组织政治的方式密切相关。

数字社会对国家能力的塑造是围绕数据占有和数据传递展开的。在数据收集、存储、使用、加工、传输、提供、公开的过程中，数据由谁占有、数据传递由谁主导以及如何规制，是决定国家的数字治理能力的关键因素。[②] 在新技术革命条件下，数据、算法、算力是支撑数字治理能力的"铁三角"，其中：数据作为新型生产要素，是国家数字治理能力提升的"燃油"；算力及其核心技术已成为支撑数字治理能力的重要内驱；算法正试图将人在数字治理中的控制程度以及赋能程度极限降低。国家的数字治理能力归根结底是一种社会能力，是国家意志对社会生活的作用力。数字社会通过代码施加权力，通过算法奠基权力，将会使"大数据主义"在一定程度上成为世界通行的一种新的权力形态和一种新的"主义"[③]。正如迈尔-舍恩伯格所言，"大数据时代将要释放出的巨大价值使我们选择大数据的理念和方法不再是一种权衡，而是通往未来的必然改变"[④]。

利用数字新基建，政府可以构建起平台化、社会化数据治理结构，提升基于大数据集成分析的精准治理效能；利用云平台和区块链等数字化共

[①] 戴长征，鲍静.数字政府治理：基于社会形态演变进程的考察.中国行政管理，2017（9）.
[②] 周尚君.数字社会如何塑造国家能力 // 周尚君主编.法律和政治科学：数字社会中的国家能力.北京：社会科学文献出版社，2022：23.
[③] ［美］史蒂夫·洛尔.大数据主义.胡小锐，朱胜超，译.北京：中信出版社，2015：304.
[④] ［英］维克托·迈尔-舍恩伯格，肯尼思·库克耶.大数据时代：生活、工作与思维的大变革.盛杨燕，周涛，译.杭州：浙江人民出版社，2013：94.

享技术，构建起政府"数字中台"，推进政府数据汇聚融合，从而打通政府间数据流通闭环；利用数据流通机制，精准把握社会民情和信息脉搏，从而深度理解社会运行状况。[①]可见，数字技术正在改变法治能力的实践场景，数字化显然有助于提升国家权力社会实施的水平，包括实施的精准度和深入性，"微粒化的国家及其获取、搜集到的数据一道前所未有地、更深地渗入了社会的枝节当中"[②]。与此同时，数字技术本身已成为影响法治能力甚至国家治理能力的关键因素。"以数识人"不仅改变着人们的自我认同，而且成为每个人为社会所认知的基础。政府、大数据公司、平台企业通过智能技术应用所捕获的"真实世界中的数据"正在成为全新的生产手段和治理工具。[③]

基于以上考虑，西南政法大学网络空间治理国际研究基地（网络空间治理研究院）、全面依法治国研究院携手中国人民大学出版社发起出版"数字法治与数字中国丛书"：邀请全国从事数字法律科学研究的知名学者担任编委会委员，由周尚君担任主编，由陆幸福、郑志峰担任副主编。该丛书为一个开放性的学术平台，我们计划每年资助推出若干本数字法治与国家治理领域的优秀著作成果，热忱欢迎致力于数字法治与国家治理研究的优秀学者加入，共同推出具有学术想象力、理论创造力、未来引领力的数字法治理论佳作，为数字法治中国建设贡献力量。

[①] 樊鹏，等.新技术革命与国家治理现代化.北京：中国社会科学出版社，2020：11.
[②] ［德］克里斯多夫·库克里克.微粒社会：数字化时代的社会模式.黄昆，夏柯，译.北京：中信出版社，2018：168.
[③] 段伟文.信息文明的伦理基础.上海：上海人民出版社，2020：9.

序　言

自《民法典》颁布以来，对网络虚拟财产法律问题的研究便成为民法学研究的重要主题之一。围绕网络虚拟财产的法律性质、权利归属、权利内容、权利行使，学界展开了广泛的讨论和辩论，并形成了存在巨大理论分歧的物权说、债权说、知识产权说、新型财产权说等观点，由此导致当前学界尚未形成关于网络虚拟财产法律纠纷解决方案的共识。在我国学界积极探索网络虚拟财产权利属性的同时，社会实践层面悄然出现了网络虚拟财产权利消解的现象，主要表现为：网络服务提供者通过网络服务协议削弱、排除网络用户实际享有的网络虚拟财产权益，法院在司法实践中往往否认民事主体享有网络虚拟财产权，并在民事主体的网络虚拟财产受到侵害时拒绝提供法律救济。例如，法院以加密货币并非法定货币为由拒绝承认加密货币为财产权客体；将网络打赏中的虚拟货币视为网络服务的一部分，否定虚拟货币的独立地位；将网络店铺视为电子商务平台提供服务的一部分，否定网店经营者享有财产权益；等等。社会实践中网络虚拟财产权利消解的现象表明，当前社会和司法界尚未认识到网络虚拟财产作为新型财产的数字经济社会已经来临，网络虚拟财产相关利益主体尤其是网络用户享有的合法财产权益并未得到充分的认可与保障。

对抗网络虚拟财产权利消解最有力的方式是构建科学合理的网络虚拟财产权，明确网络虚拟财产权的归属、内容、行使与救济。本书认为，在网络虚拟财产立法缺失、网络虚拟财产基础理论尚未成熟的背景下，一条较为合理并务实的网络虚拟财产权利构建路径是：基于网络虚拟财产的产生方式、实质构成、价值来源、利益需求，以网络虚拟财产所在平台的网络服务协议为基础性法律依据，具体构建不同网络场景中的网络虚拟财产权。需要注意的是，对网络虚拟财产权的法律构建必须要破除以绝对排他的所有权为设计范本的思维定式，互联网经济作为共享经济的本质决定了网络虚拟财产权的构建既要满足多元主体的利益需求，也要为多元主体的权利行使划定界限。因此，本书对网络虚拟财产权的构建采取双重权利的构建模式，在网络用户与网络平台之间进行谨慎的权利义务配置，以此确保双方享有有限的同时又是维护自身利益所必要的网络虚拟财产权。

当然，作者深知，网络虚拟财产权的这一双重权利构建路径一定会受到其他学者的质疑和批评，相对于当前学界的主流观点，本书构建的网络虚拟财产权双重结构似乎有点诡异，甚至有些怪诞。在本书的写作过程中，有不少好心的朋友已经严肃地向我指出了这一构建模式在法律理论上的缺陷以及在行使中可能面临的冲突。但是，作为一种新生事物，相较于传统的财产类型，网络虚拟财产本身足够新奇，已足够令人诧异！如果历史上那些才智超群的法学家穿越到现代，面对令人眼花缭乱的网络世界和网络虚拟事物时，或许也会因为该如何将自己创建的精密法律理论适用于网络世界中的虚拟事物而感到困惑。但是，作古的先贤不会穿越到现代，我们则必须要利用有效的规则和制度应对互联网世界的现在与未来。因此，基于社会实践的现实需要，在既有法学理论的基础上大胆进行法律制度创新，似乎是我们这一代法律人必须要承担的历史责任和宿命。就本书而言，作者已经做好了充分的准备，就书中不成熟的观点和错误心怀真诚地接受各位专家的批评指正，望不吝赐教，多多包涵！

目 录

引 言……………………………………………………… 1

第一章 财产大爆发………………………………………… 5
第一节 网络虚拟财产涌现…………………………… 5
第二节 无能为力的立法……………………………… 14
第三节 无所适从的司法……………………………… 28
第四节 亟需解决的问题……………………………… 35

第二章 真假之辨与保护路径……………………………… 48
第一节 识别标准……………………………………… 48
第二节 真假之辨……………………………………… 60
第三节 保护路径……………………………………… 77

第三章 游戏虚拟财产是谁的……………………………… 84
第一节 游戏虚拟财产的类型………………………… 85
第二节 游戏玩家权利的被动消解…………………… 90

第三节 不可避免的冲突 …………………………………… 93
第四节 新型权利之构建 …………………………………… 105
第五节 非法获取游戏虚拟财产构成盗窃吗 ……………… 118
第六节 游戏运营商行使权利的法律限制 ………………… 128
第七节 游戏虚拟财产的返还与精神损害赔偿 …………… 137

第四章 隐私环境中的虚拟财产 …………………………… 144

第一节 财产、隐私或信息 ………………………………… 145
第二节 隐私环境中的虚拟财产权构建 …………………… 159
第三节 隐私环境中虚拟财产面临的法律纠纷 …………… 167
第四节 隐私环境中的虚拟财产权行使 …………………… 170
第五节 网络打赏的"钱"可以要回吗 …………………… 178
第六节 虚拟财产可以继承吗 ……………………………… 204

第五章 网店经营者享有什么权利 ………………………… 220

第一节 网店的实质 ………………………………………… 221
第二节 网店是不是虚拟财产 ……………………………… 227
第三节 网店经营者有权转让网店吗 ……………………… 237
第四节 行使网店处罚权的尺度与程序 …………………… 256

第六章 加密货币是货币吗 ………………………………… 263

第一节 作为非法定货币的虚拟财产 ……………………… 264
第二节 "挖矿"取得加密货币 …………………………… 266
第三节 加密货币买卖合同有效吗 ………………………… 271
第四节 违反加密货币委托合同如何救济 ………………… 279
第五节 加密货币担保权的实现方式 ……………………… 285
第六节 借了加密货币不还怎么办 ………………………… 290

引 言

1945年，坚持无党派、无偏见原则的美国权威期刊《大西洋月刊》在第176期第1卷刊登了一篇由范内瓦·布什写作的文章——《诚如所思》(As We May Think)。这篇文章描绘的是一个信息快速交换的未来世界，在不经意间为人们打开了一扇通往未来世界的大门。他在文中写道：目前，人类的科学知识相较于古时已经有了天翻地覆的变化，但是处理这些知识的手段仍旧很原始，分享、传播都在相对闭塞的环境中进行。任何一个人类不可控的突然事件都可能让人类的知识储备彻底消亡，致使人类又得重新花费力气将其找出。如此重复的知识传承过程造成的直接结果就是我们人类几千年的知识积累速度异常缓慢。于是，为了减少人类重复的知识探索成本，范内瓦·布什提出了以下设计方案：人类通过一个叫扩展存储器（memory-extender，Memex）的设备，把存储知识的大脑无限扩容，也就是通过这个设备将人们的所见所闻以包括文字、图片、视频、音频在内的多种形式完美存储起来。当人们需要使用某种已储存的信息时，他们可以从扩展存储器中迅速调取，无须在沉重且繁杂的历史记录中翻阅。在范内瓦·布什进一步的设想中，扩展存储器除了可储存、调用使用者的所见所闻，还可以通过"检索"（search）的方式查看他人的所见所闻。可以说，范内瓦·布什所设想的这一信息储存设备就是现在互联网的雏形。① 紧接着，二战以后国际政治格局发生深刻变化，以美国和苏联为代表的北约和华约集团进行激烈的对峙，并在科技领域积极开展竞争。1957年8月27日，苏联塔斯社发布公告："1957年8月21日，世界上第一枚多级远程弹道火箭向太平洋进行全程发射实验成功。"这意味着这种导弹能够发射到地球上任何地区。苏联的这一声明直接引发了美国的恐慌，基于应对这一潜在安全危机的需要，其亟需设置一种极为高效的导弹拦截反应系统，从而能够最快地应对随时可能降临的毁天灭地的灾难，并且确保即使系统被苏联核武器打击到也能够照常工作。对于以上问题，计算机技术专家拉里·罗伯茨提出的解决方案是建立"分布式通信系统"，并以此为原点着手开发出了互联网的前身"阿帕网"（advanced research projects agency network，ARPANET）。

阿帕网的出现标志着人类的信息通信技术发展到一个新时期。随着冷战的结束，阿帕网自身的角色也逐渐完成了从军民到民用的演变。在活跃的市场主体的积极参与和改进下，互联网技术进入了飞速发展的阶段，互联网逐渐从官方背景中淡出，在技术应用方面变得愈加简单且亲民，从其使用人主要是科研人员，逐渐扩展到寻常百姓家。尤其是随着佩吉·卡普提出了建立"互联网名字"的概念，复杂的IP地址穿上了简约的"外衣"，建立起了域名体系的雏形。紧接着，1983年，南加州大学的保罗·莫卡派乔斯建立了域名系统，它通过储存IP地址和域名的串联关系，让用户在访问指定域名时，可以直接访问域名背后的IP地址。如此一来，用户就不再需要记忆复杂的数字IP地址，域名为互联网民用的普及提供了技术准备。此后，蒂姆·伯纳斯·李研发出了超文本传输协议（hypertext transfer protocol，HTTP）和超文本标记语言（hypertext markup language，HTML），将文字、声音、图像三种不同的数据类型从互不兼容变成了可组合编写的数据模块，从此互联网便具有了可视化的存在样态，这极大地降低了互联网的操作门槛，并直接加快了互联网被一般人接纳并运用的进

---

① 袁载誉：《互联网简史》，中国经济出版社，2020，第10页。

程。蒂姆·伯纳斯·李将其称为万维网（World Wide Web）。①万维网的出现标志着互联网的发展进入了成熟期，并直接催生了即将在互联网世界诞生并深刻影响互联网未来发展的网络巨头。例如，微软公司1985年发布Microsoft Windows 1.0，其采取的用户图形界面模式进一步推进了互联网的可视化进程，直接促进了个人电脑进入千家万户。1994年，网景通信公司（Netscape Communication Corporation）研发出了更为稳定的浏览器Netscape，它成为当时介入互联网网页的必备工具。

在很长一段时间内，以美国为首的西方国家对我国实施技术封锁，由此导致我国互联网发展起步较晚。但是，我国仍于1990年11月28日在德国的维纳·措恩教授的帮助下构建了".CN"顶级域名服务器，并成功将其注册到斯坦福研究所网络信息中心的全球域名分配体系中。另外，我国也自1989年开始了互联网基础网络建设，在世界银行资金的大力支持下，中国国家计算机与网络设施计划正式启动。与此同时，在改革开放浪潮的推动下，中国的知识精英敏锐地认识到了互联网所蕴含的巨大经济潜能，自此，我国互联网进入飞速发展时期。

互联网技术的发展直接推动了网络虚拟财产的产生。在社交领域，Facebook（现改名为Meta）、YouTube、MySpace、Twitter、微信、QQ、微博等社交软件极大地降低了陌生人之间的交往成本，人们可以快速地将语音、视频、照片、文本进行线上传输，实现信息的分享和聚合。此时网络虚拟财产便出现了，用户和网络平台围绕着视频、照片、文本的权利归属展开了激烈的竞争。在网络直播时代，以抖音、快手、B站为代表的新一代社交App已经在人们的生活中占据了重要地位，进而出现了虚拟社交货币、虚拟打赏物等新的虚拟财产类型。在网络游戏领域，暴雪、索尼、腾讯、任天堂等公司占据了大量的市场份额，以"魔兽世界""第二人生""英雄联盟""王者荣耀"为代表的一系列网络游戏几乎成为年轻人日常生活不可分割的一部分。这些新的网络在线游戏有传统游戏所不具有的新的游

---

① 袁载誉：《互联网简史》，中国经济出版社，2020，第49页。

戏元素，如游戏角色、游戏道具、游戏币等，游戏玩家如此痴迷于这一新的游戏类型，以至于视网络游戏虚拟事物为自己合法财产的一部分。在市场贸易领域，网络技术的发展也直接推动商业模式发生质变，产生了与传统商品经济经营模式截然不同的电子商务经济，以 Amazon、eBay、阿里巴巴、京东为代表的电子商务巨头在公司市值上已经远远超过了传统的家乐福、沃尔玛等实体商场。在电子商务经济领域，一种新的交易工具逐渐进入大众视野并成为网络交易的主要发生地，即网络店铺，其具有虚拟性、价值性、稀缺性特征。因此，网络店铺的法律性质、权利归属、转让、继承给学术研究和司法实践带来了诸多疑问和问题。在支付领域，电子商务经济的兴起对交易的支付方式提出了新的要求，即更安全、更便捷、更高效，于是新的支付方式，如微信支付、支付宝等应运而生，人们可以随时利用钱包中的"零钱"或"余额"进行支付，而不必利用银行转账或现金交付。同时，随着互联网对人们生活的进一步渗透和重构，一种全新的、尤具颠覆性的支付手段产生了，即比特币，其试图构建一套匿名化、分布式、点对点的支付系统，以此满足人们对网络交易安全的深切需求。因此，以比特币为代表的一系列虚拟货币（加密货币）便纷至沓来，并引发了部分风投机构及人们的簇拥和投资，他们或者将比特币视为数字商品，或者将其视为未来货币，这直接导致比特币身价倍增，并在一定程度上冲击了我国的正常金融秩序。

第一章
财产大爆发

第一节 网络虚拟财产涌现

互联网技术的不断发展导致的直接结果是互联网进入高度发达阶段，其标志为互联网应用场景的多元化发展。根据中国互联网络信息中心发布的《第 48 次中国互联网络发展状况统计报告》，截至 2021 年 6 月，我国网民规模达 10.11 亿，较 2020 年 12 月增长 2 175 万，互联网普及率达 71.6%，较 2020 年 12 月提升 1.2 个百分点。截至 2021 年 6 月，我国手机网民规模已达 10.07 亿，较 2020 年 12 月增长 2 092 万，网民中使用手机上网的比例为 99.6%，与 2020 年 12 月基本持平。截至 2021 年 6 月，我国网络视频（含短视频）用户规模达 9.44 亿，较 2020 年 12 月增长 1 707 万，占网民整体的 93.4%；其中，短视频用户规模达 8.88 亿，较 2020 年 12 月增长 1 440 万，占网民整体的 87.8%。截至 2021 年 6 月，我国网络支付用户规模达 8.72 亿，较 2020 年 12 月增长 1 787 万，占网民整体的 86.3%。截至 2021 年 6 月，我国网络购物用户规模达 8.12 亿，较 2020 年 12 月增长 2 965 万。

2020 年 12 月至 2021 年 6 月，我国各类个人互联网应用用户规模呈持续稳定增长态势（见表 1–1）。其中，网上外卖的用户规模增长最为显著，增长率均在 10% 以上。在基础应用类应用中,搜索引擎、网络新闻的用户规模较 2020 年 12 月分别增长 3.3%、2.3%;在商务交易类应用中,在线旅行预订、网络购物的用户规模较 2020 年 12 月分别增长 7.0%、3.8%;在网络娱乐类应用中,网络直播、网络音乐的用户规模较 2020 年 12 月均增长 3% 以上。不同年龄段在应用使用上呈现出不同的特点。20~29 岁年龄段网民对网络音乐、网络视频、网络直播等应用的使用率在各年龄段中最高,分别达 84.1%、97.0% 和 73.5%。30~39 岁年龄段网民对网络新闻类应用的使用率最高,达 83.4%。10~19 岁年龄段网民对在线教育类应用的使用率最高,达 48.5%。

表 1-1 2020 年 12 月至 2021 年 6 月,各类互联网应用用户规模和网民使用率(部分)

应用	2020 年 12 月 用户规模(万)	网民使用率	2021 年 6 月 用户规模(万)	网民使用率	增长率
即时通信	98 111	99.2%	98 330	97.3%	0.2%
网络视频(含短视频)	92 677	93.7%	94 384	93.4%	1.8%
短视频	87 335	88.3%	88 775	87.8%	1.6%
网络支付	85 434	86.4%	87 221	86.3%	2.1%
网络购物	78 241	79.1%	81 206	80.3%	3.8%
搜索引擎	76 977	77.8%	79 544	78.7%	3.3%
网络新闻	74 274	75.1%	75 987	75.2%	2.3%
网络音乐	65 825	66.6%	68 098	67.4%	3.5%
网络直播	61 685	62.4%	63 769	63.1%	3.4%
网络游戏	51 793	52.4%	50 925	50.4%	-1.7%
网上外卖	41 883	42.3%	46 859	46.4%	11.9%
网络文学	46 013	46.5%	46 127	45.6%	0.2%

一、网络直播

根据《第 49 次中国互联网络发展状况统计报告》,截至 2021 年 12 月,我国网络直播用户规模达 7.03 亿,较 2020 年 12 月增长 8 652 万,占网民整体的68.2%。其中，电商直播用户规模为4.64亿，较2020年12月增长7 579万，占网民整体的44.9%；游戏直播的用户规模为3.02亿，较2020年12月增长6 268万，占网民整体的29.2%；体育直播的用户规模为2.84亿，较2020年12月增长9 381万，占网民整体的27.5%；真人秀直播的用户规模为1.94亿，较2020年12月增长272万，占网民整体的18.8%；演唱会直播的用户规模为1.42亿，较2020年12月增长476万，占网民整体的13.8%。同时，根据《2020年中国网络表演（直播）行业发展报告》，2020年我国直播行业市场规模达到1 930.3亿元，行业75%的收入来源于打赏分成，网络主播账号累计超过1.3亿。网络直播属于典型的粉丝经济，部分主播（网络主播）坐拥数千万的粉丝，由此带来巨大的网络流量，而该流量又可以通过直播带货的方式直接变现。陌陌公司作出的《2019主播职业报告》显示，主播群体的年龄呈明显年轻化趋势。2019年，受访主播中有33.4%为职业主播，2018年这一比例为31%，2017年仅为27.6%。"95后"主播中近半数为职业主播，占比为49%，"90后"主播中职业主播占比为38.3%。2018年"95后"职业主播占比为45.6%，"90后"职业主播占比为36%。另外，调查数据显示，79.4%的用户每个月会在直播中进行付费行为，占比接近8成，其中每月付费超过500元的用户占比为28.4%，每月付费超过1 000元的用户占比为19.8%。男性比女性更爱在直播中付费，每月直播付费1 000元以上的男性占比为22.8%，女性仅为7.6%。

　　网络直播兼具传媒功能、社交功能和交易功能，因此，网络直播环境中逐渐形成了新的财产形态，即直播账号、网络打赏币、网络打赏物。直播账号，特别是粉丝量（关注量）巨大的直播账号具有显著的商业价值，网络主播不仅可以通过直播获得网络打赏收入，而且可以与商家合作卖货使网络流量变现。同时，在社会实务中已经存在大量的网络平台提供网络直播账号估值和交易服务，网络直播账号的使用价值和交换价值都非常明显。而网络打赏币和打赏物则是由法定货币购买获得的，在网络直播中被作为打赏物品赠给网络主播，网络主播在获取该打赏物品后可以按照一定比例兑换为法定货币。近年来，社会上屡屡发生天价直播打赏的新闻，这进一步凸显了网络打赏物的财产价值。①

二、网络购物

网络购物是在互联网技术加持下产生的一种新的商业经济模式，在这一商业模式中，买卖双方的一切交易皆在电子商务平台上完成，从而极大地节省了市场交易的各项成本。截至2021年12月，我国网络购物用户规模达8.42亿，较2020年12月增长5 968万，占网民整体的81.6%。作为数字经济新业态的典型代表，网络零售继续保持较快增长，成为推动消费扩容的重要力量。2021年，网上零售额达13.1万亿元，同比增长14.1%，其中实物商品网上零售额占社会消费品零售总额比重达24.5%。网络零售作为打通生产和消费、线上和线下、城市和乡村、国内和国际的关键环节，在构建新发展格局中不断发挥积极作用。在我国，电子商务经济的发展取得了举世瞩目的成绩，以阿里巴巴（淘宝、天猫）、腾讯（微店）、京东（京东商城）、拼多多等为代表的电商巨头主导的网络购物平台取得了巨大的成功。在这场前所未有的商业模式变革中，新的商业经营工具——网络店铺出现了。《2021年上半年中国网络零售市场发展报告》显示，2021年上半年，网络零售市场规模稳步增长。国家统计局数据显示，上半年网上零售额达6.11万亿元，同比增长23.2%，两年平均增长15.0%。就其内部结构来看，2021年上半年B2C（商家到消费者）网络零售额占比为75.5%，同比增长20.6%；C2C（消费者到消费者）占比为24.5%，同比增长22%。截至2021年上半年，商务大数据重点监测的网络零售平台店铺数量为2 152.5万家，同比下降6.9%。其中，实物商品店铺数为1 066.7万家，占比49.6%。②

---

① 《少女两月花25万打赏网络主播家人毫不知情 这钱还能要回吗？》，央视新闻网，2023年1月17日访问。
② 《2021年上半年中国网络零售市场发展报告》，澎湃新闻网，2022年10月1日访问。

随着电子商务经济的持续繁荣，网店的商业价值愈加明显，并且受到了市场主体的普遍认可，由此导致网店作为一种新型财产逐渐进入大众视野并受到商业主体的关注。由于网店在电子商务经济中起到联结卖家与买家的作用，因此网店成为发展电子商务的核心网络资源，其商业价值非常明显。在司法实践中，以网店为标的的市场交易频繁发生，并出现了专门为网店交易提供估值和技术服务的各类平台。但是，囿于电子商务平台禁止网店交易以及网店交易面临的现实技术障碍，司法实践中因网店转让引发的法律纠纷逐年增多。就司法实践来看，当前我国网络店铺法律纠纷中的焦点问题是，网络店铺的法律属性，网络店铺的权利归属，网店经营者享有权利的内容，网店转让合同的法律效力，等等。

三、网络游戏

互联网技术的发达直接促成了游戏产业的迭代升级和高度繁荣，《第49次中国互联网络发展状况统计报告》显示，截至2021年12月，我国网络游戏用户规模达5.54亿，较2020年12月增加3 561万，占网民整体的53.6%。[1]中国音像与数字出版协会游戏出版工作委员会、中国游戏产业研究院发布的《2021年中国游戏产业报告》显示，2021年，中国游戏市场实际销售收入2 965.13亿元，比2020年增加了178.26亿元，同比增长6.4%。2021年，中国自主研发游戏海外市场实际销售收入达180.13亿美元，比2020年增加了25.63亿美元，同比增长16.59%。增速同比下降约17%，主要是受2020年新冠疫情下全球宅经济的激增效应消退的影响。[2]从2017年至2021年五年的平均增长幅度来看，我国游戏出海份额呈现稳定上升的态势，出海游戏在用户下载量、使用时长和用户付费三个方面均保持较好的

---

[1] 《第49次中国互联网络发展状况统计报告》，中国互联网络信息中心网，2022年10月1日访问。

[2] 《2021年中国游戏产业报告》，搜狐网，2022年10月1日访问。

增长。2021年，在中国自主研发移动游戏海外地区收入分布中，策略类游戏的收入占比为41.40%，角色扮演类游戏的收入占比为13.46%，射击类游戏的收入占比为12.96%。消除类、多人在线战术竞技类表现突出，两类游戏收入合计占比达10.91%，较2020年增加5.50%。从2019年至2021年三年市场收入占比来看，策略类游戏、角色扮演类游戏、射击类游戏依然是中国自主研发移动游戏出海的主力类型，持续受到海外市场认可，三类合计收入占比稳定在60%以上。同时，《2021年中国游戏产业报告》还显示，2021年，中国移动游戏收入排名前100的产品主要以角色扮演类游戏、卡牌类游戏和策略类游戏为主，这三类游戏占将近一半的市场份额，其中角色扮演类游戏占比为25%，卡牌类游戏占比为15%，策略类游戏占比为9%。这说明玩家偏好这三种游戏类型，企业的研发相对集中于这三种类型的产品。

基于我国网络基础设施逐步完善，网络用户数量不断增加，尤其是存在庞大的青少年用户群体，我国网络游戏市场规模极为庞大，网络游戏收入呈现持续增长之势。2022年中国游戏产业数据显示，2022年中国游戏市场实际销售收入2658.84亿元，游戏用户规模达到6.64亿人。[①]根据《游戏改变世界》一书的作者简·麦戈尼格尔的考察，人类第一部讲述游戏的历史书是希罗多德（Herodotus）的《历史》，可以追溯到3000多年前。在该书中，希罗多德写道，大约3000年前，阿提斯在小亚细亚的吕底亚为王，有一年，全国范围内出现了大饥荒。起初，人们毫无怨言地接受命运，希望丰年很快回来。然而局面并未好转，于是吕底亚人发明了一种奇怪的补救办法来解决饥馑问题。计划是这样的：他们先用一整天来玩游戏，只是为了感觉不到对食物的渴求……接下来的一天，他们吃东西，不玩游戏。依靠这一做法，他们一熬就是18年，其间发明了骰子、抓子儿、球以及其他所有常见的游戏。虽然这个记载的真实性有待考察，但是该记

---

① 《2022年中国游戏产业数据：市场收入2658.84亿元，同比下降10.33%》，游戏产业报告网，2023年1月17日访问。

载确实在一定程度上反映出了游戏的特殊功能，即可以暂时地将人从眼前令人沮丧的困境中解放出来，进而进入一种人为设计的且令人愉快的"虚幻之地"。①游戏的这一功效也在很大程度上解释了在新冠疫情肆虐的背景下，为何其他行业都举步维艰，而网络游戏行业却能够一枝独秀，依然保持着高速增长之势。另外，网络游戏在内容设计和游戏规则上要比传统游戏更具参与性和故事性，尤其是角色扮演类游戏，可以将玩家的人格直接投射到游戏角色（avatar）中，并通过模拟现实的游戏环境设计，以及在当前备受热捧的VR技术的加持下，能够在很大程度上使游戏玩家身临其境般地体会到一种"沉浸式"的快感。

如上所言，当前网络游戏市场上最为火爆的游戏类型是角色扮演类游戏。在这一类游戏中，首先，游戏玩家进入游戏世界时需要在该游戏平台上注册账号，并设定密码，以此作为玩家在该游戏平台的身份识别信息；其次，游戏玩家进入游戏世界后还需选定虚拟角色，以此作为自己的虚拟替身，玩家通过操作替身来进行一系列的游戏行为；最后，游戏玩家要想顺利完成游戏任务以及取得胜利，还需要借助一系列的游戏道具，而部分游戏道具是可以通过购买虚拟货币获得的。网络游戏的运行规则和游戏环境直接导致了新型网络事物的产生，如游戏角色、游戏装备、游戏币等。游戏玩家对其所拥有的游戏虚拟物品极为珍视，认为游戏装备和游戏币是自己合法财产的一部分，因此，网络游戏虚拟财产的概念以及相关法律问题便自然产生了。

四、网络支付

电子商务经济对传统交易模式的各个环节都进行了新的构建，其中就包括支付手段方面的革命性变革。在传统的交易模式中，主要是用现金支付，体现为一手交钱、一手交货。但是，在电子商务经济中，传统的现金

---

① 简·麦戈尼格尔：《游戏改变世界》，闾佳译，北京联合出版公司，2016，第6页。

支付模式已经难以符合交易双方对交易安全和效率的要求，为此，网络支付手段便应运而生。据统计，截至2021年12月，我国网络支付用户规模达9.04亿，较2020年12月增长4 929万，占网民整体的87.6%。2021年前三季度，银行共处理网上支付业务745.56亿笔，金额1 745.9万亿元，同比分别增长17.3%和10.5%，增速明显加快。当前电子商务经济中运用的主要支付工具包括支付宝、微信支付、银联云闪付、Apple Pay、Mi Pay、华为Pay、三星Pay等。网络支付的兴起直接引起支付工具的形态发生实质的变化，即从传统的纸币向数字化货币转变。在网络支付环境中，网络支付的工具是以数据形态储存的数字资源，如零钱、余额，其在网络环境中充当一般等价物的功能，但又与传统的法定货币存在本质的不同。

基于网络支付的市场占有规模和领域不断扩大，自2019年底，我国数字人民币试点测试规模有序扩大，应用领域逐步拓展，促进了我国数字经济规模的扩张与质量的提升。数据显示，截至2021年12月31日，数字人民币试点场景已超过808.51万个，累计开立个人钱包2.61亿个，交易金额875.65亿元，试点有效验证了数字人民币业务技术设计及系统的稳定性、产品的易用性和场景的适用性，增进了社会公众对数字人民币设计理念的理解，未来将进一步深化数字人民币在零售交易、生活缴费、政务服务等场景的试点使用。中国人民银行（简称"央行"）数字货币采用双层运营体系，即央行先把数字货币兑换给银行或者其他运营机构，再由这些机构兑换给公众。在这个过程中，央行将坚持中心化的管理模式：央行不预设技术路线，不一定依赖区块链，将充分调动市场力量，通过竞争实现系统优化。央行数字货币在一些功能实现上与电子支付有很大的区别。以往电子支付工具的资金转移必须通过传统银行账户才能完成，采取的是"账户紧耦合"的方式。而央行数字货币是"账户松耦合"，即可脱离传统银行账户实现价值转移，使交易环节对账户的依赖程度大为降低。央行数字货币既可以像现金一样易于流通，有利于人民币的流通和国际化，也可以实现可控匿名。央行发布的数字货币实际上是纸质货币的电子形态，其财产价值当然是不容置疑的。

随着交易主体对网络支付安全和效率的更高要求，以及区块链技术和匿名化技术的巨大进步，除了以上电子货币类型，当前社会还涌现出了一大批旨在充当网络世界一般等价物的虚拟货币，该类货币因具有较强的匿名化特征而被称为加密货币，如比特币（BTC）、以太币（ETH）、莱特币（LTC）、瑞波币（XRP）、门罗币（XMR）等。以比特币为例，这种类型的虚拟货币与游戏虚拟货币和数字人民币都存在显著的不同。游戏虚拟货币和数字人民币都是由一个中心化的机构（游戏运营商、中央银行）发行，并且其发行数量也直接由该中央机构决定。但是，就比特币而言，其采取的分布式结构决定了任何人或组织都不能改变比特币的产出总量和模式设计，且点对点的传输意味着一个去中心化的支付系统。另外，比特币是经由算法计算产生的，比特币与其他虚拟货币最大的不同是其总数量非常有限，具有极强的稀缺性。该货币系统曾在早期前4年内只有不超过1 050万个，现在的总数量将被永久限制在2 100万个。[①] P2P的去中心化特性与算法本身可以确保无法通过大量制造比特币来人为操控币值。密码学的设计可以使比特币只能被真实的拥有者转移或支付，这同样确保了比特币所有权与流通交易的匿名性。比特币的以上特点决定了其可能作为一种新的支付工具被使用，并且被一批投资者所热衷，这直接导致比特币在当前的交易市场上获得了极高的估值。2023年10月29日10:45:55，比特币价格为人民币244 503.42。虽然以比特币为首的一系列虚拟货币受到了投资者的追捧并且被个别国家视为合法货币，如德国、日本、加拿大，甚至位于中美洲北部的国家萨尔瓦多直接通过立法规定比特币为该国的法定货币，但是更多的国家对其可能引发的金融风险和法律风险保持高度警惕，其中就包括我国。截至目前，我国政府及社会组织连续出台多个文件，如《关于防范比特币等所谓"虚拟货币"风险的提示》《关于整治虚

[①] 赛费迪安·阿莫斯：《货币未来：从金本位到区块链》，李志阔、张昕译，机械工业出版社，2021，第171页。

拟货币"挖矿"活动的通知》《关于进一步防范和处置虚拟货币交易炒作风险的通知》《关于防范以"虚拟货币""区块链"名义进行非法集资的风险提示》，否定以比特币为代表的虚拟货币的货币地位，并采取多种方式限制其流通性和汇兑能力。但是，政策层面的禁止仍不影响其在个别投资者和持有者心中的地位，以虚拟货币为客体的交易和支付行为在社会实务中仍频繁发生。

从以上可以看出，当前网络环境中存在各种各样的充当货币功能的新型网络事物，该类网络事物在网络环境中具有一定的汇兑功能、流通功能和价值储存功能，因此被用户视为网络虚拟财产。

第二节 无能为力的立法

一、《民法典》与网络虚拟财产

网络虚拟财产法律纠纷的增加以及司法裁判困境促使网络虚拟财产的相关立法必须予以启动，而网络虚拟财产的立法进程又与我国《民法典》的编纂密切相关。2014年10月23日，党的十八届四中全会通过了《中共中央关于全面推进依法治国若干重大问题的决定》，其中明确提出要"编纂民法典"。于是，2015年3月，全国人大常委会法制工作委员会牵头成立由最高人民法院、最高人民检察院、国务院法制办（司法部）、中国社会科学院、中国法学会5家单位参加的民法典编纂工作协调小组，开展民法典编纂工作。按照《民法典》编纂"两步走"的战略部署，编纂工作最先开始的便是民法总则部分，而民法总则作为《民法典》提纲挈领的部分，必须要首先解决民事主体、民事客体、民事权利等基本性内容的设计问题。因此，对网络虚拟财产的立法就成为《民法典》总则编编纂中的一项重要内容。

1.《民法总则（草案）》一审稿中的网络虚拟财产规范

2016年7月5日发布的《民法总则（草案）》一审稿第104条规定："物包括不动产和动产。法律规定具体权利或者网络虚拟财产作为物权客体的，依照其规定。"基于该规定可以看出，立法者此时采取了将网络虚拟财产拟制为有体物的做法，进而将其视为物权客体。此种立法范式直接反映出我国《民法典》对财产权物债二分体系的坚守，防止网络虚拟财产这一"异类"对大陆法系财产权立法模式的冲击。

紧接着，2016年10月18日，由中国民法学研究会主办、腾讯研究院承办的"网络虚拟财产的民法典立法保护研讨会"在北京举办，此次会议围绕《民法总则（草案）》一审稿第104条，就网络虚拟财产的立法模式、类型化研究、司法裁判等问题展开讨论。[①]

来自最高人民法院的姚宝华法官认为，网络虚拟财产的具体类型具有多样性，由此导致学术界和司法实践界在其究竟属于物权、债权、知识产权还是其他法益方面存在较大争议。因此，姚法官认为，应当在对网络虚拟财产进行类型化的基础上，再进一步区分其属于物权、债权还是其他的法益。福建师范大学法学院的林旭霞教授认为，网络虚拟财产具有特定性和独立性，应当被界定为"物"。网络虚拟财产具备"物"的特定性在于，虽然虚拟财产是感观无法确定的数据，但网络用户可以通过对自己的账号设置密码来防止他人对自己的资料进行修改、增删，也可以通过一定的程序对虚拟财产进行买卖、使用、消费，并根据市场供求状况确定其价值；运营商也可以依据协议对其进行保管，在有效的运营期间具有同一性，说明网络虚拟财产具有一般社会观念或经济观念中的特定性。林旭霞教授作为国内研究网络虚拟财产的先行者，其观点代表了一大批研究者的态度，而该草案的规定在一定程度上就是一部分学者学术观点的直接体现。但是，华中科技大学的熊琦教授对草案中网络虚拟财产的规定存在不同意

[①] 《网络虚拟财产的民法典立法保护研讨会综述》，中国法学会网，2022年10月1日访问。

见，他认为，物权中占有、使用、收益、处分的全面支配力无法在虚拟财产上体现，因为网络虚拟财产权利的产生是网络服务提供者在特定范围内创造的结果；网络虚拟财产权利的行使也必须按照网络服务提供者规定的方式实现，范围也受到特定网络服务边界的限定。因此，熊琦教授建议，仅将特定适合《物权法》（已失效）保护和归置的虚拟财产作为物权客体，而不是将全部网络虚拟财产纳入物权客体规定。曾任职于西北政法大学的孙山副教授（现就职于西南政法大学）同样认为，对网络虚拟财产不能采取物权保护模式，网络虚拟财产应作为一种新型权利被法律保护；在立法模式选择上，建议在民法总则中仅对网络虚拟财产作宣示性规定，并另行制定特别保护法。

中国人民大学法学院的熊丙万副教授认为，采取债权模式或物权模式都能实现对网络虚拟财产的保护，并且在以上两种保护模式中，网络虚拟财产保护的成本并无差异，到底是采取物权还是债权保护模式，应当以既有的学术同行交流习惯和司法实践中业已形成的较为便利的惯常性做法为判断标准。现任职于对外经济贸易大学法学院的许可副教授也认为，债权和物权模式都能实现对网络虚拟财产的法律保护，但二者在法律实施成本上存在差异，因此究竟采取哪一种保护模式应基于一种"后果论"的路径，即在对网络虚拟财产作为物权或债权各自产生的法律效果和事实效果进行评价后，依据各自后果的配置效率进行制度设计。他认为，采取物权模式比债权模式更有利于网络虚拟财产的保护。现任职于中国政法大学民商经济法学院的缪宇副教授则认为，物权说不仅存在理论障碍，在实践中也缺乏优势。理论上的障碍在于物权客体的扩张、难以解释占有和交付的概念，也会消解支配权的概念。因此，他认为，虚拟财产权实际上是无形利益，应通过人格权制度、著作权制度和合同法制度来保护。持此债权保护观点的还有中国人民大学的王雷教授，他指出，司法实践中对网络虚拟财产的保护并不直接适用排除妨碍、返还原物等保护方式，而往往是本着网络虚拟财产对平台提供者技术依赖性的特点，采取由平台提供者恢复网络用户数据的责任方式，平台提供者对网络虚拟财产的安全保障义务成为司法实践中的核心价值判断问题。在上述司法实务背景下，网络虚拟财产权法律性质之争属于概念术语归类上的解释选择问题。网络虚拟财产权债权说中的安全保障义务能够为网络虚拟财产提供自洽的保护。王雷教授进一步提出了网络虚拟财产保护的立法建议，可考虑规定为"网络虚拟财产受法律保护"，以采取持中柔和的立法态度。

从以上可以看出，虽然《民法总则（草案）》一审稿第104条规定网络虚拟财产为物权的客体，即将网络虚拟财产视为"有体物"，但是，学者们对此持不同观点，主要原因就在于网络虚拟财产的技术构成、运行机理和利用方式与法律传统中物的概念及物权的行使方式存在较大差异。

2.《民法总则（草案）》二审稿中的网络虚拟财产规范

2016年11月18日公布的《民法总则（草案）》二审稿改变了一审稿中对网络虚拟财产的立法保护模式，其第124条规定："法律对数据、网络虚拟财产的保护有规定的，依照其规定。"[①] 由此可见，与一审稿相比，二审稿对网络虚拟财产的规定作出了较大改变，即不再将其作为物权客体。在二审稿中，关于物权客体的规定主要体现在第112条第2款（物权是权利人依法对特定的物享有直接支配和排他的权利，包括所有权、用益物权和担保物权）和第113条（物包括不动产和动产。法律规定权利作为物权客体的，依照其规定）中。究其原因，或许就在于立法者对网络虚拟财产法律属性的认定存在较大争议，尤其在网络虚拟财产与传统有体物存在显著性质差异，以及网络虚拟财产权利行使方式与物权行使方式存在明显区别的背景下，将网络虚拟财产视为物权客体存在巨大的法理障碍，并且也可能会导致《民法典》中物权体系的内部逻辑紊乱。

---

① 《中华人民共和国民法总则（草案）》（二次审议稿），山东高法公众号，2022年11月1日访问。

3.《民法典》中网络虚拟财产规范的最终形成

在 2016 年 12 月 19 日召开的十二届全国人大常委会第二十五次会议上,《民法总则(草案)》三审稿提交审议,其第 128 条规定,"法律对数据、网络虚拟财产的保护有规定的,依照其规定"[①],与二审稿一字未差。随后,修改后的《民法总则(草案)》于 2017 年 3 月 8 日提交十二届全国人大五次会议审议。2017 年 3 月 15 日,《民法总则》审议通过,对网络虚拟财产的规定与三审稿保持一致,仅条文位置(第 127 条)发生了变化。最终,这一立法表述被原封不动地规定在我国《民法典》总则编第 127 条。

从以上可以看出,虽然我国民法典对网络虚拟财产进行了规定,但是该条文属于典型的转引性规范,并不能作为网络虚拟财产法律纠纷直接援引的裁判依据。同时,该法条并没有界定网络虚拟财产的概念和基本范畴,也未对网络虚拟财产的归属、行使方式、保护机制、救济路径等重要问题进行规定。为何网络虚拟财产的法典化过程一波三折?在很大程度上是因为,作为新型网络事物,当前学界和实务界对网络虚拟财产的概念和基本范畴尚未形成共识,由此导致网络虚拟财产各项问题的研究和判断缺乏一个稳固且确定的基点。在此背景下,如果贸然将网络虚拟财产放置于物权法或债法的保护规范框架内,很可能会对既有的财产法逻辑体系造成冲击,同时也无法确保既有的物权法规范或债法规范能够有效应对网络虚拟财产所面临的一系列紧迫问题。

二、网络虚拟财产在其他规范性文件中的体现

根据前文可知,当前我国《民法典》并未对网络虚拟财产作出具体明确的规定,但随着司法实践中的网络虚拟财产法律纠纷日益增多,国家有关部门迫切需要出台相应的指导性文件,为该类纠纷提供相应的解决方案。

---

① 《中华人民共和国民法总则(草案)》(三审稿),山东高法公众号,2022 年 11 月 1 日访问。

因此，伴随着网络虚拟财产法律纠纷的出现，我国有关部门陆续颁布了一系列规范性文件，对具体的网络虚拟财产类型予以调整。需要说明的是，当前除我国《民法典》之外，对网络虚拟财产予以规定的文件的法律效力层级都较低，主要体现为个别国家主管机关发布的部门规章或部门其他规范性文件，以及最高人民法院或最高人民检察院发布的司法解释文件。

1. 对游戏虚拟货币的规定

2007 年，公安部、文化部等机构颁布的《关于进一步加强网吧及网络游戏管理工作的通知》明确规定："中国人民银行要加强对网络游戏中的虚拟货币的规范和管理，防范虚拟货币冲击现实经济金融秩序。要严格限制网络游戏经营单位发行虚拟货币的总量以及单个网络游戏消费者的购买额；严格区分虚拟交易和电子商务的实物交易，网络游戏经营单位发行的虚拟货币不能用于购买实物产品，只能用于购买自身提供的网络游戏等虚拟产品和服务；消费者如需将虚拟货币赎回为法定货币，其金额不得超过原购买金额；严禁倒卖虚拟货币。违反以上规定的，由中国人民银行按照《中华人民共和国中国人民银行法》第 32 条、第 46 条的规定予以处罚。"同年，《公安部、信息产业部、文化部、新闻出版总署关于规范网络游戏经营秩序查禁利用网络游戏赌博的通知》还规定："要监督网络游戏服务单位依法开展经营活动，要求其不得收取或以'虚拟货币'等方式变相收取与游戏输赢相关的佣金……不得提供游戏积分交易、兑换或以'虚拟货币'等方式变相兑换现金、财物的服务，不得提供用户间赠予、转让等游戏积分转账服务，严格管理，防止为网络赌博活动提供便利条件。"这些文件对虚拟货币用途的限制性规定似乎都表明了一个意图，即虚拟货币首先不等于法定货币，其次也并非一般的财产，否则就难以理解为何以上文件要对其转让和兑换予以严格的限制。然而，2008 年发布的《国家税务总局关于个人通过网络买卖虚拟货币取得收入征收个人所得税问题的批复》明确规定："个人通过网络收购玩家的虚拟货币，加价后向他人出售取得的收入，属于个人所得税应税所得，应按照'财产转让所得'项目计算缴纳个人所得税。"由此可见，国家税务总局无疑是将虚拟货币视为真正的财产了。

虽然以上文件已经对虚拟货币进行了零星的规定，但都未对游戏虚拟货币的概念作出一个具体且准确的界定，这一任务最终由《文化部、商务部关于加强网络游戏虚拟货币管理工作的通知》（简称《游戏货币通知》）（2009年）完成了。该文件第1条明确规定："网络游戏虚拟货币，是指由网络游戏运营企业发行，游戏用户使用法定货币按一定比例直接或间接购买，存在于游戏程序之外，以电磁记录方式存储于网络游戏运营企业提供的服务器内，并以特定数字单位表现的一种虚拟兑换工具。"其主要表现形式包括网络游戏的预付充值卡、预付金额或点数等形式，但不包括游戏活动中获得的游戏道具。第7条规定："除利用法定货币购买之外，网络游戏运营企业不得采用其它任何方式向用户提供网络游戏虚拟货币。"第8条规定："网络游戏虚拟货币的使用范围仅限于兑换发行企业自身所提供的虚拟服务，不得用以支付、购买实物产品或兑换其它企业的任何产品和服务。"第11条规定："网络游戏运营企业计划终止其产品和服务提供的，须提前60天予以公告。终止服务时，对于用户已经购买但尚未使用的虚拟货币，网络游戏运营企业必须以法定货币方式或用户接受的其它方式退还用户。"

除了以上文件，2017年修订的《网络游戏管理暂行办法》（已失效）也对游戏虚拟货币进行了规定，尤其对游戏虚拟货币的利用进行了相当完善的规定，成为当前对游戏虚拟货币法律问题进行研究的主要依据。第2条将网络游戏虚拟货币定义为"由网络游戏经营单位发行，网络游戏用户使用法定货币按一定比例直接或者间接购买，存在于游戏程序之外，以电磁记录方式存储于服务器内，并以特定数字单位表现的虚拟兑换工具"。与《游戏货币通知》相比，该定义的科学之处在于，删除了对存储服务器的限制，即不需要必须存储于网络游戏运营企业提供的服务器中。第19

条严格规定了网络游戏运营企业发行网络游戏虚拟货币的条件：(1)网络游戏虚拟货币的使用范围仅限于兑换自身提供的网络游戏产品和服务，不得用于支付、购买实物或者兑换其他单位的产品和服务。(2)发行网络游戏虚拟货币不得以恶意占用户预付资金为目的。(3)保存网络游戏用户的购买记录。保存期限自用户最后一次接受服务之日起，不得少于180日。(4)将网络游戏虚拟货币发行种类、价格、总量等情况按规定报送注册地省级文化行政部门备案。第22条第1款规定了游戏服务终止时，游戏虚拟货币的退还方式：网络游戏运营企业终止运营网络游戏，或者网络游戏运营权发生转移的，应当提前60日予以公告。网络游戏用户尚未使用的网络游戏虚拟货币及尚未失效的游戏服务，应当按用户购买时的比例，以法定货币退还用户或者用户接受的其他方式进行退换。最后，该文件还详细规定了违规发行、交易网络游戏虚拟货币的处罚措施，即第32条规定："网络游戏运营企业发行网络游戏虚拟货币违反本办法第十九条第一、二项规定的，由县级以上文化行政部门或者文化市场综合执法机构责令改正，并可根据情节轻重处30 000元以下罚款；违反本办法第十九条第三、四项规定的，由县级以上文化行政部门或者文化市场综合执法机构责令改正，并可根据情节轻重处20 000元以下罚款。"第33条规定："网络游戏虚拟货币交易服务企业违反本办法第二十条第一项规定的，由县级以上文化行政部门或者文化市场综合执法机构责令改正，并处30 000元以下罚款；违反本办法第二十条第二、三项规定的，由县级以上文化行政部门或者文化市场综合执法机构责令改正，并可根据情节轻重处30 000元以下罚款；违反本办法第二十条第四、五项规定的，由县级以上文化行政部门或者文化市场综合执法机构责令改正，并可根据情节轻重处20 000元以下罚款。"

2. 对游戏虚拟道具的规定

《文化部关于规范网络游戏运营加强事中事后监管工作的通知》(已失

效）第一次对网络游戏虚拟道具进行了详细规定。

第4条规定："网络游戏运营企业发行的，用户以法定货币直接购买、使用网络游戏虚拟货币购买或者按一定兑换比例获得，且具备直接兑换游戏内其他虚拟道具或者增值服务功能的虚拟道具，按照网络游戏虚拟货币有关规定进行管理。"这一规定主要是区分游戏货币和游戏道具，一旦游戏道具在游戏中实际具有兑换功能，就将其视为游戏货币，并受到相关法律文件的约束。

第5条规定："网络游戏运营企业变更网络游戏版本、增加虚拟道具种类、调整虚拟道具功能和使用期限……时，应当及时在该游戏的官方主页或者游戏内显著位置公示所涉及虚拟道具的名称、功能、定价、兑换比例、有效期限以及相应的赠予、转让或者交易方式等信息。"该文件之所以作此规定，主要是基于游戏道具本身所隐含的"财产价值"。特别是在游戏道具是用户以法定货币兑换所得的场景中，如果任由游戏公司调整游戏道具的功能和使用期间，就可能导致游戏道具价值贬值，间接损害游戏用户的合法权益。

第6条规定："网络游戏运营企业采取随机抽取方式提供虚拟道具和增值服务的，不得要求用户以直接投入法定货币或者网络游戏虚拟货币的方式参与。"该文件之所以作这一规定，根本原因是打击近年来愈加猖獗的网络赌博问题。网络赌博作为一种新型违法形态，与传统的赌博行为存在显著的不同。传统赌博的发生场景在线下，主要表现形式为开设赌场和设置游戏机、吃角子老虎等赌博机器等，并且赌资主要表现为法定货币。然而，网络赌博的表现形式则更为多样，其中就包括了各种打着游戏招牌，以获取游戏道具为诱饵，引诱参与者投入法定货币或虚拟货币，并提供虚拟货币兑换法定货币功能的网络赌博平台。上述第6条直接针对的便是此种网络赌博行为，以防止网络游戏异化为网络赌博。

第10条规定："网络游戏运营企业不得向用户提供虚拟道具兑换法定货币的服务，向用户提供虚拟道具兑换小额实物的，实物内容及价值应当符合国家有关法律法规的规定。"从该条规定可以看出，有关部门对虚拟道具和虚拟货币都作出了禁止其兑换法定货币的规定，但不同之处在于，该条允许用户用虚拟道具兑换符合国家法律法规规定的小额实物。其根本目的是，通过限制游戏道具兑换法定货币，将游戏道具的功能局限在游戏娱乐的范围内，防止其沦为网络赌博或者实施非法犯罪的工具。

从以上规定可以看出，游戏虚拟货币与游戏道具存在巨大区别（游戏道具充当一般等价物的除外），游戏虚拟货币主要存在于游戏程序之外，本身并不直接参与游戏的故事进程；而游戏道具则本身就属于网络游戏的一部分，不管是虚拟人还是虚拟物品，都是角色扮演类游戏中不可或缺的一部分。也正是因为二者的本质不同，法律对其规范的目的和方式也存在显著不同。

3. 对以比特币为代表的加密货币的规定

除了游戏虚拟货币，虚拟货币还包括非游戏虚拟货币，其中的典型代表便是比特币。所谓比特币，是指通过开源的算法产生的一套密码编码，是世界上第一个分布式匿名数字货币。[①] 与游戏虚拟货币相比，比特币的货币属性更为显著，其不仅可以由法定货币兑换取得，还可以在比特币交易平台上被再次兑换为法定货币。与之相比，游戏虚拟货币与法定货币的兑换仅是单向的，因此其货币属性仅局限于网络游戏的特定场景中。同时，比特币通过公开密钥算法，采用电子签名的技术进行交易，具有高度安全性和匿名性，因此被视为未来最有可能被普遍采用的世界货币。[②] 正是因为比特币以区块链技术为基础且具有强匿名化特征，所以其又被称为加密货币。本书为了方便区分以区块链技术为基础的虚拟货币和其他网络环境中的虚拟货币，将使用加密货币一词来特指比特币、以太币、莱特币

[①] 贾丽平：《比特币的理论、实践与影响》，《国际金融研究》2013年第12期，第14页。
[②] 赛费迪安·阿莫斯：《货币未来：从金本位到区块链》，李志阔、张昕译，机械工业出版社，2021，第161页。

等虚拟货币。自加密货币问世以来,围绕其产生的赞赏和诋毁便是交相存在的。当前我国法律、行政法规未对加密货币作出规定,随着其市场价值一再攀升,以及以加密货币为对象的市场交易频繁发生,司法实务中因加密货币产生的法律纠纷不断增多。在此背景下,我国政府的有关部门陆续发布了一系列规范性文件,对加密货币的属性、交易、监管等核心问题予以规定。

2013年,中国人民银行等五部门联合发布了《关于防范比特币风险的通知》。首先,该通知对比特币的法律属性进行了规定:"比特币具有没有集中发行方、总量有限、使用不受地域限制和匿名性等四个主要特点。虽然比特币被称为'货币',但由于其不是由货币当局发行,不具有法偿性与强制性等货币属性,并不是真正意义的货币。从性质上看,比特币应当是一种特定的虚拟商品,不具有与货币等同的法律地位,不能且不应作为货币在市场上流通使用。"由此可以看出,比特币并非法定货币,不具有法定货币的法偿性和强制性,仅属于一种虚拟商品。其次,该通知还规定各金融机构和支付机构不得为比特币持有和交易提供相关的配套服务,从而进一步达到弱化其货币属性的目的。最后,该通知要求提供比特币登记、交易等服务的互联网站应当在电信管理机构备案,并将提供比特币登记、交易等服务的机构纳入反洗钱监管。其直接目的在于加强对比特币的监管和控制,防止比特币沦为非法个人或者组织的合法洗钱工具。

比特币等加密货币的产生依赖大量的算力支撑,而更大的算力则意味着投入更多的电力,这种基于算力的虚拟货币产生过程被称为"挖矿"。[1] 加密货币的产生过程需要消耗巨大的电力,并在一定程度上导致了部分地区的电力枯竭。在此背景下,国家发展改革委等部门于2021年9月联合发布了《关于整治虚拟货币"挖矿"活动的通知》,该文件在第一部分"充分认识整治虚拟货币'挖矿'活动的重要意义"中明确提出,虚拟货

---

[1] 布莱恩·凯利:《数字货币时代:区块链技术的应用与未来》,廖翔译,中国人民大学出版社,2017,第28页。

币"挖矿"活动对国民经济贡献度低,对产业发展、科技进步等带动作用有限,加之虚拟货币生产、交易环节衍生的风险越发突出,其盲目无序发展对推动经济社会高质量发展和节能减排带来不利影响。虽然这一规定直接指涉的是"挖矿"行为,但是从字里行间可以看出我国对加密货币的基本态度,即加密货币的社会价值弊大于利,因此要通过对加密货币的产生机制施加限制,以达到限制虚拟货币发行和交易的目的。

为了进一步防范虚拟货币炒作带来的潜在风险,中国人民银行等10个部门又在2021年9月发布了《关于进一步防范和处置虚拟货币交易炒作风险的通知》。该通知的第1条明确了加密货币的法律性质,即虚拟货币不具有与法定货币等同的法律地位。比特币、以太币、泰达币等虚拟货币具有非货币当局发行、使用加密技术及分布式账户或类似技术、以数字化形式存在等主要特点,不具有法偿性,不应且不能作为货币在市场上流通使用。该通知还对加密货币相关业务的性质予以定性,即开展法定货币与虚拟货币兑换业务、虚拟货币之间的兑换业务、作为中央对手方买卖虚拟货币、为虚拟货币交易提供信息中介和定价服务、代币发行融资以及虚拟货币衍生品交易等虚拟货币相关业务活动涉嫌非法发售代币票券、擅自公开发行证券、非法经营期货业务、非法集资等非法金融活动,一律严格禁止,坚决依法取缔。对于开展相关非法金融活动构成犯罪的,依法追究刑事责任。该通知明确了虚拟货币投资交易活动存在的法律风险,即任何法人、非法人组织和自然人投资虚拟货币及相关衍生品,违背公序良俗的,相关民事法律行为无效,由此引发的损失由其自行承担;涉嫌破坏金融秩序、危害金融安全的,由相关部门依法查处。该通知还对加密货币的产生及投资采取了釜底抽薪式的风险防范和处置方式,具体举措包括:金融机构和非银行支付机构不得为虚拟货币相关业务活动提供服务,加强对虚拟货币相关的互联网信息内容和接入管理,加强对虚拟货币相关的市场主体登记和广告管理,严厉打击虚拟货币相关非法金融活动,严厉打击涉虚拟货币犯罪活动,等等。

4. 对网络账号的规定

当前我国学界对网络账号是否属于网络虚拟财产存在争议，在此暂且不对网络账号是否属于网络虚拟财产作出判断，仅梳理当前立法对网络账号的相关规定，为后文对网络账号法律性质的分析提供法律依据。在网络世界中，网络账号是一种最为常见的网络事物，构成了我们接受网络服务并进行跨网络社交、通信的基本前提，其主要类型包括直播账号、游戏账号、邮箱账号、网店账号、公众号等。当前司法实践中出现了大量因网络账号利用或交易引发的法律纠纷，包括网络账号转让、限制、继承等，但我国立法尚未对网络账号法律纠纷的处理作出明确规定，关于网络账号的规定仅散见于法律规范性文件中。例如，《最高人民法院、最高人民检察院关于办理侵犯公民个人信息刑事案件适用法律若干问题的解释》第1条就规定，"公民个人信息"，是指以电子或者其他方式记录的能够单独或者与其他信息结合识别特定自然人身份或者反映特定自然人活动情况的各种信息，包括姓名、身份证件号码、通信通讯联系方式、住址、账号和密码、财产状况、行踪轨迹等。依据该文件的规定，网络账号似乎应属于个人信息的范畴。

2021年修订的《互联网用户公众账号信息服务管理规定》对互联网用户公众账号的利用、监督管理问题进行了详细规定。该规定第8条明确规定，公众账号信息服务平台应当采取复合验证等措施，对申请注册公众账号的互联网用户进行基于移动电话号码、居民身份证号码或者统一社会信用代码等方式的真实身份信息认证，提高认证准确率。用户不提供真实身份信息的，或者冒用组织机构、他人真实身份信息进行虚假注册的，不得为其提供相关服务。公众账号信息服务平台应当对互联网用户注册的公众账号名称、头像和简介等进行合法合规性核验，发现账号名称、头像和简介与注册主体真实身份信息不相符的，应当暂停提供服务并通知用户限期改正，拒不改正的，应当终止提供服务。该规定还对网络账号的登录实施严格管理，第 10 条第 2 款规定，公众账号信息服务平台对互联网用户注册后超过六个月不登录、不使用的公众账号，可以根据服务协议暂停或者终止提供服务。更为重要的是，针对司法实践中逐渐增多的因网络账号转让引发的法律纠纷，该规定对公众账号的转让问题进行了明确规定。第 11 条第 1 款规定，公众账号信息服务平台应当依法依约禁止公众账号生产运营者违规转让公众账号。可见，该立法的态度是非常明确的，即原则上应当禁止公众账号的转让，公众账号的转让要依法且依约进行，至于该如何转让，第 11 条第 2 款规定，公众账号生产运营者向其他用户转让公众账号使用权的，应当向平台提出申请。平台应当依据前款规定对受让方用户进行认证核验，并公示主体变更信息。平台发现生产运营者未经审核擅自转让公众账号的，应当及时暂停或者终止提供服务。还需注意的是，该规定赋予了公众账号信息服务平台对公众账号的监督管理权，第 19 条第 2 款规定，公众账号信息服务平台应当对违反本规定及相关法律法规的公众账号，依法依约采取警示提醒、限制账号功能、暂停信息更新、停止广告发布、关闭注销账号、列入黑名单、禁止重新注册等处置措施，保存有关记录，并及时向网信等有关主管部门报告。

当前我国法律仅仅对网络账号的利用和监督管理问题进行了规定，但是并未对网络账号的法律属性、权利归属、法律保护问题进行规定，因此难以为司法实践中网络账号法律纠纷的处理提供法律依据。

5. 对网络店铺的规定

当前我国学界和实务界对网络店铺是否属于网络虚拟财产存在较大争议，我国对网络店铺的规定散见于《电子商务法》《网络交易监督管理办法》《最高人民法院关于审理网络消费纠纷案件适用法律若干问题的规定（一）》中。但是以上法律规范的重点是对消费者合法权益的保护，几乎没有涉及网络店铺的法律性质、权利归属和转移问题。

第三节　无所适从的司法

根据前文可以看出，当前我国立法对网络虚拟财产的保护存在重大缺漏，网络虚拟财产纠纷在客观上面临着无法可依的窘境。然而，随着数字经济的发展，当前我国司法实践中出现了大量的网络虚拟财产法律纠纷，在没有直接法律依据的情况下，法院对网络虚拟财产纠纷的处理无所适从，并进行着艰难的探索。

一、网络游戏虚拟财产纠纷第一案——李某晨诉北极冰公司娱乐服务合同纠纷案

网络游戏装备是最为典型的网络虚拟财产，追根溯源，网络虚拟财产这一术语的形成与网络游戏装备存在紧密关系。就可以查询的司法案例来看，2003年的李某晨诉北京北极冰科技发展有限公司（简称"北极冰公司"）娱乐服务合同纠纷案不仅是网络游戏虚拟财产纠纷第一案，同时也是网络虚拟财产纠纷第一案。[①]该案对网络虚拟财产概念的产生，乃至最终形成都具有重要意义，构成了网络虚拟财产概念的重要司法渊源。在该案中，"红月"系一大型多人在线收费网络游戏，被告北极冰公司是该游戏的经营者，原告李某晨是游戏玩家之一。原告通过注册账号首次进入游戏，之后通过购买被告发行的游戏时间卡并为账号充值后获得游戏时间进行游戏活动。在游戏过程中，玩家通过购买被告发行的游戏卡或游戏命令等方式，可获得游戏中的多种虚拟装备。在原告参与游戏的过程中，其因游戏装备丢失以及游戏装备被删除与被告发生纠纷。原告认为，其在玩游戏的两年时间里，付出了大量的精力及感情，被告的行为不仅影响了其在游戏中的正常娱乐活动，造成了财产损失，而且对其精神造成打击，因此要求被告

---

① 参见（2003）朝民初字第17848号民事判决书。

赔偿精神损失费 10 000 元。而被告则认为，玩家对网络游戏中的物是否具有所有权、虚拟物品的价值如何认定、虚拟物品的具体赔偿标准是什么等问题，目前均没有明确的法律依据。网络游戏中的内容无论装备、分级还是称号，在现实生活中均没有构成实际意义，实质上只是一组数据，本身并不存在。因此，被告认为为不存在的东西负责，是没有法律依据的。

对此，法院判决认为："关于丢失装备的价值，虽然虚拟装备是无形的，且存在于特殊的网络游戏环境中，但并不影响虚拟物品作为无形财产的一种获得法律上的适当评价和救济。玩家参与游戏需支付费用，可获得游戏时间和装备的游戏卡均需以货币购买，这些事实均反映出作为游戏主要产品之一的虚拟装备具有价值含量。但不宜将购买游戏卡的费用直接确定为装备的价值，游戏网站上公布的产品售价与原告购买游戏卡的实际花费不完全一致，而且虚拟装备无法获得现实生活中同类产品的价值参照，亦无法衡量不同装备之间的价值差别，为避免不适当的价值确定可能对某一方有失公平，本院认为原告主张的丢失物品可由被告通过技术操作对已查实的物品进行回档，亦与原告参与游戏、享受游戏乐趣的娱乐目的相一致。原告要求双倍赔偿宠物卡和大礼包，没有法律依据，本院不予支持。"[1]

在该案发生后，新闻媒体对该案进行了大量的报道，该案被称为"中国虚拟财产纠纷第一案"，并且也直接引发了学术界的关注和评价，直接促使了网络虚拟财产这一术语的产生。在该案发生后，记者白洁就在《中国经济快讯》杂志上发表了《谁动了我的"武器"？》[2]一文，并开宗明义地提出了究竟什么是虚拟财产、如何确定虚拟财产的实际价值、我国现有法律对虚拟财产是如何规定的三个问题。可见，当时应是网络虚拟财产概念的破晓时刻，李某晨诉北极冰公司案体现了网络游戏装备的价值已经被游戏玩家所珍视，但是就法院对该案的回应来看，法院显然没有意识到网络虚拟财产正"试图通过该案获取自己的历史定位"，因为该案的法官

---

[1] 参见（2003）朝民初字第 17848 号民事判决书。
[2] 白洁：《谁动了我的"武器"？》，《中国经济快讯》2003 年第 46 期，第 28 页。

试图将游戏装备定性为"无形财产",而忽略了该财产的虚拟特征。同时,从本案法院采取的救济措施——原告主张的丢失物品可由被告通过技术操作对已查实的物品进行回档——可以看出,法院实际上并未承认游戏装备作为法律客体的独立性,而是将其作为网络服务的内容予以处理。

二、网络账号法律纠纷第一案——曾某峰、杨某男盗窃罪案

2006年,我国司法实践中出现了第一例因买卖QQ号码引发的法律纠纷——曾某峰、杨某男盗窃罪案。在该案中,被告人曾某峰于2004年5月31日入职腾讯公司,后被安排到公司安全中心负责系统监控工作。2005年3月初,被告人曾某峰因购买QQ号码在淘宝网上认识了被告人杨某男,俩被告人遂合谋通过出售窃取他人的QQ号码获利。2005年3月至7月,由被告人杨某男将随机选定的他人的QQ号码通过互联网发给被告人曾某峰,曾某峰利用公司离职同事使用的"ioioliu"账号进入后台系统查询被告人杨某男提供的QQ号码的密码保护资料(证件号码和邮箱),然后将查询到的资料发回被告人杨某男,再由被告人杨某男破解QQ号码的密码保护问题,并将QQ号码的原密码更改后出售给他人。经查,二被告人共计卖出QQ号码130余个,获赃款61 650余元。公诉机关认为,被告人曾某峰、杨某男秘密窃取他人QQ号码出售获利的行为已构成盗窃罪,且数额巨大,诉请法院依法惩处。但是,被告人认为,QQ号码不属于2005年修正的《刑法》第264条规定的"财物",存储于QQ号码中的Q币及网络游戏币也不具有财产属性,不是财产,且根据互联网相关管理法规及腾讯公司QQ号码使用须知的规定,私下买卖QQ号码属非法交易,不受法律保护。[①]

该案争议的焦点是:QQ号码的法律性质是什么?其是不是财产?最终,法院基于罪刑法定原则未将QQ号码认定为财产,而是将其认定为一种通信

---

① 参见(2006)深南法刑初字第56号刑事判决书。

工具代码，二被告人最终以侵犯通信自由罪论处。然而，该案裁判结果并未回应本案的核心事实，即被告出卖QQ号码的主观目的并非侵害他人的通信自由，而是获取财产利益。而本案法院之所以不敢以公诉机关提起的盗窃罪论罪，主要原因在于，不敢突破"罪刑法定"这一金科律例。但是，本案法官所想但不敢做的事情，很快被颜某凡案中的法官完成了。

三、游戏装备盗窃罪第一案——颜某凡案

虽然李某晨诉北极冰公司案也是因游戏装备丢失而引发的，但该案判决并未承认游戏装备的财产属性。2006年判决的颜某凡盗窃罪案对于网络虚拟财产概念的形成具有里程碑意义，因为法院在判决中明确承认了游戏装备作为虚拟财产的财产价值。在该案中，颜某凡于2004年8月至10月在广州网易互动娱乐有限公司（简称"网易公司"）组织的"大话西游Ⅱ"网络游戏两周年庆典活动上，利用其担任工作人员的便利，盗取被害人梁某鹏、程某、金某根等参加庆典活动的游戏玩家的个人资料，伪造被害人的身份证和截取被害人的网易通行证号，然后以被害人网络游戏账号的安全码被盗或丢失为由，骗取网易公司向其发送新的安全码，之后再用该安全码登录"大话西游Ⅱ"网络游戏。被告人先后盗得被害人梁某鹏、程某、金某根三人的游戏装备一批，其中包括被害人梁某鹏的"六级男衣避水甲""八级男帽子乾坤帽""十级项链万里卷云"等游戏装备。经网易公司估算，被盗装备价值虚拟货币69 070万大话币，折合人民币4 605元。被告人颜某凡将盗得的装备转卖给王某兵、张某峰等人，非法获利人民币3 750元。

最终法院判定，涉案的财物虽是网络游戏中的虚拟财产，但该虚拟财产具有价值和使用价值，并根据现实社会的供求关系于交易过程中体现其经济价值。本案被害人被盗的是游戏装备，该装备是游戏者（玩家）通过向游戏运营商支付一定的费用后，获取游戏使用权，再通过在游戏环境中完成一定的任务、自己进行打造或练级后获得的相应游戏装备。该装备虽

然仅存在于电脑网络和游戏程序的电磁记录之中，但却是游戏者投入了时间、精力和金钱后获取的劳动成果。该劳动成果可通过售卖的形式来换取现实生活中的货币，因此虚拟财产和现实生活中的货币是紧密相连的，具备了商品的一般属性，既有价值又有使用价值，理应得到与现实生活中的财产同等的保护，属于刑法的调整范围。此外，虚拟财产也属于私人财产，能为人们所控制和占有。虚拟财产不是游戏系统本身就存在的，它是游戏者通过脑力劳动并伴随着金钱和时间的投入而取得的，是游戏者通过脑力劳动触发游戏程序创造出来的，因此，游戏者理应对其创造出来的虚拟财富享有所有权。由于游戏者可以通过售卖、赠与等方式享有对虚拟财产的占有、使用、收益和处分等权利，虚拟财产可以在游戏者之间进行自由流转，为每个游戏者所独立控制和占有，因此虚拟财产属于游戏者的私人财产。本院认为，游戏装备属于游戏者的私人财产，并具有一定的经济价值，因此上诉人颜某凡盗取游戏者游戏装备的行为并非简单的违反游戏规则，而是侵犯了公民个人的财产所有权，应构成盗窃罪。[①]

该案的里程碑意义在于，法院第一次以判决的形式承认了游戏装备作为虚拟财产的财产价值和性质，并承认盗窃虚拟财产构成刑法上的盗窃罪。因此，该案实际上以判决的形式承认了网络虚拟财产与传统的动产和不动产具有同样的财产意义及法律地位。同时，该案的里程碑意义还在于，该案判决详细地说明了游戏装备可以成为法律意义上的财产的法理基础和法律保护游戏装备的必要性，可以说，该案判决直接影响了以后虚拟财产案件的处理和学术研究，兼具司法意义和学术价值。但是，学界对该案判决也不乏反对之声，有学者认为，该案判决不当地突破了罪刑法定原则，超出了盗窃罪的法律适用范围，属于滥用司法裁量权。但无论如何，该案判决体现了法院在司法实践中面对网络虚拟财产问题时一次大胆的司法尝试，是我国司法能动主义的一次生动诠释。

---

① 参见（2006）穗中法刑二终字第68号刑事裁定书。

四、虚拟货币盗窃罪第一案——孟某、何某康案

在该案中，被告人孟某于 2005 年 6 月至 7 月通过互联网，在广州市利用黑客程序窃得上海茂立实业有限公司（简称"茂立公司"）登录腾讯、网易在线充值系统使用的账号和密码。同年 7 月 22 日下午，孟某通过网上聊天的方式与被告人何某康取得联系，向何某康提供了上述所窃账号和密码，二人预谋入侵茂立公司的在线充值系统，窃取 Q 币和游戏点卡后在网上低价抛售。以上二被告人盗窃的 Q 币、游戏点卡，共计人民币 25 948.96 元。被害单位茂立公司发现 Q 币被盗后，立即通过腾讯公司在网上追回被盗的 Q 币 15 019 个。茂立公司实际损失 Q 币 17 279 个，价值人民币 13 304.83 元。连同被盗的游戏点卡，茂立公司合计损失人民币 14 384.33 元。

该案是我国首例虚拟货币盗窃案件，在当时引发了巨大轰动。其原因在于，当时我国网络游戏产业正处于历史的高光时刻，以腾讯、网易为代表的一大批网络游戏公司风头正劲，同时，当时的网络游戏市场也在经历一场前所未有的巨变，即从离线单机游戏转向在线角色扮演类游戏，在角色扮演类游戏中存在着一种重要的游戏工具——游戏币。游戏币既可以由法定货币购买，也可以通过其他渠道获得，在游戏中发挥着一般等价物的作用，可以用来购买游戏装备和特殊技能。正是基于游戏币的强流通性和可兑换性，其在网络游戏中具有重要的使用价值和交换价值，由此关于游戏币的盗窃案件层出不穷，这在一定程度上扰乱了健康有序的游戏市场。孟某、何某康网络盗窃案就是在这样的背景下发生的，因此一开始就受到了社会公众的高度关注，以至于该案最终被选入《最高人民法院公报》（2006 年第 11 期）。法院判决认为，Q 币和游戏点卡是腾讯公司、网易公司在网上发行的虚拟货币和票证，是网络环境中的虚拟财产。用户以支付真实货币的方式购买 Q 币和游戏点卡后，就能得到发行 Q 币和游戏点卡的网络公司提供的等值网上服务，因此 Q 币和游戏点卡体现着网络公司提供网络服务的劳动价值。被害

单位茂立公司是 Q 币和游戏点卡的代理销售商，按照合同约定的折扣，通过支付真实货币，从腾讯公司、网易公司得到 Q 币和游戏点卡。茂立公司付出对价后得到的 Q 币和游戏点卡，不仅是网络环境中的虚拟财产，也代表着茂立公司在现实生活中实际享有的财产，应当受刑法保护。被告人孟某、何某康以非法占有为目的，在网上实施侵入茂立公司账户并秘密窃取 Q 币和游戏点卡的行为，侵犯了茂立公司在现实生活中受刑法保护的财产权利，当然构成盗窃罪，应该受刑罚惩罚。①

该案的历史意义在于，不仅扩大了网络虚拟财产的范围，也为网络虚拟财产价值的来源提供了有益的观察视角（Q 币和游戏点卡体现着网络公司提供网络服务的劳动价值）。同时，该判决还为网络虚拟财产价值的认定提供了若干可能性路径：（1）网络公司在网上标出的销售价格；（2）网络用户在网外互相交易形成的价格；（3）网络公司与代理商之间交易的价格。更为重要的是，随着该案被选为最高人民法院公报案例，网络虚拟财产的概念进一步被社会公众知悉，并且，该案还直接促使网络虚拟财产作为一种新型客体应得到法律保护的共识得以最终形成。

除了以上纠纷，随着互联网对社会生活的全面渗透以及新的互联网应用场景的不断成熟，网络新生事物不断涌现，给既有的社会法律秩序带来了一定程度的挑战，同时也一再反映出既有法律规范的漏洞和缺陷。例如，发生在 2015 年的网店转让纠纷第一案——李某与姚某旻等买卖合同纠纷案，该案一审判决认定网店转让合同有效，李某成为网店的所有权人，这在实际上承认了网店作为网络虚拟财产的独立法律地位。②但是，二审法院则撤销了一审判决，认为网店并不属于虚拟财产，经营者不享有转让权。③以上案件不仅使网络虚拟财产的概念进一步被人们了解，也让网络虚拟财产导致的一系列法律纠纷，以及司法机关在网络虚拟财产法律

---

① 参见《最高人民法院公报》2006 年第 11 期（总第 121 期）。
② 参见（2015）闵民一（民）初字第 10711 号民事判决书。
③ 参见（2015）沪一中民一（民）终字第 4045 号民事判决书。

纠纷中面临的困惑全部表露无遗。网络虚拟财产立法缺失，致使司法实务对网络虚拟财产的概念、范围、法律性质、权利归属、法权构建、救济方式等基本问题缺乏一致的认知，进而导致法院对网络虚拟财产法律纠纷处理的差别较大，同案不同判的现象经常发生。同时，以上案例也直接表明，对网络虚拟财产相关法律问题的研究已经刻不容缓，立法和学术研究必须要加大对网络虚拟财产法律问题的关注。

第四节　亟需解决的问题

一、网络虚拟财产的概念如何界定

虽然我国《民法典》第127条规定了网络虚拟财产，但是该条文并未对网络虚拟财产的法律概念进行规定，并且当前的其他法律文件也未对网络虚拟财产的概念予以界定。就我国学界研究来看，学者们对网络虚拟财产的定义也呈现出较大差异。林旭霞教授认为，虚拟财产是指在网络环境下，模拟现实事物，以数字化形式存在的、既相对独立又具有排他性的信息资源。其特征是：存在于网络环境或网络空间中，以数字化的形式来模拟现实事物，具有相对独立性，可以排他享有。[1] 杨立新教授则认为，网络虚拟财产是指存在于与现实具有隔离性的网络空间中、能够用现有的度量标准度量其价值的数字化的新型财产。[2] 同时，刑法学者陈兴良教授认为，虚拟财产是具有财产性价值、以电磁数据形式存在于网络空间的财物。[3]

从以上定义可以看出，学者们对网络虚拟财产的概念并未达成共识。

---

[1] 林旭霞：《虚拟财产权性质论》，《中国法学》2009年第1期，第88页。
[2] 杨立新：《民法总则规定网络虚拟财产的含义及重要价值》，《东方法学》2017年第3期，第69页。
[3] 陈兴良：《虚拟财产的刑法属性及其保护路径》，《中国法学》2017年第2期，第146页。

而清晰的概念是网络虚拟财产法律问题研究的起点，缺乏科学的概念，网络虚拟财产法律问题的研究也将无从说起。同时，网络虚拟财产法律概念的界定还直接影响相关法律纠纷的处理方式和路径。就此而言，林旭霞教授对网络虚拟财产的定义可被称为一种狭义的定义，因为其在定义中使用了限定性词语——模拟现实事物，进而实现了对网络资源（数据资源）的甄别或筛选。但是，另外两位学者的定义则基本上没有体现虚拟特征。由此带来的疑问是，网络虚拟财产与数据、个人信息等其他网络事物有何区别。这一疑问暂未解决导致的现实问题是，当前学界对网络虚拟财产的研究缺乏稳固的研究起点，司法实践对网络虚拟财产的认定也五花八门，因此难以为网络虚拟财产法律纠纷的处理提供渐变式的裁判规则。

二、网络虚拟财产的法律性质如何确定

如上所言，我国《民法典》仅对网络虚拟财产作出了概括性规定，未对其法律属性予以明确，因此网络虚拟财产的法律性质成为学界研究的热门话题。学者们对网络虚拟财产法律性质的判断存在较大争议，并且难以达成共识。目前来看，学界对网络虚拟财产的法律性质的认识大致可以归纳为以下四种观点，即物权说、债权说、知识产权说、新型财产说。

杨立新教授认为，把网络虚拟财产确认为一种特殊物是最为准确的。在法律上，对网络虚拟财产享有的权利应当是一种物权，因此，网络虚拟财产的性质就是特殊物。虽然传统的物权理论认为物权的客体应是占有一定的空间并为有形的存在，应当具有有形性和独立性的特征，但是随着社会经济和现代科学技术的发展，物的范围早已不限制在有形、有体的范围内，只要具有法律上的排他支配可能性或管理的可能性，都可以认定为物。而网络虚拟财产的法律属性——可管理性、独立经济价值、占有一定空间——决定了其与传统的动产并无二致，应属于物的范畴，应受到物权

法的调整。① 同时，持物权说观点的学者还从法经济学视角出发，认为在关注事实与结果的后果论进路下，物权定位与债权定位之争被具体化为不同救济方式的选择及配置效率的更优选择。纠纷类型化和法经济学的交叉运用最终证明：网络虚拟财产物权定位下的救济在后果上优于债权定位。②

而持债权说观点的学者则认为，网络虚拟财产权利人在行使权利时必须得到平台提供者的技术配合，受到服务器状态的限制，即网络虚拟财产权人不管是基于自己的网络游戏劳动获取的网络虚拟财产，还是基于与平台提供者或者其他网络用户之间的网络虚拟财产买卖合同而获取的网络虚拟财产，其在行使相关网络虚拟财产权利时必须通过与网络服务合同和软件授权使用合同的配合方能实现。网络虚拟财产在行使方式上的特殊性使得其无法脱离债权的类型归属，不能上升为支配性的物权。③ 而且，王雷教授还认为，网络虚拟财产权债权说更易于与债权、物权的既有通说观点相协调，解释成本较低，网络虚拟财产权债权说还能就网络虚拟财产司法实践中安全保障义务的解释论的完善提供更多的理论支持。

还有学者认为，网络虚拟财产作为无形财产应属于知识财产的范畴，并应受到知识产权法律的保护。其主要理由是，网络虚拟财产的实质是计算机代码，而代码则是技术员的创造性智慧成果，只要掌握了核心代码，网络虚拟财产就可以随意复制。因此，网络虚拟财产符合知识产品的核心特征。

除了以上观点，还有学者认为，对网络虚拟财产法律性质的确定应该摒弃传统物债二分的财产法模式，应基于网络虚拟财产的独特法律特征和现实法律需求，将其作为新型财产，采取异于物权和债权的新型权利保护

---

① 杨立新、王中合：《论网络虚拟财产的物权属性及其基本规则》，《国家检察官学院学报》2004年第6期，第7页。
② 许可：《网络虚拟财产物权定位的证立——一个后果论的进路》，《政法论坛》2016年第5期，第47页。
③ 王雷：《网络虚拟财产权债权说之坚持——兼论网络虚拟财产在我国民法典中的体系位置》，《江汉论坛》2017年第1期，第125页。

模式。例如，李国强教授就认为，科学技术的发展和进步给人类社会带来了诸多新生事物，对传统的民法理论提出了挑战。对民法基本理念的全新认识，突破传统民法债权物权二分的体系逻辑来设计网络虚拟财产权利的表达尤为重要。[①] 李岩教授也认为，与其适用既有的法律制度创造太多的例外性解释，使既有的权利体系分崩离析，破坏权利体系的内在逻辑结构，给物权和债权的二分体系带来冲击，不如正视虚拟财产权的特殊性及虚拟经济蓬勃发展的现实，将虚拟财产的权利性质认定为一种新型的财产权，即虚拟财产权[②]，并从主体、客体、公示、变动、行使与保护等方面入手对虚拟财产权的内容予以构建。

我国民事立法中物债二分体系设计的一大弊端就是难以对现代社会中不断涌现出的新型财产作出制度回应。例如，现代社会的诸多新型财产，如电、气、知识产品、数据、虚拟财产，都与传统物的概念存在显著区别，特别是在我国坚持"物必有体"的法律理念下，以上新型财产就更难以纳入物权法的调整范畴，由此也就必然引发了关于网络虚拟财产法律性质问题的疑惑与争论。同时，网络虚拟财产法律性质不明也直接导致了司法实践对网络虚拟财产纠纷调整的法律适用难题，即到底该采取什么法律（物权法、合同法、知识产权法）对其予以救济。

三、网络虚拟财产的归属如何判断

1. 游戏虚拟财产的归属

在当前社会实务中，游戏用户普遍认为游戏账号作为其注册取得的虚拟财产应归其所有，然而，网络游戏服务协议往往约定，游戏账号和密码

[①] 李国强：《网络虚拟财产权利在民事权利体系中的定位》，《政法论丛》2016年第5期，第23页。

[②] 李岩：《"虚拟财产权"的证立与体系安排——兼评〈民法总则〉第127条》，《法学》2017年第9期，第151页。

归游戏运营商所有，游戏用户对其仅享有使用权，并且该权利只能由游戏用户自己使用，不得进行转让、交易、继承。例如，《腾讯游戏许可及服务协议》[1]第2.6条约定："游戏账号是腾讯按照本协议授权您用于登录、使用腾讯游戏及相关服务的标识和凭证，其所有权属于腾讯。您仅根据本协议及《QQ号码规则》《腾讯微信软件许可及服务协议》《微信个人账号使用规范》、相关账号使用协议以及腾讯为此发布的专项规则享有游戏账号的使用权。您不得将游戏账号以任何方式提供给他人使用，包括但不限于不得以转让、出租、借用等方式提供给他人作包括但不限于直播、录制、代打代练等商业性使用。否则，因此产生任何法律后果及责任均由您自行承担，且腾讯有权对您的游戏账号采取包括但不限于警告、限制或禁止使用游戏账号全部或部分功能、删除游戏账号及游戏数据及其他相关信息、封号直至注销的处理措施，因此造成的一切后果由您自行承担。"同时，该协议的第4.8条还约定："您充分理解并同意：游戏虚拟道具及其他游戏增值服务等均是腾讯游戏服务的一部分，腾讯在此许可您依本协议而获得其使用权……您充分理解并同意：为更好地向用户提供腾讯游戏服务，腾讯有权对游戏相关内容（包括但不限于游戏虚拟道具的设计、性能及相关数值设置等）作出调整、更新或优化。"第7.3条约定："您在使用腾讯游戏服务中产生的游戏数据的所有权和知识产权归腾讯所有，腾讯有权保存、处置该游戏数据，但国家法律法规另有规定的从其规定。"依据该协议的约定，游戏玩家仅能依据协议享有相关消极性的服务利益，但对游戏虚拟财产不享有任何积极性的法律权利，尤其是不能将游戏账号、游戏装备等转让获益。

由于游戏虚拟财产的权属存在争议，司法实践产生了许多法律纠纷。例如，在张某山诉上海聚市网络科技有限公司（简称"聚市公司"）等物权保护纠纷案[2]中，张某山以9万元的价格从案外人刘某手中购买了该游

---

[1] 《腾讯游戏许可及服务协议》，腾讯游戏网，2022年11月1日访问。
[2] 参见（2021）粤0192民初14405号之二民事裁定书。

戏的账号，购买游戏账号后，张某山除自己使用账号外，还每月花费 8 000 元请案外人牟某为张某山管理、运营案涉游戏账号，其间张某山通过自己以及牟某的支付宝、微信累计向聚市公司充值 1 340 039 元，而案涉游戏在 2021 年 4 月 25 日之后便关闭了游戏服务器，清空了张某山游戏账号的全部数据。张某山认为，依据我国《民法典》的有关规定，网络虚拟财产具有财产性质，受到法律保护，被告的行为严重侵害了原告的合法财产权益，因此被告应当赔偿原告的经济损失。然而，被告公司却以网络服务协议约定禁止游戏账号转让为由否认张某山的诉讼主体地位。

面对以上棘手的法律争议，法院也只能认为，张某山虽然对案涉虚拟财产享有一定权益，但在其并非案涉游戏账号的实名注册人的情况下，享有的权益只能是相对的、受限的，其权益主要是相对于实名注册人和其他与案涉账号有关的用户而言的。进而法院以张某山并非该案适格原告为由，裁定驳回原告张某山的起诉。可见，在该案中，法院在严格依据网络服务协议约定的前提下对网络虚拟财产的归属作出了判断，即归游戏运营商所有。

但是，在陆某益诉西安看个号网络科技有限公司合同纠纷案中，法院判决认为，当事人订立合同，有书面形式、口头形式和其他形式，书面形式包括电子数据交换等可以有形地表现所载内容的形式。本案《网络虚拟财产转让合同》已经过各方实名认证，是双方真实意思的表示，且未违反法律法规的强制性规定，合法有效。[①] 可见，该案法院实际上认可了网络用户对游戏虚拟财产的财产权。由此我们可以看出，游戏虚拟财产的归属问题在游戏玩家、游戏运营商之间存在激烈的争议，而对游戏虚拟财产归属的判断将直接影响游戏虚拟财产的保护方式和救济路径。

2. 网络店铺的归属

除了游戏虚拟财产，网络店铺在司法实践中也面临着归属难题。作为

---

① 参见（2021）陕 0111 民初 2854 号民事判决书。

电子商务经济的经营主体，网店不仅是互联网经济催生的新型事物，还是推动电子商务经济长远发展的核心力量。网络店铺是电子商务经济中的主要经营实体，具有联结卖家与买家的媒介性功能，同时，网络店铺的数据记录和分析功能又允许经营者记录并分析消费者的相关消费信息，比如访问的商品、访问的时间、访问的次数、访问者的个人信息等。在互联网时代，流量即意味着价值，因此，拥有巨大网络访问量的网店就具有显在的财产价值，并被社会公众普遍视为网络虚拟财产。此外，网店作为一种稀缺性经营资源，具有显在的商业价值。一方面，网店经营者对经营的网店有价值变现的潜在需要；另一方面，其他商业主体也对优质网店存在客观的利用需求。因此，司法实践中以网店为客体的交易行为也就必然会发生且愈加普遍。

  网店交易的前提是明确网店的权利归属，由于当前立法并未规定网店的归属，因此，网店经营者和网络交易平台提供者必然会围绕网店的权利归属展开激烈的竞争。例如，《淘宝平台服务协议》中的"账号转让"条款明确约定："由于用户账户关联用户信用信息，仅当有法律明文规定、司法裁定或经淘宝同意，并符合淘宝平台规则规定的用户账户转让流程的情况下，您可进行账户的转让。您的账户一经转让，该账户项下权利义务一并转移。除此外，您的账户不得以任何方式转让，否则淘宝平台有权追究您的违约责任，且由此产生的责任及后果均由您自行承担。"[1] 在电子商务经济中，对网店的支配主要是通过对账号和密码的管理予以实现的，因此，是否允许网店经营者转让网店账号就决定了网店是否属于经营者的合法财产。但是，从以上网店平台协议的约定来看，平台经营者往往禁止网店的转让，并约定在特殊情况下可以收回账户。[2] 如果该协议约定合法有效，则网店的权利应归电子商务平台经营者行使。

---

[1] 《淘宝平台服务协议》，淘宝网，2022年5月1日访问。

[2] 如您的账户同时符合以下条件，则淘宝可回收您的账户，您的账户将不能再登录任一阿里平台，相应服务同时终止：（1）未绑定通过实名认证的支付宝账户；（2）连续六个月未用于登录任一阿里平台；（3）不存在未到期的有效业务。

面对以上约定，网店经营者无疑是极为不满意的，因为上述约定实际上排除了网店经营者对网店的财产权利，即不得通过转让、抵押等交易实现网店的价值变现。这直接导致网店经营者与平台经营者之间产生了大量的法律纠纷，如"××诉周某等网店买卖合同纠纷案"[①]"浙江淘宝网络有限公司诉李某买卖合同纠纷一案"[②]。同时，由于网店归属不明，网店的相关利益主体之间也会产生诸多法律纠纷，如"深圳市昕鑫泉贸易有限公司、罗某等物权保护纠纷案"[③]"彭某凡与朱某所有权纠纷案"[④]"陆某英与李某兴侵权责任纠纷案"[⑤]"李某伟与付某虎财产损害赔偿纠纷案"[⑥]。在这些案件中，涉及的主要法律问题有：网店注册人与实际经营者不一致时网店归谁所有，网店转让协议的法律效力，网店受到侵害时的救济方式，等等。对以上法律问题的解答在根源上都离不开对网店归属的判断，因此我们必须结合网店的实质构成和相关主体的合法利益需求对该问题予以解答。

3. 网络社交账号的归属

网络社交与电子商务经济的融合发展，直接导致网络流量成为电子商务经济的源头活水，一旦网络账号聚集了海量的粉丝和关注量，账号持有人就可以通过商业合作的方式（如商品代言或直播带货）将流量变现获益。粉丝经济的出现直接导致网络社交账号成为互联网社会中的稀缺性商业资源，并被网络用户视为自己的合法财产。但是，网络社交平台提供者并不认为网络账号属于网络用户，以我国"抖音平台"上的抖音账号为例，《"抖音"用户服务协议》中的第 3.1 条约定："用户设置的账号、密码是用户用以登录并以注册用户身份使用'抖音'软件及相关服务的凭证。"第 3.4 条约定："您在'抖音'中的注册账号仅限于您本人使用，未经公司

[①] 参见（2017）沪 01 民终 8862 号民事判决书。
[②] 参见（2015）沪一中民一（民）终字第 4045 号民事判决书。
[③] 参见（2021）粤 0391 民初 7589 号民事判决书。
[④] 参见（2014）徐民一（民）初字第 10385 号民事判决书。
[⑤] 参见（2018）浙 0109 民初 12983 号民事判决书。
[⑥] 参见（2020）苏 0322 民初 2046 号民事判决书。

书面同意，禁止以任何形式赠与、借用、出租、转让、售卖或以其他方式许可他人使用该账号。如果公司发现或者有合理理由认为使用者并非账号初始注册人，为保障账号安全，公司有权立即暂停或终止向该注册账号提供服务，并有权永久禁用该账号。"同时，该协议的第3.12条还约定了公司收回账号的法律情形："您理解并同意，为了充分使用账号资源，如您在注册后未及时进行初次登录使用或连续超过二个月未登录账号并使用，公司有权收回您的账号。如您的账号被收回，您可能无法通过您此前持有的账号登录并使用'抖音'软件及相关服务，您该账号下保存的任何个性化设置和使用记录将无法恢复。在收回您的账号之前，公司将以适当的方式向您作出提示，如您在收到相关提示后一定期限内仍未登录、使用账号，公司将进行账号收回。"[①]

根据以上协议，抖音用户对其抖音账户根本不享有所有权，其所享有的仅是一定限度和一定条件下的使用权。仅就抖音账户的使用权而言，在有些法律场景下其仍面临着归属争议。就当前我国网络直播的具体情况来看，网络主播与网络直播公司往往存在合作协议，该协议的具体名称不一而足，包括《劳动合同》《网红经纪人合作协议》等，但大部分采取的是合作协议的方式。这些协议往往约定网络账号的所有权或使用权归直播公司所有，主播仅在约定范围内按照公司的意志对网络账号进行使用。同时，还存在的一种情形是，网络直播公司自己申请直播账号然后交由主播使用或由主播实名认证。在这些情形中，一旦该网络账号因吸引大量的关注量和粉丝量而商业价值显著，就可能在网络用户、经纪公司、网络平台之间围绕该账号的归属产生纠纷。

4. 加密货币的归属

根据发行主体，数字货币可分为私人数字货币和法定数字货币，法定数字货币也被称为央行数字货币（central bank digital currencies，CBDC）。

---

① 《"抖音"用户服务协议》，抖音网，2022年6月1日访问。

由于比特币等私人数字货币背后缺乏明显的资产支撑，因而它们亦被称为加密货币。法定数字货币实际上就是传统纸质货币的数字化身，同时，其以国家信用背书，因此其法律性质和权利归属并不存在太多疑问。不同于法定数字货币，比特币等加密货币完全是虚拟的，没有实物货币或者有形资产背书，其交换价值来自群体自发形成的共识。不过，比特币的匿名交易设计虽然有助于实现交易者的隐私保护，但同时也开启了潜在的法律风险，为洗钱、贿赂、非法交易提供了更为隐蔽的实现路径。①而且，比特币等加密货币本身缺乏使用价值，其财产价值主要取决于当下市场中加密货币爱好者的投资信心，因此其市场价值具有极大的波动性。例如，在2017至2018年期间，比特币价格从2万美元一路跌至7 000美元。2017年12月19日，比特币网联合创始人兼首席技术官埃米尔·奥尔登堡（Emil Oldenburg）表示："我想说，对比特币进行投资目前是你做出的最具风险的投资，风险极高。事实上，我最近卖掉了所有比特币。"②同时，诺贝尔经济学奖获得者约瑟夫·斯蒂格利兹曾在比特币价格突破11 000美元时指出，比特币对投资者来说非常有吸引力，主要是因为它反政府、反监管的特点，把比特币看成一种货币，有偷梁换柱的意思，具有欺诈行为，最终一定是泡沫破灭；另一位诺贝尔经济学奖获得者罗伯特·希勒同样也认为，市场对比特币的热情似乎超出了它的实际用途，它很像市场上出现的泡沫。

比特币等加密货币以"超主权货币"的姿态出现，被寄托了颠覆法定货币的梦想。然而，从目前发展情况来看，比特币等加密货币似乎难逃对"铸币税"的追求。至今，市面上已有上千种代币，几乎谁都可以创造出各种各样的代币。加密货币的发行成本极低，有的仅凭一张白皮书即可发行，只要代币已上市流通，初始发行人就赚得盆满钵满，财富效应令人咋舌。就比特币这一新型货币而言，其所谓的充当世界货币的梦想尚属远不

---

① 程雪军、李心荷：《论加密数字货币的法律风险与治理路径：从比特币视角切入》，《电子政务》2022年第11期，第111页。
② 姚前、陈华：《数字货币经济分析》，中国金融出版社，2018，第109页。

可及，其本身在技术上也没有太多的创新性，所以，在此背景下如果任由比特币发行和交易则可能引发系统的法律风险。

为此，世界各国都对比特币的发行和交易活动进行了严格的法律规制。就我国而言，我国有关部门对涉及虚拟货币的相关行为进行了严格的约束和监管。中国人民银行等部门发布的《关于进一步防范和处置虚拟货币交易炒作风险的通知》明确规定，虚拟货币不具有与法定货币等同的法律地位，虚拟货币相关业务活动属于非法金融活动，违背公序良俗的虚拟货币及相关衍生品的投资行为无效。基于当前我国政府对虚拟货币的"强监管"模式，产生的法律问题是，当前已经产生且被法律主体合法持有的虚拟货币属于什么权利状态；当取得的加密货币权益被他人侵害时，持有人该如何保护自身权益。另外，该通知还规定："任何法人、非法人组织和自然人投资虚拟货币及相关衍生品，违背公序良俗的，相关民事法律行为无效，由此引发的损失由其自行承担；涉嫌破坏金融秩序、危害金融安全的，由相关部门依法查处。"由此可见，该通知指向的无效行为是法律主体投资虚拟货币的行为，但是，如果法律主体仅是将比特币作为一般商品，而本身不具有投资意图，则该法律行为是否有效？是否发生所有权转移的法律效果？以上就是当前我国对虚拟货币实施强监管模式产生的加密货币归属难题。

四、法律如何保护网络虚拟财产

网络虚拟财产法律保护所面临的争议是网络虚拟财产法律性质与归属不明所导致的必然结果，具体而言，网络虚拟财产法律保护面临的争议集中体现在以下两个方面：其一，网络虚拟财产是否需要法律保护；其二，如何对网络虚拟财产提供法律保护。第一个问题构成了回答第二个问题的前提。基于网络虚拟财产的多样性以及网络环境的复杂性，对以上问题的回答必然是受制于具体的网络虚拟财产类型与法律纠纷场景的。接下来本文就以网络游戏装备为例来说明当前网络虚拟财产法律保护面临的争议。梁慧星老师认为，游戏装备的价值仅存在于特定的"圈子"里，一旦离开了"圈子"，游戏装备就一文不值。①如果按照这一思维逻辑，那一旦该游戏装备被他人获取或删除，此时游戏装备的使用人便不能向他人主张任何权利或救济，因为该游戏装备不具有人们普遍认为的社会价值，其可能被"圈外"人认为是一文不值的，因此在根本上就不构成侵权以及损害。相反，在游戏爱好者眼里，"圈外"人认为一文不值的游戏装备对他们来说则可能是"稀世珍宝"且"价值连城"。因此，游戏玩家视游戏装备为财产，并认为其享有财产权。如果该游戏装备被他人窃取或者删除，则可能直接导致游戏玩家的财产权受到损失。另外，对游戏装备法律属性的不同认知还反映在继承保护方面，若认为游戏装备属于财产，则在游戏玩家死亡后将面临游戏装备继承的问题；但若认为游戏装备不属于财产，则继承问题根本不成立。因此，游戏装备是否需要保护以及如何保护的首要前提是对其法律性质作出判断。

当前学界和实务界对网络虚拟财产法律保护的争议还体现在对其保护模式的选择上。就游戏装备而言，根据债权说的观点，游戏装备根本不属于虚拟财产，而是属于游戏玩家接受游戏服务的一种"债权凭证"，因此，因游戏装备产生的纠纷当然应当受制于游戏玩家与游戏运营商之间的债权债务关系，即要按照双方主体订立的网络服务协议对该法律纠纷予以处理。若用户的游戏装备被第三方窃取，游戏玩家不能直接向第三人主张侵权责任，只能以网络服务协议为依据要求游戏运营商承担违约责任。同样的纠纷情形，依据物权说的观点，则存在截然不同的处理结果。按照物权说的观点，我们暂且不管游戏装备归游戏玩家所有还是归游戏运营商所有，一旦游戏装备被第三方窃取，游戏装备的物权人就可以向第三人主张返还原物、恢复原状、赔偿损害、赔礼道歉等侵权责任。

另外，还有学者认为，应该采用知识产权法律法规对游戏装备予以保

---

① 梁慧星：《民法总论》，法律出版社，2017，第155页。

护。其理由是，网络游戏在实质上都是一种网络程序软件，并且，游戏开发公司在开发出来该软件后往往都申请了知识产权。因此，游戏开发公司所申报知识产权的保护范围涵盖了网络游戏中的所有网络资源。以网易游戏为例，其在《网易游戏使用许可及服务协议》中明确约定："网易游戏软件：指网易公司提供的游戏软件（包括任何可在移动智能设备及/或电脑终端上，以客户端、微端、应用、网页、云游戏或未来出现的其他形式进行操作的适配版本），以及与该等游戏软件相关的更新、升级、补丁、资料片等，并可能包括相关的网络服务器、网站（包括但不限于该游戏之官方网站或官方论坛）、电子媒体、印刷材料或电子文档等。"该协议的"知识产权声明"条款约定："网易公司依法享有网易游戏软件的一切合法权益（包括但不限于其中涉及的计算机软件著作权、美术作品著作权和专利权等知识产权，运营该等网易游戏软件的权利等），或已从合法权利人处取得合法授权，从而有权为用户提供网易游戏软件及网易游戏服务。"如果采取知识产权法的保护思路，则游戏装备法律纠纷的处理将呈现出不同的法律结果。游戏玩家与游戏运营商之间的关系将直接受到游戏软件使用许可协议的调整，游戏玩家在游戏中所享有的仅是一种不可转让的许可使用权。

除此之外，网络虚拟财产法律保护面临的争议还包括：虚拟货币被非法获取是否应以财产类犯罪论处，未成年人网络打赏的法律性质与打赏是否应当返还，网络打赏无效的财产返还主体如何确定，网络店铺账号注册人与经营者不一致时的责任主体如何认定，加密货币交易的法律效力，等等。可以说，以上问题是由网络虚拟财产概念不清、法律性质不明以及权利归属争议导致的。这是因为，网络虚拟财产概念不清且法律性质不明导致网络虚拟财产的研究和权利建构缺乏一个稳固的阿基米德式的支点，进而导致相关利益主体的权利边界始终无法予以科学界定，法律保护和救济也就必然缺乏相应的请求权基础。因此，对网络虚拟财产法律保护的研究一定要以厘清网络虚拟财产的概念和范畴为前提，进而为网络虚拟财产上的权利构建和法律救济奠定稳固的法律基础。

第二章

真假之辨与保护路径

第一节　识别标准

何为网络虚拟财产是本主题研究的前置性问题，就此而言，我们必须认真考虑的是《民法典》中网络虚拟财产的规范对象和意图到底是什么，并以此明晰网络虚拟财产的概念与范畴。最高人民法院民法典贯彻实施工作领导小组主编的《中华人民共和国民法典总则编理解与适用》(简称《民法典总则编理解与适用》)将网络虚拟财产分为广义的网络虚拟财产和狭义的网络虚拟财产。广义的网络虚拟财产是指虚拟的网络本身以及存在于网络上的具有财产性的电磁记录，是一种能够用现有的度量标准度量其价值的数字化的新型财产。广义的网络虚拟财产的范围非常广，除网络本身外，还包括特定的网络服务账号、即时通信工具号码、网络店铺、网络游戏角色、网络游戏装备和道具等。狭义的网络虚拟财产主要是指网络游戏空间内的具有可交易性的账号、角色、道具、装备、钱币等可视化的拟人、拟物类财产。作为网络虚拟财产主要特点的虚拟性主要体现在"虚拟财产对网络游戏、网络交易环境的一种依赖状态"[1]。最高人民法院作为编

---

[1] 最高人民法院民法典贯彻实施工作领导小组主编：《中华人民共和国民法典总则编理解与适用》，人民法院出版社，2020，第656页。

纂《民法典》的参加单位，也是《民法典》的主要适用主体，对网络虚拟财产作出的定义具有一定的代表性和权威性。笔者通过对相关文献资料的整理发现，最高人民法院对网络虚拟财产的定义在很大程度上采纳了学界某些学者的观点。其证据就是，杨立新教授在其主编的《中华人民共和国民法典释义与案例评注（总则编）》中对网络虚拟财产作出如下定义："网络虚拟财产是指虚拟的网络本身以及存在于网络上的具有财产性的电磁记录，是一种能够用现有的度量标准度量其价值的数字化的新型财产。"[①] 根据以上定义，网络虚拟财产有广义与狭义之分。狭义的网络虚拟财产仅限于网络游戏中的虚拟财产，但这一狭义定义过于狭隘，以至于难以应对复杂多样的司法实践需求，特别是不能涵盖当前被人们普遍视为网络虚拟财产的网络事物。从广义的网络虚拟财产定义来看，可以将其分为两个方面进行解读：第一个方面是指"虚拟的网络本身以及存在于网络上的具有财产性的电磁记录"，指明了网络虚拟财产的范围，即网络本身和网络上具有财产性的电磁记录；第二个方面是指"一种能够用现有的度量标准度量其价值的数字化的新型财产"，揭示了网络虚拟财产的实质特征——价值性，并且该价值还必须能够用现有的度量标准衡量。

但是，笔者认为，以上对网络虚拟财产的广义界定失之过宽，而对网络虚拟财产的狭义界定失之过窄，对网络虚拟财产所作的概念界定既未反映出网络虚拟财产的核心特征，也未有效涵盖当前学界和实务界已经形成普遍共识的虚拟财产类型。理由如下：

首先，如果将网络虚拟财产等同于网络本身和存在于网络上的具有财产性的电磁记录，那么网络虚拟财产的范畴将与既有财产类型重合。网络主要是由组织和个人进行的网络行为形成的，网络空间包括各种类型的网站、网页、软件、程序、代码、数据等网络信息资源。若将网络虚拟财产等同于网络本身，则意味着所有的网络资源都属于网络虚拟财产的范

---

① 杨立新主编：《中华人民共和国民法典释义与案例评注（总则编）》，中国法制出版社，2020，第471页。

畴，这将直接导致网络虚拟财产法律保护与既有立法存在重复和冲突。例如，计算机软件是以数据资源为载体且存在于网络空间中的，但是按照2013年修订的《计算机软件保护条例》的规定，计算机软件的开发者受到著作权保护，其作为著作权人享有发表权、署名权、修改权、复制权、发行权、出租权、信息网络传播权、翻译权等权利。由此可见，当前立法将计算机软件作为著作权的客体，若将网络中存在的一切事物都视为网络虚拟财产，则必将导致网络虚拟财产立法与当前的著作权立法冲突，徒增立法、司法和执法成本。

其次，该定义将网络虚拟财产等同于网络上具有财产性的电磁记录，没有凸显出网络虚拟财产的自身特征。电磁记录是一种物理学上的概念，其作为一种新型的信息存储介质构成了互联网发展的技术基础，但是，网络虚拟财产以电磁记录的形式存储在网络空间，并不意味着网络虚拟财产就等同于电磁记录。一言以蔽之，电磁记录仅仅是一个实然层面的概念，根本不能反映出网络虚拟财产作为法律关系客体的伦理层面的价值意义。以实然、物理层面的电磁记录来定义网络虚拟财产，只能导致网络虚拟财产与数据、信息、代码等概念之间的纠缠。

最后，以价值可度量作为网络虚拟财产的判断标准有失科学。《民法典总则编理解与适用》和杨立新教授都认为，网络虚拟财产应该是可以用现有的度量标准度量其价值的事物。但是，一个根本性的事实是，财产的价值都是带有主观性质的，以价值可度量作为网络虚拟财产的判断标准并不科学且并不实用。例如，珍贵的历史文物作为无价之宝其价值不可衡量，但是这并不意味着该文物就不属于财产。同样，即使当前网络虚拟财产的价值缺乏统一的度量标准，但网络虚拟财产本身所具有的使用价值并不影响其在广大网络用户心中的财产地位。

在学界，虽有为数不多的学者对网络虚拟财产作出了定义，但仍然不能为我们准确界定网络虚拟财产的概念和法律范畴提供有益帮助。美国学者费尔菲尔德曾言，网络虚拟财产实质上为一组数据编码，它以互联网为载体，以各种网络资源的形式体现出来，是互联网非常重要的组成部分。这种数据可组成域名、网站、电子邮件账户、游戏账户等，可一直存在于网络虚拟空间，并且可以进行排他使用与占有。[1]在我国，寿步、陈跃华认为，虚拟财产是指以电子数据的形式存储于硬盘等计算机硬件媒介之上，同时又存在于特定网络游戏与网络虚拟环境中，和现实世界有着客观联系，由玩家以合法方式获得并在有效时间内持有、支配的有价值的各种形式的财产。[2]刘惠荣教授则认为，虚拟财产权是最近产生的极具争议的权利。因此，在进行研究以及立法时就不应当将其范围仅仅局限于网络游戏中，对于那些存在于网络环境中，能够为人们所拥有和支配并且具有一定价值的网络虚拟物及其他财产性权利都可以看作广义上的虚拟财产。[3]

以上定义或者存在网络虚拟财产与数据的概念性混淆，或者存在网络虚拟财产与网络虚拟财产权的混淆。在我国《民法典》第127条已经分别规定了网络虚拟财产和数据的背景下，混淆网络虚拟财产和数据将会对未来二者的保护性立法造成必然的阻碍。同时，网络虚拟财产在法哲学范畴内属于本体论的内容，而权利则往往属于立法论的范畴，将二者混为一谈实际上是故意绕开了对网络虚拟财产实质问题的剖析。究竟什么是网络虚拟财产？我们应当从网络虚拟财产的自身技术构造和一般特征上来分析和总结这一问题。就当前的学术研究和司法实践来看，网络游戏装备是网络虚拟财产一词的主要渊源，可以说，在网络虚拟财产纠纷第一案中，网络虚拟财产所指的就是网络游戏装备。接下来就以游戏装备为分析对象，通过分析其存在样态和功能作用，对其法律特征予以提取，以此为基础提炼出网络虚拟财产的核心特征。

---

[1] Joshua A.T.Fairfield, "Virtual Property," *Boston University Law Review* 85(Oct.2005): 1049.
[2] 寿步、陈跃华主编：《网络游戏法律政策研究》，上海交通大学出版社，2008，第45页。
[3] 刘惠荣：《虚拟财产法律保护体系的构建》，法律出版社，2008，第8页。

一、网络虚拟财产的核心特征

1. 虚拟性

网络游戏装备依据游戏类型和剧情设计的不同，以丰富多彩的形式予以呈现，但不管具体呈现形态是什么，其总是采取模拟现实事物的方式。当然，这里所说的"模拟"，并不是说模拟的对象一定在现实世界中客观存在，而是说，在网络空间模拟现实世界中的某种物品的真实形象，抑或是模仿现实世界事物的某种功能。所以，这种在网络空间中利用技术手段模拟现实事物及其功能，但同时又发挥了模仿者的想象力虚构而成的网络事物即具有了虚拟性。例如，在网易公司开发的一款国民级爆款网络游戏"梦幻西游"中，有一种被称为"赤炼鬼爪"的游戏装备，其功能被描述为"白骨精随身携带的冥兵，拥有撕裂万物的恐怖破坏力"；还有一种被称为"黑曜石冠"的游戏装备，其功能被设定为"带上一个黑曜石冠，可用来镇宅、辟邪等"。可见，"赤炼鬼爪"和"黑曜石冠"都是现实世界中不存在的事物，都是设计者模仿加想象的结果。正如"大话西游"这款游戏的母本《西游记》一样，《西游记》的小说性质意味着其内容具有虚构性和娱乐性，真的有石头里蹦出来的齐天大圣吗？真的有如意金箍棒吗？从科学的观察维度来看这显然是没有的。但是，真的有一心向佛，并愿意去西天（天竺，即古印度）取回真经的唐僧吗？这个确实是有史可查且真实存在的，因为唐僧的原型便是我国著名高僧玄奘法师。但是，《西游记》对唐僧的身世与背景的描述却又与历史事实不一致，《西游记》对唐僧身世进行描述的主要意图是增加唐僧本人的神笔色彩和神性光环，就此而言，《西游记》中的人物和内容也都是小说家虚拟的结果。虚拟性构成了网络虚拟财产最为显著的外部特征，也因此构成了与数据和信息的本质区别。

2. 价值性

游戏装备的价值性可以从使用价值和交换价值两个层面予以观察与理解。首先，使用价值是游戏装备最为显著的价值面向。网络游戏能达成人们一个重要的功利目的，即娱乐，而这一娱乐目的又是通过"玩游戏"实现的。"玩游戏"这一用语直接就表明了玩家需要凭借某种媒介工具来实现其娱乐目的，而游戏装备就是玩家最为重要的媒介工具。游戏玩家通过操控游戏角色，并使用刀剑斧钺等装备在游戏中进行各种PK。因此，游戏装备的使用价值是非常明显的。其次，游戏装备还具有交换价值。所谓交换价值，是指商品能同其他商品或货币相交换的属性。虽然说游戏装备是商品可能会造成若干争议，但是游戏装备的交换价值已经在当前社会实践中得到了普遍认可，例如当前愈发多见的游戏装备交易平台、宣传广告甚至法律纠纷都说明了游戏装备的交换价值是真实存在的。游戏玩家通过游戏装备交易可以获得其他类型的虚拟装备，可以获得游戏货币，更有可能获得人民币。由此可见，游戏装备兼具使用价值和交换价值。

3. 可支配性

网络虚拟财产的财产属性意味着网络虚拟财产是一种可以归属于法律主体的合法利益，法律主体可以在法律允许的范围内任意利用甚至处分该种合法利益。

以游戏装备为例，其可支配性的特点是显而易见的，并且首先体现在游戏玩家对游戏装备的支配上。当前网络游戏世界最为火爆的游戏类型是角色扮演类游戏，即游戏玩家选取自己喜欢的游戏角色和游戏道具通过完成游戏任务或联机PK实现娱乐目的。在这一游戏类型中，游戏玩家参与游戏的过程主要是通过使用游戏装备实现的，以在当前青少年群体中非常流行的游戏"王者荣耀"为例，游戏玩家可以在游戏中选取自己顺手的武器参与游戏，并且可以在游戏过程中实时切换游戏装备。虽然《腾讯游戏许可及服务协议》第4.8条明确约定，"游戏虚拟道具及其他游戏增值服务等均是腾讯游戏服务的一部分，腾讯在此许可您依本协议而获得其使用权。您购买、使用游戏虚拟道具及其他游戏增值服务等应遵循本协议、游戏具体规则的要求"。"为更好地向用户提供腾讯游戏服务，腾讯有权对游戏相关内容（包括但不限于游戏虚拟道具的设计、性能及相关数值设置等）作出调整、更新或优化。"但是，这丝毫不会影响我们对游戏装备之可支配性特征的判断，协议约定最多说明了游戏运营商也可以通过技术手段对游戏装备进行支配而已。其次，游戏装备的可支配性还体现在游戏玩家可以通过转让游戏账号和密码的方式转让游戏装备。正如上述所言，虽然这一转让方式往往被游戏服务协议所禁止[①]，但在司法实践中却频繁发生。

从司法实践来看，游戏装备的可转让性是客观存在的，主要体现在以下两种场景中：其一，通过在游戏内设置虚拟物品交易系统实现游戏装备转让，如网易公司的"藏宝阁"，地下城与勇士中的"拍卖行"，逆水寒中的"店铺"，魔兽世界中的"拍卖行"，倩女幽魂中的"玩家商店"。其中最为典型同时也最为特殊的便是网易公司的藏宝阁交易平台。游戏玩家可以通过该平台将其持有的可以转让的虚拟物品转让给其他游戏玩家，以此获得人民币，在这个过程中藏宝阁平台充当了交易双方的信用中介，为双方提供支付渠道和信用担保，同时收取一定的费用作为信息服务费。为此，该系统还专门制定了《网易游戏"藏宝阁"网上交易平台服务协议》，

---

① 《腾讯游戏许可及服务协议》第2.6条约定："游戏账号是腾讯按照本协议授权您用于登录、使用腾讯游戏及相关服务的标识和凭证，其所有权属于腾讯。您仅根据本协议及《QQ号码规则》《腾讯微信软件许可及服务协议》《微信个人账号使用规范》、相关账号使用协议以及腾讯为此发布的专项规则享有游戏账号的使用权。您不得将游戏账号以任何方式提供给他人使用，包括但不限于不得以转让、出租、借用等方式提供给他人作包括但不限于直播、录制、代打代练等商业性使用。否则，因此产生任何法律后果及责任均由您自行承担，且腾讯有权对您的游戏账号采取包括但不限于警告、限制或禁止使用游戏账号全部或部分功能、删除游戏账号及游戏数据及其他相关信息、封号直至注销的处理措施，因此造成的一切后果由您自行承担。"第6.5款约定，"未经腾讯许可，擅自与其他用户进行游戏虚拟道具及其他游戏增值服务等交易，或从第三方通过购买、接受赠与或者其他式获得游戏虚拟道具及其他游戏增值服务"，属于违法违规行为。

适用于藏宝阁交易平台上的各种游戏虚拟物品交易。其二，通过第三方网络游戏交易平台实现游戏装备的转让，如"5173游戏交易平台""交易猫""7881游戏交易平台"等。在这一转让模式下，第三方平台起到了发布出售信息、展示交易物品、担保交易安全的作用，通过转让卖家的游戏账号和密码，实现该账号中游戏装备的转让。

尤为关键的是，转让游戏账号和密码的游戏装备转让方式在客观上规避了游戏运营商的技术限制，虽然玩家在事后确实存在被游戏运营商惩罚的现实风险，但是，这也说明游戏玩家的确可以对游戏装备进行支配，按照其个人意愿实现游戏装备的价值。

4. 稀缺性

当前对游戏装备是否具有稀缺性存在不同意见，有学者从游戏装备的数据实质出发，认为游戏装备可以极低的成本进行大量复制，因此其根本不具有现实世界中有形物质所具有的那种稀缺性。但是，需要注意的是，我们对稀缺性的判断和认定一定是在某一具体且真实的场景中予以展开的，而非在理论逻辑层面展开。例如，如果科技已经探明在地球中心蕴藏着取之不尽的钻石，是否就意味着钻石对人类来讲就不再是一种稀缺资源了呢？这显然不是，因为钻石是否具有稀缺性依赖于当前社会的开采技术是否可以支撑人们以较为低廉的成本去地心开采钻石，以及法律是否允许去地心挖掘钻石。如果当前技术或法律不允许，则即使探明了地心有巨量的钻石仍然不能否定当下社会中钻石的稀缺性。

在具体的网络游戏中，游戏装备是否稀缺不能根据其在技术上是否存在可复制性判断，因为游戏的趣旨、规则和目的决定了特定游戏若想维系游戏的趣味性和参与度，游戏装备就必须维持在一个确定的数量。一个理性的游戏运营商绝不会随意增加游戏中的游戏装备数量，否则将导致游戏系统生态失衡以及游戏规则崩溃。举例来看，"梦幻西游"这款游戏已经面世近20年，但是至今仍然受到广大玩家的追捧与热爱，其中一个比较重要的原因就是其能够长期保持游戏装备数量的稳定性，以至于大量的游戏玩家将其中的游戏装备作为一种投资的渠道，随着时间递增获得一定的升值利益。为何网易公司不趁机大量发行游戏装备获利呢？原因就在于，滥发游戏装备不仅会直接导致游戏装备贬值，进而导致大量有消费能力的"氪金"用户逃离游戏，而且会直接导致某种游戏装备的使用价值降低，游戏玩家意图通过使用游戏装备而获得的游戏体验无从实现。可见，一个目光长远的游戏公司不会贪图一时获利而滥发游戏装备，以维持在特定网络游戏中游戏装备的稀缺性。

综上可知，游戏装备具有虚拟性、价值性、可支配性和稀缺性特征。笔者认为，这些特征应作为基本特征构成网络虚拟财产的实质判断标准。当前学术研究和司法实务对网络虚拟财产与数据、信息的区别往往含糊不清，以上特征充分体现出了网络虚拟财产与数据、信息不同的内涵和价值，以及网络虚拟财产作为独立法律客体的可能性与必要性。

二、网络虚拟财产与数据的区别

1. 数据的概念与类型

数据成为学界的研究热点要比网络虚拟财产更晚，因为与网络虚拟财产相比，数据是一种更为深层次的微观存在。《数据安全法》第3条规定："本法所称数据，是指任何以电子或者其他方式对信息的记录。"当代英语中的数据主要有两种词义：其一，数据即为信息，特别是以事实、数字或统计方式呈现的信息，这种信息可被人类分析并用以辅助决策。其二，数据是计算机领域的专业词汇，专门指代可以被计算机程序储存、处理和使用的电子形式的信息。[①] 这一观点直接引发了关于数据概念的两种基本学说：数据形式说与数据内容说。数据形式说将数据作为一种以比特（bit）

[①] 参见柯林斯词典、剑桥词典、韦氏词典。

方式来呈现信息内容的电子符号。数据被视作信息的外在表现形式,或者说是信息的载体之一,具有形式性、物理性和功能性,是符号、材料,也是媒介。由数据形式说得出的认识是,数据仅仅是一种信息的载体工具,数据本身不承载意义。[1]但数据内容说则认为数据是一种以电子化或数字化手段记录的,可为人类所感知的信息。数据不是信息的载体,数据与信息也不存在内容和形式上的哲学区分,两个概念都是无体的内容,甚至还在内容层面上存在特定部分的交集。[2]以上关于数据法律属性的观点在我国当前的学术研究中具有代表性意义,例如,梅夏英教授认为,如果我们将"数据"仅限于计算机和网络领域以二进制代码形式存在的电子数据,那么它与信息的区别在于:在性质上信息是本体,数据是媒介或载体,犹如纸之于文、唱片之于音乐、电视之于新闻等,这种区分是明确且易于理解的。

就此而言,我们可以总结出数据的基本特征,即载体性、非消耗性、媒介性、表征性。基于数据的基本特征,我们可以进一步对数据的不同类型予以观察和研究。数据具有载体性和媒介性,由此必然引发的一个结果是,数据本身作为一种基础性生产资料可以在经验、知识或习惯的引导下形塑出不同类型的新型事物。就当前学界研究和司法实务的经验总结来看,数据所型构出的数据类型按照主体进行分类,包括个人数据、企业数据和政府数据(或公共数据)。根据欧盟《通用数据保护条例》(General Data Protection Regulation,GDPR)第4条第1项的规定,个人数据是指,与已识别或者可识别的自然人(数据主体)相关的任何信息。该可识别的自然人尤其是指,通过姓名、身份证号、定位数据、在线身份识别符号,或者特定的身体、心理、基因、精神状态、经济、文化、社会身份等识别符号,能够被直接或间接识别到身份的自然人。

---

[1] 王镭:《电子数据财产利益的侵权法保护——以侵害数据完整性为视角》,《法律科学》2019年第1期,第40页。

[2] 郑佳宁:《数据信息财产法律属性探究》,《东方法学》2021年第5期,第44页。

我国《民法典》并未规定个人数据的法律概念，但是地方性立法尝试对个人数据的概念和内涵作出了规定。其中，《深圳经济特区数据条例》第2条第2项就规定，个人数据，是指载有可识别特定自然人信息的数据，不包括匿名化处理后的数据。企业数据是指，企业在生产经营活动开展期间收集或者加工而取得的数据类型。同时，就企业数据而言，依据其不同的数据处理过程和数据价值属性，企业数据可以进一步分为企业原始数据和企业衍生数据。[1] 所谓企业原始数据往往指的是，企业在生产经营过程中产生的并由企业数据采集系统收集并记录的数据，包括生产数据、经营数据、客户数据、消费数据等等。这些数据的特点是未经加工处理，商业利用价值不大，但作为对生产经营过程中所发生事实的记录而具有大数据分析价值。而企业衍生数据是指，在某种直接目的和意图的指导下，经过对原始数据的加工而产生的一种数据产品。[2] 正是因为衍生数据是在知识的指引下，并且经过复杂的生产过程而产生的，因此该衍生数据往往具有较高的商业价值，财产数据更为彰显。最后一种数据类型是政府数据，政府数据也被称为公共数据，是指政府部门及法律、法规授权的具有公共管理或服务职能的事业单位及社会组织在履行公共职能时收集、生成和管理的数据，包括直接或者间接依法采集、依法授权管理和因履行职责需要依托政府信息系统形成的数据。[3] 一直以来政府都是数据的主要收集者和利用者，尤其在当前各国大力提倡建设数字政府并实施数字治理的背景下，政府已然成为最主要的数据收集主体。

2. 网络虚拟财产与数据的实质不同

综上可知，就数据的物理属性来看，可以说，当前网络上存在的一切事物形态都是由数据构成的，就此而言，我们当然可以说网络虚拟财产也是由数据构成的。但是，问题在于，网络虚拟财产是由数据构成的是否就

---

[1] 龙卫球：《再论企业数据保护的财产权化路径》，《东方法学》2018年第3期，第52页。
[2] 许娟：《企业衍生数据的法律保护路径》，《法学家》2022年第3期，第75页。
[3] 邢会强：《政务数据共享与个人信息保护》，《行政法学研究》2023年第2期，第70页。

意味着网络虚拟财产等于数据呢？尤其是那些由加工、聚合而获得的具有重要商业价值的衍生数据是否等于网络虚拟财产呢？笔者认为，尽管在物理层面网络虚拟财产与数据存在一致性，但是二者在形态、功能、价值和支配上都存在显著的不同。

首先，网络虚拟财产与数据的存在形态不同。数据作为信息的记录载体，本身构成了网络世界的最小组成单位。就此而言，可以将数据类比为网络世界中的分子或原子，而无数的数据按照一定的代码和程序组织组成了互联网上丰富多彩的形态，如操作系统、浏览器、网页、图像、代码、虚拟事物等等。而网络虚拟财产正是数据按照一定的代码合成的网络事物中的一种特殊类型，计算机技术人员在这一创造性过程中付出了智慧和劳动，以至于使该数据集合发生了质变，不仅使该数据集合具有了单个数据所不具有的"虚拟"外观，而且使该数据具有了单个数据所不具有的价值功能。就此而言，可以将网络虚拟财产视为数据汇聚之后形成的某种"化合物"，正如金刚石是由碳原子组合而成的，金刚石是原子晶体，一块金刚石是一个巨分子，是多个碳原子的聚合体。正如游戏装备虽然是由数据构成的，但却能够以肉眼可见的形态予以呈现。但是，就一般数据而言，即使是经由加工的衍生数据，也仅是在数据质量上发生了某些变化，并未呈现出某种虚拟的外部形态，因此与网络虚拟财产仍存在显著区别。

其次，网络虚拟财产与数据在功能上存在显著的不同。网络虚拟财产的落脚点是"财产"，而"财产"一词通常的含义是其对权利人具有功利性价值。这也就意味着网络虚拟财产能够给权利人带来某种欲求的直接实现，在外部直接体现为网络用户对网络虚拟财产的直接管理和支配。例如，游戏玩家可以利用游戏虚拟财产满足其娱乐、刺激的心理追求，比特币的持有者可以通过转让比特币实现对金钱的获取。也正是因为网络用户对网络虚拟财产可以进行直接的管理和支配，进而网络用户的主观欲求可以实现，网络用户才会萌生一种强烈的占有欲望，以及由此必然导致的财产权利主张。但是，从当前的社会现实来看，作为网络世界的基础构成要素，数据虽然具有一般的要素资源价值，但对于一般用户并不具有明显的价值。一个可能不太恰当的例子是，虽然空气是人类生存的一种必要资源，具有利用价值，但是其普遍性和公共价值性又决定了它难以成为法律上的客体，因为其特性和作用决定了立法必须要维系其公共物的法律地位。在网络世界中，数据的基础要素资源地位决定了一般情况下数据不如网络虚拟财产那样具有显在的功能作用，而是被湮没在网络服务这一概括性范畴名称之中。

最后，网络虚拟财产与数据在支配性上存在不同。持网络虚拟财产债权说的学者认为，网络虚拟财产的自身特点决定了其存在与利用都不能离开网络服务提供者的网络服务，必须依赖于网络服务提供者的技术支持才能实现网络虚拟财产的利用和转移。即使认为网络虚拟财产是一种债权凭证，但是，一个不能否认的事实是，众多网络虚拟财产，如游戏装备、游戏货币、网络店铺等，都是可以转移的（如通过移交账号和密码的方式），网络用户不需要经过服务运营商的同意就可以自主实现虚拟财产转移。但是，作为网络世界的基本构成要素，数据并不具有肉眼可见的外在形体，这直接导致数据不能成为网络用户支配管理的对象。从实质来看，数据主体所享有的数据利益不是通过对某种数据的直接支配实现的，数据主体根本不具有此种能力，网络用户数据利益的实现基本上依赖于网络服务提供者的技术支持，就此而言，网络用户与网络服务提供者之间围绕数据利用形成了数据服务合同，网络用户仅作为数据服务的接受者，对数据并不享有支配权。

第二节 真假之辨

一、网络虚拟财产之法律概念

如上所述，当前我国学界不少学者基于自己的视角和理解对网络虚拟财产的概念进行了界定，但本书认为，当前学界对网络虚拟财产概念的界定在准确性和科学性两个维度上都存在重大问题，从而导致网络虚拟财产的研究范畴模糊，无法对网络虚拟财产的核心争议问题形成共同的讨论语境和观点归纳，也无法对网络虚拟财产法律纠纷的处理提供真正有价值的指导建议。例如，一种比较普遍的概念认为，网络虚拟财产是具有独立性、价值性和可支配性的数字资源或数据资源。这一概念的主要缺陷是，忽视了网络虚拟财产的虚拟性，进而导致网络虚拟财产的界定失去核心定力；此外，该定义将数据作为界定网络虚拟财产的落脚点和归宿，进一步淡化了网络虚拟财产自身的特征。

本书认为，对网络虚拟财产的定义要遵循以下核心要旨：其一，网络虚拟财产之定义要准确反映出其区别于数据的核心特征，以此划定网络虚拟财产与数据的法律边界；其二，网络虚拟财产之定义应该能够将当前学界研究中以及司法实践中普遍视为网络虚拟财产的虚拟事物涵盖在内，以此实现对网络虚拟财产典型法律纠纷的回应与分析。就此而言，本书将网络虚拟财产定义为：以网络技术模拟现实世界中事物的功能与特征，网络用户可以支配并从中享有利益的网络事物。这一定义首先表明了网络虚拟财产的核心特征"虚拟性"，同时，还突出了网络虚拟财产的可支配性和价值性特征。按照网络虚拟财产的这一定义，我们可以对网络虚拟财产的基本研究范畴进行界定，划定网络虚拟财产与其他网络事物的法律界限，以此防止网络虚拟财产内涵模糊以及具体类型泛滥。

二、网络虚拟财产之法律范畴

上面总结出了网络虚拟财产的 4 项特征和法律概念，我们可以此对网络虚拟财产的法律范畴进行界定，并以此作为以下研究的基本起点。

1. 游戏装备的法律范畴

游戏装备成为最典型的网络虚拟财产与我国游戏市场的发展现状以及当前流行的网络游戏模式设定密切相关。在当前我国网络游戏市场中，深受广大游戏爱好者青睐的是多人在线游戏（也被称为角色扮演类游戏），多人在线游戏的故事内容各有不同，但其基本模式是通过故事线的设计，赋予游戏人物特定的目标和任务。目标的实现往往需要完成众多的"艰难"任务，也正是因为任务的"艰难"，游戏玩家必须借助一定的游戏装备和道具。游戏装备在游戏当中主要表现为宠物和武器，如各种神兽、刀、剑、斧、锤等，这些虚拟物品的主要作用是辅助虚拟角色在游戏中进行各种冒险活动。

从当前我国网络游戏的规则设置来看，游戏装备的获取一般有三种渠道：其一，玩家可以通过在游戏中做任务、打怪获得。在打怪升级的游戏里，网络游戏运营商对具有特殊功能的游戏装备设计一定的掉落率，玩家如果在游戏中打败对手，则有机会获取。其二，玩家可以直接在游戏商店中购买获得。例如，在"魔兽世界"这款游戏中，游戏里内置有虚拟商店，出售各种虚拟装备，玩家可以通过人民币充值获取游戏币，进而购买相应的装备。就打怪升级类网络游戏而言，玩家的等级和装备质量直接决定了其在游戏中的地位和技能，因此个别"发烧"玩家不惜重金购买游戏装备，以取得在游戏中的王者地位，这些游戏玩家被网友称为"人民币玩家"。其三，游戏装备可以通过玩家之间的转让、买卖或赠与获得。而玩家之间转让、买卖、赠与游戏物品的具体路径又可以分为三种：第一种是通过网络游戏内置的系统进行交换，如"梦幻西游"系列游戏里的"藏宝阁交易平台"；第二种是通过第三方成立的网络游戏物品交易服务平台进行，如"5173游戏交易平台"，以及存在于淘宝网等第三方网站上的游戏商品交易平台；第三种则是通过转让游戏账号和密码的方式予以实现。

上述分析表明，游戏装备具有虚拟性、价值性、可支配性、稀缺性，因此可以被称为典型的网络虚拟财产。在学界的研究中，研究网络虚拟财产的学者实际上一开始就将游戏装备作为主要的研究对象。尤为重要的是，在当前司法实务中，涉及网络虚拟财产的法律纠纷绝大部分是因游戏装备丢失、转让、删除而引发的。就此而言，游戏装备作为典型的网络虚拟财产类型具有历史依据、学术依据和现实依据。

2. 网络店铺的法律范畴

笔者认为，网络店铺属于网络虚拟财产，原因在于网络店铺具备网络虚拟财产的基本特征。首先，网络店铺具有虚拟性。从当前我国电子商务经济的现实情况来看，往往是某电子商务经济巨头设立电子商务经营平台，然后采取各种方式吸引个人或企业"入驻"其平台，"入驻"方式即为个人或企业通过注册获得账号和密码，并在电子商务平台上获得专属的商品信息展示窗口，这一商品信息展示窗口即网络店铺。然后，消费者可以通过搜索某一网络店铺的名称或网址直接访问该网络店铺，并可以通过线上聊天工具和支付工具商定网络店铺中商品的价格并完成支付。从以上可以看出，网络店铺所采取的经营模式与传统店铺并无二致，它们本质上都是充当商品展示地和交易磋商地的角色。因此，网络店铺实际上是利用网络技术对传统实体店铺的功能进行模拟，同时添加了互联网技术所赋予的新的功能，如信息（数据）自动化收集（分析）、商品销量统计、信息群发等。

其次，网络店铺具有可支配性。网店经营者负责网络店铺的日常运营和管理，并拥有网络店铺的支配管理权。学界有观点认为，网络店铺对电子商务经营平台的技术依赖决定了网店经营者对网店并不具有支配权，并且，当前电子商务经营平台也往往会在网络服务协议中明确禁止经营者转让网络店铺。但是，从网店经营的实际情况来看，网店经营者对网络店铺的支配权是客观存在的。一方面，网店经营者是网店的实际负责人，也是实际受益人，可以自主决定网络店铺的经营范围和经营方式；另一方面，虽然电子商务经营平台通过协议禁止经营者转让网络店铺，但网店经营者可以通过转让网店账号和密码的方式实现网店的转移，电子商务平台经营者对此几乎是无能为力的。而且，该禁止转让协议是否有效尚值得商榷。

最后，网络店铺还具有价值性和稀缺性。网络店铺的价值性和稀缺性是极为明显的，在当前我国的一些网店交易平台（如易店无忧、易佰店、麦淘网）上，我们可以看到网店的价格从几百元到几百万元不等，为何网络店铺有如此巨大的商业价值？原因就在于，好的网络店铺，它的等级、好评率、信誉值、收藏人气较高，有大量的粉丝，且具有较高的关注度。

综上可见，网络店铺具备了网络虚拟财产的基本特征，同时，网络店铺日益凸显的商业价值也使其网络虚拟财产的法律属性得到了司法实践的普遍认可。例如，在深圳市昕鑫泉贸易有限公司与罗某等物权保护纠纷案中，法院认为，网络店铺既具有网络技术意义上的虚拟性，又具有一定的经济利益，属于网络虚拟财产的范畴。《民法典》第127条已明确将网络虚拟财产纳入法律保护的范畴。[1]在沈某宝、董某峰等合伙协议纠纷案中，法院也认为，法律对数据、网络虚拟财产的保护有规定的，依照其规定。虽案涉店铺以网络虚拟的数据形式存在于京东平台的特定空间，但是具有一定价值，属于在一定条件下可以进行交易的特殊财产。[2]

3. 虚拟货币和加密货币的法律范畴

笔者认为，虚拟货币和加密货币应作为网络虚拟财产的主要类型予以认可，原因是，虚拟货币和加密货币具备了网络虚拟财产的基本特征。例如，游戏币、打赏币是用户用法定货币购买的，在网络游戏或社交网络用来购买其他游戏物品，甚至在某些网络平台上，该虚拟货币还可以再按照一定比例兑换为法定货币。可见，虚拟货币具有网络虚拟财产所特有的虚拟性、价值性、可支配性和稀缺性。反对者可能会提出疑问，近年来我国政府陆续颁布文件明确否定比特币等加密货币的货币性质，并将加密货币的相关业务

---

[1] 参见（2021）粤0391民初7589号民事判决书。
[2] 参见（2021）苏02民终4167号民事判决书。

活动定性为非法金融活动，如此一来，比特币等加密货币的流通性似乎被完全堵截，根本不具有一般等价物的汇兑功能，其还能被称为虚拟财产吗？本书给出的答案是肯定的，原因是，《关于进一步防范和处置虚拟货币交易炒作风险的通知》规定：第一，否定虚拟货币的货币属性，即虚拟货币不具有法偿性；第二，打击以虚拟货币之名行非法发售代币票券、擅自公开发行证券、非法经营期货业务、非法集资之实的非法金融活动。

需要看到的是，上述文件仅否定了比特币等加密货币不是货币，但是并未否定其财产属性，因此比特币仍应属于网络虚拟财产的范畴。在高某建与刘某宾不当得利纠纷案中，原告操作失误，将自己账号中的31.659比特币汇至被告账户。后原告就该比特币的返还与被告短信、电话协商，被告总是推诿，原告为维护自己的合法权益，起诉被告返还31.659比特币（价值约70 000元）。在该案中，法院认为，比特币是一种P2P形式的数字货币，属网络虚拟货币的一种。《关于防范比特币风险的通知》明确规定，比特币不是货币当局发行，不具有法偿性与强制性等货币属性，并不是真正意义的货币。从性质上看，比特币应当是一种特定的虚拟商品，不具有与货币等同的法律地位，不能且不应作为货币在市场上流通使用，普通民众在自担风险的前提下拥有参与的自由。可见，法院在司法实践中也认为，比特币不属于真正的货币，但并不否定其作为虚拟财产的法律定位。

4. 虚拟打赏物的法律范畴

互联网技术的发展和智能设备的普及直接拉近了人们之间的距离，于是，各种以满足人的情感需要为目的的网络社交平台便如雨后春笋般出现，其中较为典型的有微信、抖音、快手。以微信平台为例，就最新的微信版本功能来看，其功能定位已经不再局限于充当人们之间的通讯、聊天、交友工具，App中已经添加了新的社交功能——直播、微视频。直播功能旨在为微信用户提供一种线上实时互动的渠道，直播者可以通过视频或音频的方式与观看者或收听者进行实时互动，同时，观看者也可以通过文字、音频或视频的方式与主播进行实时互动。网络直播这一新型网络社交模式直接催生了另一种新型网络虚拟事物，即虚拟打赏物，其具体形态包括玫瑰、金币、飞机、游艇、跑车等等，直播用户可以选取以上虚拟物以"打赏"的方式送给自己喜欢的主播。这些虚拟打赏物主要是用户用人民币兑换平台的虚拟货币，然后再用虚拟货币在平台上购买而获得的。例如，在微信直播平台上，用户首先要用人民币购买微信豆①（1元购买7个微信豆），然后再用微信豆购买各种虚拟打赏物。例如，在微信直播中，"棒棒糖"价值3微信豆，"告白气球"价值520微信豆，"火箭"价值2 000微信豆。表2-1展示了直播平台虚拟打赏物价值情况。

表2-1 直播平台虚拟打赏物价值表

直播平台	虚拟货币	虚拟货币与人民币兑换比例	虚拟打赏物及价值
微信	微信豆	7:1	棒棒糖（3微信豆）、奶茶（166微信豆）、告白气球（520微信豆）、梦幻城堡（10 000微信豆）
抖音	抖币	10:1	棒棒糖（9抖币）、玫瑰（1抖币）、嘉年华（30 000抖币）、梦幻城堡（28 888抖币）
快手	快币	10:1	啤酒（10快币）、穿云箭（2 888快币）、玫瑰花园（520快币）、火箭（328快币）、浪漫游轮（2 288快币）
哔哩哔哩	电池	10:1	粉丝团灯牌（10电池）、告白气球（2 000电池）、心动盲盒（150电池）、璀璨烟火（1 314电池）、情书（52电池）
YY直播	Y币	1:1	超爱入团证（9.9Y币）、蓝色妖姬（5Y币）、带你去旅行（20Y币）、帆船酒店（299Y币）
虎牙直播	金豆	1 000:1	荧光棒（100金豆）、告白灯牌（66 000金豆）、贵族宝剑（100金豆）、守护之盾（66 000金豆）
斗鱼	鱼翅	1:1	火箭（500鱼翅）、飞机（100鱼翅）、大气（0.1鱼翅）、告白烟花（520鱼翅）

---

① 《微信豆充值协议》第1.1条约定，微信豆是指，由腾讯提供、仅限微信用户在微信场景下购买和使用的一种道具。微信用户在购买微信豆后，可根据平台相关功能界面的说明或指引进行使用，包括但不限于兑换虚拟商品等微信平台上的产品或服务。

如表2-1所示，虚拟货币和虚拟打赏物存在密切关系，主要体现在虚拟打赏物是由虚拟货币直接兑换而来的，与此同时，虚拟货币又与人民币存在直接兑换比例，因此，虚拟打赏物的财产价值是非常明显的。同时，网络直播行业的营利模式也决定了网络打赏物具有重要的财产价值。网络主播收入的一大来源便是网络打赏，比如，礼物"游轮"是1314元人民币一艘，网络主播可以拿到400多元的提成。此外，其他大部分礼物的提成是50%，这50%的提成里还有20%~30%是公会提成(所谓公会，即各大网络直播平台上，一定数量的签约主播构成一个个组织，有的称为公会，有的称为家族。公会、家族规模不等，主要维护旗下主播艺人的直播现场、粉丝互动和发展管理)，所以主播可以得到的礼物提成为35%~40%，再扣除8%的个税，网络主播拿到手的提成是35%左右。[1]在个别网络直播平台上，主播从网络打赏物中获得的提成甚至高达50%。[2]因此，当网络打赏物被作为网络主播获取收入的主要来源，并与法定货币存在直接兑换比例时，网络打赏物的财产属性就极为显著了。

就我国司法实践来看，网络打赏物的财产属性也得到了法院的认可。例如，在陈某某、北京微播×××公司等网络服务合同纠纷案中，法院认为："李某系在某音直播平台注册的主播，根据与平台签署的协议，使用平台的技术和用户资源，通过在直播间内向公众进行表演获得人气，从粉丝（用户）处获得打赏礼物，并以此作为获得收益的结算依据，系互联网直播服务的使用者之一，通过直播获得报酬。陈某某在接受主播的服务后，获得精神层次上的愉悦，将抖币兑换成虚拟礼物打赏给主播李某，系属于一种消费行为，双方之间实际上存在对价给付，即时成立网络服务合同关系，同时亦即时履行。"[3] 由此可见，既然打赏礼物本身是主播获得收益的结算依据，那么其就应该属于虚拟财产的范畴。在赵某与张某、北京

---

[1] 《揭网络直播收入利益分成内幕：主播真能收入千万？》，人民网，2022年5月5日访问。
[2] 《斗鱼：目前平台与主播的分成比例是五五分》，快资讯，2022年5月1日访问。
[3] 参见（2021）苏05民终11618号民事判决书。

百度网讯科技有限公司赠与合同纠纷案中,法院也认为:"根据《合同法》第 185 条,赠与合同是赠与人将自己的财产无偿给予受赠人,受赠人表示接受赠与的合同。赠与合同是典型的单务与无偿合同,赠与人负有给予财产的义务,而受赠人对所受赠与无须支付对价。本案第三人沈某通过被告北京百度网讯科技有限公司的平台对平台主播充值打赏有绝对控制权,可以自主决定是否打赏、对哪位主播进行打赏、打赏多少礼物。因此,本案第三人沈某向被告张某打赏行为应定性为赠与行为。"按照这一裁判理路,既然将打赏行为定性为赠与行为,那么网络打赏物无疑应属于网络虚拟财产。[①]

三、不属于网络虚拟财产的网络事物

1. 网络账号

网络账号是否为网络虚拟财产,是学界研究网络虚拟财产问题时必然要涉及的法律问题,并且有相当一部分学者认为网络账号属于网络虚拟财产,但是笔者经研究得出的结论是,网络账号并非网络虚拟财产。主要依据如下:

第一,网络账号不具有虚拟性。前文已经根据网络虚拟财产的字面释义和典型类型总结出了网络虚拟财产的基本特征,即虚拟性、价值性、可支配性、稀缺性。网络账号往往由文字、数字、符号和字母组合而成,并在特定的网络平台上发挥识别网络用户身份的功能。《互联网用户账号信息管理规定》第 23 条规定:"互联网用户账号信息,是指互联网用户在互联网信息服务中注册、使用的名称、头像、封面、简介、签名、认证信息等用于标识用户账号的信息。"可见,网络账号本身并不符合网络虚拟财产的虚拟性特征。在王某、吕某俊一般人格权纠纷案中,经原告同意,被

---

① 参见(2020)浙 0305 民初 188 号民事判决书。

告使用原告的身份证注册淘宝账号"蕲草阁",实名认证注册支付宝账号,开设淘宝店铺,并且对该支付宝账号与"蕲草阁"淘宝账号、原告名下尾号为9215的中国农业银行储蓄卡(简称"农行卡")分别进行了绑定设置。被告使用上述淘宝和支付宝账号及密码经营淘宝店铺。随后原告对其支付宝账号绑定的农行卡进行了挂失处理,但允许被告继续使用其淘宝和支付宝账号及密码经营淘宝店铺。2015年9月13日,原告的支付宝账号经密码输入验证后在线向浙江网商银行申请贷款,并以数据电文形式订立《网商银行经营性贷款合同》一份,约定借款人为原告,贷款金额305 000元等内容。后查明,被告未经原告许可,将以原告身份信息注册的淘宝及支付宝账号交给第三人使用,第三人使用该支付宝账号向银行借款,致使原告被法院判决偿还借款本息。对于该案,法院认为,个人注册网络账号,填写身份信息,设置账号和密码,账号和密码具有对应关系,账号和密码组合与个人身份具有对应关系。因此,账号和密码具有个人身份识别作用。本案属于在互联网上发生的未经许可使用他人网络账号和密码及对应身份信息而引发的个人信息侵权纠纷。[①] 由此可见,网络账号的法律属性为个人信息而非网络虚拟财产。

第二,网络账号不具有稀缺性和价值性。网络账号属于个人信息,其功能主要是识别网络用户的身份信息,以及提供有针对性的服务。从当前我国网络账号的获取方式来看,只要按照规定的程序注册,人们非常容易便可获取网络账号,因此,网络账号根本不具有稀缺性和价值性。对此质疑的观点可能是,既然网络账号不具有稀缺性和价值性,那么社会实务中为何会存在大量的网络账号交易?其原因是,当前司法实践中发生的网络账号交易是为了转让网络账号中的财产。例如,当前社会中发生的网络游戏账号交易,主要目的是获得该游戏账号中的游戏装备和游戏币,其交易对价也直接体现为游戏装备和游戏币的价值。在网络店铺的交易中,虽然

[①] 参见(2019)浙01民终6426号民事判决书。

在名义上体现为交易双方移交网络店铺账号的控制权，但是从当前网店交易平台对网店价值测评的考量因素来看，网店交易的真实标的为以网络虚拟财产为存在形态的粉丝量、关注量、好评率等。网络账号实为实现以上网络虚拟财产转让的技术手段而已。由此可见，网络账号根本不具有价值性和稀缺性，真正稀缺且有价值的是网络账号中的虚拟财产。

第三，网络账号实为个人信息。我国《民法典》第1034条第2款明确规定，个人信息是以电子或者其他方式记录的能够单独或者与其他信息结合识别特定自然人的各种信息，包括自然人的姓名、出生日期、身份证件号码、生物识别信息、住址、电话号码、电子邮箱、健康信息、行踪信息等。而网络账号的生成过程和功能指向决定了其为个人信息，而非网络虚拟财产。《互联网用户账号信息管理规定》第7条也规定，互联网个人用户注册、使用账号信息，含有职业信息的，应当与个人真实职业信息相一致。互联网机构用户注册、使用账号信息，应当与机构名称、标识等相一致，与机构性质、经营范围和所属行业类型等相符合。第9条规定，互联网信息服务提供者为互联网用户提供信息发布、即时通讯等服务的，应当对申请注册相关账号信息的用户进行基于移动电话号码、身份证件号码或者统一社会信用代码等方式的真实身份信息认证。用户不提供真实身份信息，或者冒用组织机构、他人身份信息进行虚假注册的，不得为其提供相关服务。第16条规定，互联网信息服务提供者应当依法保护和处理互联网用户账号信息中的个人信息，并采取措施防止未经授权的访问以及个人信息泄露、篡改、丢失。2021年修订的《互联网用户公众账号信息服务管理规定》第8条第1款规定，公众账号信息服务平台应当采取复合验证等措施，对申请注册公众账号的互联网用户进行基于移动电话号码、居民身份证号码或者统一社会信用代码等方式的真实身份信息认证，提高认证准确率。用户不提供真实身份信息的，或者冒用组织机构、他人真实身份信息进行虚假注册的，不得为其提供相关服务。第2款规定，公众账号信息服务平台应当对互联网用户注册的公众账号名称、头像和简介等进行合法合规性核验，发现账号名称、头像和简介与注册主体真实身份信息不相符的，特别是擅自使用或者关联党政机关、企事业单位等组织机构或者社会知名人士名义的，应当暂停提供服务并通知用户限期改正，拒不改正的，应当终止提供服务；发现相关注册信息含有违法和不良信息的，应当依法及时处置。由此可知，在当前我国立法强制要求网络实名制的背景下，网络账号的名称、头像、简介都是与现实中的个人真实信息对应的，网络账号在特定的网络平台上具有身份标识功能，因此其法律性质应属于个人信息。

从当前司法实践来看，法院也将网络账号作为个人信息看待。例如在赵某侵犯公民个人信息案中，被告人赵某明知是他人窃取的steam游戏账号和密码数据信息，仍花费人民币536 000元从QQ昵称"生命不息"处购买4万余组。后赵某又通过QQ联系，在被告人闫某（QQ昵称"南方卡盟"）经营的"卡易信"平台上注册二级代理账号，将上述游戏账号和密码数据信息放在该平台上出售给他人。对于该案，法院判决，被告人违反国家规定，向他人出售游戏及QQ账户和密码等公民个人信息，情节特别严重，其行为已构成侵犯公民个人信息罪。[①] 可见，在纯粹以网络账号为客体的纠纷案件中，法院往往将网络账号视为个人信息处理。然而，当加害人窃取网络账号的直接目的为获得其中的虚拟财产并以此获利时，网络账号作为个人信息的工具属性更加凸显，此时非法获取网络账号的行为往往被其目的意图吸收，不再单独具有法律评价意义。例如，当前司法实践中一种常见的网络虚拟财产法律纠纷就是，通过盗窃他人游戏账号和密码的方式获取他人账号中的游戏装备和游戏币，然后将该游戏装备和游戏币卖出获利，或者修改该账号对应的密码后或解绑手机号码后再将该账号卖出获利。对于该类案件，刑法往往将其认定为盗窃罪或非法获取计算机信息系统数据罪，并且对盗窃罪的量刑也往往以盗取的游戏装备、虚拟货币

---

① 参见（2020）苏0381刑初148号刑事判决书。

的购买价值或市场价值为参考标准。在这一类案件中，网络账号仅仅作为个人信息被进行法律评价，而非作为定罪量刑（财产犯罪）的证据。

就此而言，我们有必要再次审视我国网络账号纠纷第一案——曾某峰、杨某男盗窃罪案。在该案中，法院的真知灼见有助于我们了解网络账号的法律属性。法院裁判认为，根据《刑法》的规定，盗窃罪的犯罪对象是"公私财物"。我国《刑法》第91、92条及《最高人民法院关于审理盗窃案件具体应用法律若干问题的解释》（已失效）对公私财产的含义及种类作出了明确的规定，因此，对刑法意义上财物的认定只能建立在现有法律规定的基础上。从现有法律规定来看，财物通常具有经济价值，并且其经济价值能够以客观的价值尺度进行衡量。QQ号码是一种即时通信服务代码……它本质上是一种网络服务，并且这种服务自申请QQ号码时起通常就是免费的。公诉机关未提供证据证实本案的QQ用户在申请QQ号码和实现QQ软件功能过程中是否向腾讯公司支付了费用和支付了多少费用，也没有证实QQ号码具有法律意义上的经济价值并属于刑法意义上的财物。罪刑法定原则是《刑法》的基本原则，《刑法》第92条中的"其他财产"应当包含哪些内容，只能由立法机关通过立法来确定。我国现行的法律法规和司法解释对"财物"的内涵及外延均有明确的界定，但尚未明文将QQ号码等网络账号纳入刑法保护的财产之列。据此，公诉机关指控中的QQ号码不属于刑法意义上的财产保护对象，公诉机关指控二被告人犯财产罪的法律依据不充分，本院不予支持。

在这一案件中，决定该案以何种罪名论处的关键是判断网络账号（QQ账号）是否为财产。法院的判决依据可以归纳为两点：其一，基于罪刑法定原则，当前《刑法》及其司法解释都未规定QQ账号为财产，因此该案不能以财产罪论处；其二，网络账号不具有公认的经济价值。这一观点告诉我们，作为法律保护对象的财产不是单个法律主体臆想的结果，一旦将某一事物视为财产，必然意味着特定的法律主体对其享有某些具有支配性的权利，同时也就意味着权利人之外的其他人应对其行使财产权承担某种作为或者不作为的义务。就此而言，法律中的财产实际上是一种特定的法律关系，该法律关系是否成立依赖于特定社会场景中人们对此是否达成共识。罪刑法定原则决定了刑法规制范围的确定性，不能任由这一范围扩大。具体到财产犯罪的情形中，如果将认定财产的权力赋予个人，则势必会导致《刑法》财产调整范围无限扩大，进而导致财产犯罪的扩大化。就此而言，一项财产的形成需要具备坚实的社会共识基础，这样才能确保相关的财产立法能够获取社会民众的遵守与拥护。然而，当前我国立法并未规定 QQ 账号属于财产，同时，社会公众对 QQ 账号的财产属性也未形成普遍的社会共识。

2. 网络流量

网络流量就是网络上传输的数据量，作为一种重要的网络资源，是平台提供者为网络用户提供网络服务的基本方式和路径。平台提供者基于技术手段可以对网络流量进行支配、管理、计算和分配，并因此获得经济利益。当前司法实践中出现了一些针对网络流量的违法活动，这些违法活动往往通过技术手段对网络流量的分配和管理实施干预，导致平台提供者承受相应的经济损失。处理该类案件涉及的核心问题是，如何对网络流量进行法律定性。网络流量属于财产吗？如果是，它属于什么财产？

司法实践对以上问题给出了不同的答复。在曾某等盗窃案中，曾某于 2006 年 12 月至 2007 年 7 月，盗取了中国电信股份有限公司重庆分公司（简称"重庆电信公司"）机房工作人员的用户名和密码后，秘密进入重庆电信公司数据设备，并对数据进行修改，对使用电信公司宽带的用户网络进行非法开通和提速，从而私下为多家网吧进行非法提速，造成重庆电信公司共计人民币 1 234 989.77 元的提速费未到账。公诉机关认为，被告人曾某已构成盗窃罪，且数额特别巨大。按照公诉机关的思路，曾某非法开通电信公司宽带和进行宽带提速的行为实为谋取非法利益的网络流量窃取行为，并直接导致重庆电信公司蒙受巨大的财产损失。但是，法院认为，被告人曾某系采取破坏计算机信息系统的手段来达到非法占有重庆电信公司网络带宽（网络流量）的目的。一方面，网络带宽属虚拟财产，其价值尚无相关法律、法规的规定作为衡量依据，亦无权威机构进行评定。另一方面，盗窃罪系结果犯，须以犯罪对象的具体价值来判定行为人是否构成本罪。据此，本案以曾某等人实施的破坏计算机信息系统的行为和后果，按破坏计算机信息系统罪对被告人曾某等人定罪量刑更为适当。故对公诉机关认为曾某等人的行为构成盗窃罪的指控不予支持。可见，本案法院虽认为网络流量属于网络虚拟财产，但同时又因其价值难以判断而被迫选择了破坏计算机信息系统罪。[①]

在另外一则案例中，法院对网络流量的法律性质给出了更为明确的判断和更为详细的论证，值得我们关注。在刘某等盗窃案[②]中，刘某利用联通公司操作系统的漏洞，通过淘宝网购买上海联通手机卡（简称"联通手机卡"），用其骗取的联通公司员工的两组工号、密码进入该公司 CBSS 操作系统内申请停机保号，再擅自开通上网功能，制成无限流量手机卡后出售给他人，违法所得人民币（以下币种相同）150 000 余元。与上一案相同，本案的裁判难点仍然是网络流量法律性质的判断。法院最终裁判认为，刑法意义上的财物包括具有价值与管理可能性的有体物、无体物及财产性利益。手机流量能否评价为盗窃罪对象的财物，主要看其是否有价值及管理可能性。手机流量是网络运营商承诺为使用者手机终端提供一定数量数据的服务，需要运营商人力、设备等成本的投入，其在进入流通领域后能够给运营商带来经济收益，被窃取后也会给运营商带来财产损失，具备财物的价值属性。虽然流量是一种无形服务，但运营商可以通过技术手段予以控制、分配及使用，具有管理可能性。因此，手机流量虽是网络运营商提供的一种电信服务，但同时也具备财物的基本特征，属于刑法意义上的财物，能够作为盗窃罪的行为对象……就盗窃数额如何认定的问题，

---

① 参见（2009）中区刑初字第 854 号刑事判决书。
② 参见（2015）沪一中刑终字第 2515 号刑事判决书。

根据最高人民法院研究室的有关答复意见，盗窃互联网上网流量的，可以按照销赃数额认定盗窃数额，该方法既遵循了有利于被告人原则，也考虑了数据流量难估价的问题，符合诉讼经济原则。既然能够以销赃数额认定盗窃数额，那么上述意见也间接表明了数据流量能够成为盗窃罪的对象，秘密窃取数据流量的能够以盗窃罪论处。

在当前网络社会背景下，网络流量的经济价值是毋庸置疑的，一方面，人们每天的网络活动离不开网络流量的供给；另一方面，网络流量与货币之间在特定时期内存在着相对固定的兑换比例。例如，重庆移动流量充值页面显示，5GB 7 天包售价 10 元，8GB 7 天包售价 15 元。笔者认为，网络流量属于财产，但其并不属于网络虚拟财产，原因是网络流量不具有虚拟的外部形态。就此而言，网络流量与电力极为类似，虽然在客观上确实具有巨大的社会功用，但是并不具有网络虚拟财产所必须具有的虚拟性特征。这也是尽管一直以来社会实践早已承认了电力、天然气、热力等资源的财产价值，但是学界从未冠之以虚拟财产，而是对其采取了无形财产这一特定称谓的原因。[①]

3. 电子邮件、电子照片、语音等通信记录

在传统上，照片、视频和信息都具有一个有形客观的载体，如纸张、光盘或 U 盘，因此法律往往将其作为动产予以保护，不仅所有人可以对其进行处分，而且所有人死后还可以当然地由其继承人继承。但是，在网络世界中，一切事物都以数据的形式储存，这些数据以其记载的内容为价值内涵，在不同的场景中其具有的价值也不一样。由此产生的问题是，该如何认定这些新型网络事物的法律性质，该如何对其引发的法律纠纷予以处理和救济。例如，某网络用户拍摄照片后将其储存在计算机"云端"，后因计算机系统问题导致其存储的电子照片全部删除，此时该如何为用户提

---

① 吴汉东：《无形财产权基本问题研究（第三版）》，中国人民大学出版社，2013，第 61 页。

供法律救济？对于该问题，学界提出了若干解决思路，其中就包括，将上述事物视为网络虚拟财产，并以此提供法律救济。将上述事物视为网络虚拟财产与人类天性中所具有的模仿和类比能力紧密相关。但是，上述事物是否应被视为网络虚拟财产，是否应采取虚拟财产权利保护模式对其进行保护呢？对此问题还需结合电子邮件、电子照片、语音等新型网络事物的价值内涵和利益主体予以综合判断。从价值内涵来看，我们明显发现网络平台上的电子邮件、电子照片、语音等通信记录具有强烈的隐私属性，其财产价值并不明显，司法实践中以此为对象的交易行为并不经常发生。我国《民法典》第1032条第2款规定："隐私是自然人的私人生活安宁和不愿为他人知晓的私密空间、私密活动、私密信息。"就此而言，个人拍摄的涉及敏感身体部位、敏感行为、敏感空间的照片以及个人用电子邮件记录的私密信息当然属于个人隐私的范畴。同时，我国《民法典》第1034条第2款规定："个人信息是以电子或者其他方式记录的能够单独或者与其他信息结合识别特定自然人的各种信息，包括自然人的姓名、出生日期、身份证件号码、生物识别信息、住址、电话号码、电子邮箱、健康信息、行踪信息等。"因此，电子邮件、电子照片、语音等通信记录存在的网络场景与承担的内容决定了其大部分属于个人信息或个人隐私的范畴。在我国私法中，财产权和人身权构成了基本的权利分类，对应的客体分别为财产利益和人身利益。因此，上述网络事物应属于人格利益的范畴，不需要也不应该将它们视为网络虚拟财产。在司法实践中，法院也将相关案件作为人格利益纠纷处理（见表2-2）。

表2-2　个人信息保护（隐私权）纠纷典型案例

序号	案件名称	案由	纠纷原因	裁判要旨
1	黄某诉腾讯公司隐私权、个人信息保护纠纷案	个人信息保护纠纷	读书软件未经许可获取用户的微信好友关系和读书信息	微信读书获取的好友列表包含了可以指向信息主体的网络身份标识信息，即"从信息到个人"；而自然人的微信好友列表，体现了该自然人在微信上的联系人信息，属于"从个人到信息"，应认定为用户的个人信息

续表

序号	案件名称	案由	纠纷原因	裁判要旨
2	钟某诉广东某公司隐私权纠纷案	隐私权纠纷	未经用户许可将用户的电子邮箱信息提供给他人并用作案件证据	本案中原告的邮箱账号属于个人信息,被告在收集到原告的电子邮箱账号后,出于维护原告的权益向原告发送了电子延保卡,并将邮件截图提供给京东公司、京东达资公司作为(2019)桂0405民初1137号案件的证据,此后并没有继续使用或公开处理原告的电子邮箱账号,不存在继续侵犯原告的个人信息,也没有造成不良影响,因此原告要求被告停止侵害并消除相关影响,没有依据,该院不予支持
3	赖某诉黄某隐私权纠纷案	隐私权纠纷	未经许可将含有他人身份信息的照片对外公布	原告的姓名、出生日期、住址、身份证件号码、工作证照属其个人秘密信息,依法受到隐私权的保护。原告对他人在何种程度上可以介入自己的私生活,对自己是否向他人公开隐私以及公开的范围和程度等具有决定权。被告未经原告本人允许,擅自在"某交流21群"公开披露了原告的姓名、出生日期、住址、身份证件号码、工作证照等个人信息,侵扰了原告的私人生活安宁,构成对原告个人隐私权的侵害
4	谭某诉漆某隐私权纠纷案	隐私权纠纷	未经许可拍摄、保留他人私密裸体图片并将其在网络空间中公布	原被告原来虽系男女朋友关系,但被告无权将原告的私密照片予以公开,被告将原告的私密照片通过短信、QQ的方式发送给原告家人(弟弟、儿子),其行为是侵犯了原告的隐私权,给原告精神上造成了现实伤害,原告有权请求被告承担相应的民事责任

第三节 保护路径

一、新型权利保护模式

当前我国学界对网络虚拟财产的法律保护路径存在激烈争议,各方之间存在较大分歧，目前似乎看不到达成共识的可能。网络虚拟财产法律保护模式的选择是研究网络虚拟财产的关键问题，同时也是本书研究的重点问题，笔者认为应采取网络虚拟财产权的法律保护模式，并以此请教于大方之家，主要理由包括以下几个方面：

1. 网络虚拟财产过于特殊

当前学界对网络虚拟财产法律保护模式的争议主要集中于"债权保护模式""物权保护模式"。本书认为，债权保护模式的核心观点是，通过协议调整网络虚拟财产使用人与网络服务平台提供者之间的权利义务关系，但是问题在于，网络虚拟财产本身具有价值性和可支配性，由此导致网络虚拟财产存在可让渡性，进而导致网络虚拟财产转让会涉及第三方主体的利益。因此，债权保护模式无法对网络虚拟财产导致的外部效应进行有效的调整。例如，当用户明知其游戏装备被某人窃取时，其只能要求游戏运营商承担责任，而不能直接要求盗窃者予以返还，因为在债权保护模式下用户对第三人不享有法律上的请求权。就此而言，债权保护模式不能对网络虚拟财产提供有效、周延的法律保护。

倾向于将网络虚拟财产纳入既有物权保护模式的学者认为，可以将网络虚拟财产拟制为无体物，进而以既有的物权保护规范提供救济。[①]但是，物权的行使带有很强的支配性和排他性，物权保护规范的设计以物权人为中心，仅在特殊情形下才对物权人权利的行使施加一定的限制，除了约定以及法定情形外，非物权人对标的物不享有支配性权利。但是，网络虚拟财产的存在场景、生成方式、价值构成决定了它的权利主体不止一人，多个权利主体可以同时占有该虚拟财产，并且，随着利用场景的变换，权利主体之间的权利义务关系也会此消彼长。例如，网络交易平台提供者和网店经营者都可以对网店进行事实上的支配，网店价值的形成也是二者共同

---

① 蔡兴鑫：《虚拟财产的法律属性及刑法保护路径研究》，《东南大学学报（哲学社会科学版）》2019年第S1期，第16页。

作用的结果。在网店经营者的正常经营活动中，网络交易平台提供者不能干预经营者的自主经营权，同时还要通过技术确保网店经营的正常开展；然而，一旦网店经营者违反服务协议或法律规定，网络交易平台提供者就可以对网店行使处罚权，限制网店经营，甚至将该网店删除。如果第三人对网店实施侵权行为，网店经营者和网络交易平台提供者都可以向该第三人主张损害赔偿责任。由此可见，物权保护模式难以满足网络虚拟财产保护的现实需求，网络虚拟财产的存在场景和利用方式决定了其需要更为复杂且富有弹性的权利构建模式，以此应对多方法律主体的利益需求。

2. 确保《民法典》的逻辑架构

我国《民法典》于 2020 年颁布，这不仅标志着我国法制建设的重要成就，也意味着中国特色社会主义财产权体系的正式确立。《民法典》第 113 条规定，民事主体的财产权利受法律平等保护。该财产权利包括物权、债权、知识产权中的财产权以及部分投资性权利。《民法典》第 115 条规定，物包括不动产和动产。法律规定权利作为物权客体的，依照其规定。物权的客体是物，但遗憾的是，我国《民法典》并未规定什么是物。《德国民法典》对物有具体的规定。作为民事立法的巅峰之作，1900 年施行的《德国民法典》第 90 条（物的概念）规定："法律意义上的物，仅为有体的标的。"对于该条的理解，陈卫佐教授在《德国民法典》译注中写道："那么，一个标的在什么情形下才是'有体的'呢？一般地说，当一个标的在感官上是可感知的、在空间上是有限度的和在事实上是可控制的，它就是有体的。这一意义上的物，作为有体的标的，包括动产和土地。"[①] 作为极具哲学禀赋的民族，为了保持法典概念的严谨性与纯洁性，德国立法者将物的范畴局限为"可触摸"的动产与不动产，以至于当时已经在日常生活中普遍使用的电、气、热力等"无体的"自然力都被拒斥在民法典之外，这对于我们来说是难以理解的。我国《民法典》第 115 条虽然没有规定物

---

① 《德国民法典（第四版）》，陈卫佐译，法律出版社，2015，第 31 页。

仅为有体的标的,但是其规定的"物包括不动产和动产"也间接表明了其对大陆法系物必有体原则的坚守。若将网络虚拟财产作为物权客体将导致法律中物的概念变得模糊,进而导致物权法保护范围向无体物、无形物无限扩张。这样一来物权法定的原则将最终被突破,大量的无体物、无形物借助物权规范获得保护,而物权的支配性和排他性特征意味着物权并非越多越好,缺乏科学论证和经济分析任意赋予无体物物权保护将导致对人们行为自由的不当限制,并且不利于社会生产性资源的流通与共享。

3. 有利于网络虚拟财产的法律保护

近年来以网络虚拟财产为对象的侵权行为日益增多,但是,当前立法为之提供的保护手段却极为匮乏。其原因是,当前网络平台的服务协议都不承认网络虚拟财产的独立法律地位,仅将其视为服务数据,并且规定用户对网络虚拟财产不享有财产性权利,仅按照服务协议的约定被动地接受服务商的服务。这导致的结果是,当网络虚拟财产被第三人侵害时,网络用户只能向网络服务提供者主张法律救济。然而,对于第三人网络侵权,网络服务提供者仅承担安全保护责任,一旦网络服务提供者证明自己尽到了安全保护义务,网络用户就只能责任自负了。基于当前的网络服务协议,网络用户无权直接向侵权人主张权利。由此可见,赋予网络用户虚拟财产权有利于用户直接向侵权人主张权利,加强了对网络用户合法权益的保护。

二、类型化与场景化保护

网络虚拟财产法律问题须采取类型化研究方法,而类型划分的依据便是网络场景的特殊性,其原因主要在于以下两个方面:

第一,不同网络环境中虚拟财产的类型和功能差别巨大。网络游戏系统涉及的虚拟财产类型有游戏装备、游戏币、游戏角色等,电子商务环境涉及的虚拟财产主要是网店，网络支付环境涉及的虚拟财产是各种类型的虚拟货币，网络社交环境涉及的虚拟财产则是虚拟物和虚拟货币。在这些不同的网络环境中，网络虚拟财产在形成路径和功能定向上存在显著差异。网络游戏系统是游戏开发者独立设计的，网络游戏系统中涉及的人物、道具、故事、声音、动画等一切网络虚拟事物（包括虚拟财产）都是游戏设计者苦心孤诣的结果。就一定程度而言，网络游戏系统类似一个网上游乐场，游戏玩家对该游戏系统的形成没有任何贡献，仅仅是按照既定的故事设计参与其中。就此而言，游戏玩家相当于电视剧《西部世界》中的游客，不管这个乐园做得如何逼真，也不管游戏玩家如何沉迷其中，都不能掩盖其游客的身份。游客在这个乐园所醉心的一切人和事物都是设计者精心设计的，游客仅仅是按照既定的故事进行游戏，网络游戏服务协议对网络用户享有网络虚拟财产权的范围以及该权利的行使方式都有规定。

但是，网络交易平台上虚拟财产的形成过程和价值指向就与游戏环境中的虚拟财产存在巨大差异。网络店铺是电子商务平台经营者和平台内经营者共同作用的结果，平台内经营者是网店经营的直接参与者和管理者，对网络店铺信誉和价值的形成起到最为核心的作用，而电子商务平台经营者作为平台的搭建者，不仅是网店经营的技术提供者，也是网络交易平台的管理者和维护者。就此而言，网店经营的好坏、价值的高低与网店经营者和网络交易平台提供者都存在密切关联。因此，网店权利的赋予和构建就必须要兼顾网店经营者和网络交易平台提供者的合法利益。

第二，不同类型虚拟财产涉及的利益诉求和法律纠纷不同。例如，在网络游戏中主要的利益主体是游戏玩家和游戏运营商，游戏玩家的核心利益诉求是通过利用虚拟财产使其娱乐需求得到满足，在部分游戏中，游戏玩家还可以通过转让虚拟财产获得利益。而游戏运营商的核心利益诉求是通过行使网络游戏管理权，确保网络游戏健康运行并以此获得收益。因此，在网络游戏场景中，大部分法律纠纷是因游戏虚拟财产丢失和游戏运营商行使处罚权引发的，纠纷解决面临的核心问题是，游戏玩家的损失该向谁主张、如何主张，以及游戏运营商是否有权行使处罚权、处罚权行使是否合理等等。但是，网络直播平台涉及的利益主体有直播观看者、直播表演者、直播公司、直播平台。在网络直播环境中，直播观看者的核心利益需求是娱乐，直播表演者、直播公司、直播平台的利益需求则是经济利益，这也决定了它们对网络虚拟财产有强烈的占有欲。在网络直播中，涉及网络虚拟财产的法律纠纷更为复杂多样，这些纠纷不仅存在于直播观看者与直播表演者之间，也存在于直播表演者与所在直播公司之间。直播平台是网络直播和直播打赏的组织者，直播受阻的时候，三者之间往往会产生法律纠纷。直播平台涉及的网络虚拟财产法律纠纷主要是由未成年人打赏、夫妻一方利用夫妻共同财产打赏引发的，涉及的争议问题主要是打赏物的法律性质、网络打赏的法律性质、未成年人打赏的法律效力、夫妻一方利用夫妻共同财产打赏的法律效力等。

综上可见，在不同场景中，网络虚拟财产涉及的利益诉求和法律纠纷存在显著不同。对网络虚拟财产法律问题的分析、研究与回应必须要有场景意识，只有在具体网络场景中，才能深刻把握网络虚拟财产法律问题的根源，也才能为这些问题的解决找到能够兼顾各方主体利益的总体性方案。

三、基于司法经验总结的法律保护

近年来网络虚拟财产法律纠纷呈现井喷之势，大量的网络虚拟财产法律纠纷呈现到法官面前，并且在司法实践中出现了大量的优秀判决，有的判决甚至被最高人民法院作为指导性案例推广。虽然我国不是判例法国家，但司法裁判仍然是学术研究、理论发展和立法完善的重要知识来源，对司法实践中网络虚拟财产裁判的真知灼见予以总结，在此基础上提炼出网络虚拟财产法律保护的一般规则，对我国网络虚拟财产的法律保护以及未来立法无疑具有重要意义。与此同时，我们也必须看到，当前我国司法实践对网络虚拟财产法律纠纷的处理存在较大分歧，不同地区、级别的法院对网络虚拟财产法律属性、权利归属的判断，财产价值的认定方法，是否保护、保护方式的选择等都存在不同的观点。因此，对当前司法实践中的网络虚拟财产法律纠纷进行类型化分析，归纳出法院裁判的主要观点和裁判思路，对不同的裁判观点进行理性分析和批判吸收，对于我们形成科学合理的网络虚拟财产保护路径具有重要意义。

以下本书就将采取以上研究思路和方法，对当前我国典型场景中网络虚拟财产面临的法律纠纷和疑难问题展开研究。需要说明的是，本书的研究试图达成的目的是，构建出一套符合数字社会未来发展需要、符合网络虚拟财产相关利益主体合理期待且逻辑自洽的权利模式和法律保护方式，为当前的网络虚拟财产法律纠纷提供一种妥当的、最大限度实现各种利益主体和谐共处的解决方案。

第三章

游戏虚拟财产是谁的

　　网络虚拟财产现象最为突出的场域就是网络游戏，随着网络游戏产业的愈发成熟，一大批内容丰富且制作精良的网络游戏迅速赢得人们的青睐。大型的网络游戏（特别是角色扮演类游戏）往往集休闲、娱乐、交友等功能于一身，游戏玩家在游戏中倾注了大量的金钱、精力和情感，以至于虚拟世界中的"替身"受到伤害，现实世界中的"真身"也竟然能感同身受、心有戚戚。[①] 近年来，有关网络游戏的法律纠纷不断诉诸法院，其中最为常见的一类纠纷就是由网络游戏中的游戏装备、虚拟人物、游戏货币、游戏账号被删除、盗窃等而引发的。在这类案件中游戏玩家往往以网络虚拟财产受到损害为由请求法院予以救济，但由于现行立法缺失，法院对该类纠纷的处理结果存在巨大差异。当前我国网络游戏玩家数量巨大，网络游戏产业作为朝阳产业，在我国产业布局中占有重要地位。因此，必须要在认清网络游戏虚拟财产技术构成和功能属性的基础上，对不同类型的游戏虚拟财产的法律性质予以分析，根据它们各自的性质提供相应的法律保护。

[①] 参见平安芜湖微博：https://weibo.com/1752573490/FaxygA3Ym，2023年10月25日最后访问。

第一节 游戏虚拟财产的类型

当前学界对网络游戏虚拟财产法律性质的分析仅停留在虚拟财产的表象，理性的法律分析止步于虚拟外观，缺乏对网络游戏虚拟财产技术生成路径和网络游戏运行机理的具体分析。法律是一种调整社会关系的行为规范，是以具体的社会实践为基础的，法律的产生可视为经验主义意义上被发现的过程，而不是一个纯粹理性的构建过程。网络游戏作为互联网技术的产物，是一个高度复杂的信息技术复合体，网络游戏世界中的一草一木皆是网络游戏开发者智慧和心血的成果。网络空间已成为继陆、海、空、天之后的"第五疆域"[①]。一定程度上，网络游戏中构建的虚拟世界与现实世界是平行的，不能简单地将我们此岸现实世界的观感和规则直接套用于彼岸的虚拟世界。因此，必须要深入到网络游戏的环境当中分析网络游戏虚拟财产的法律性质，洞察网络游戏的技术构成与运行机理，在此基础上对网络游戏中存在的纷繁多样的虚拟财产予以分类。

一、网络游戏的技术构成与运行机理

我国的网络游戏从技术构成上可以分为人机大战型游戏与多人在线型游戏（massively multiplayer online game）。人机大战型游戏一般只允许几个人同时进行游戏，而且在游戏结束时，相关数据会直接清除归零；在多人在线型游戏中，成千上万的游戏玩家可以同时在虚拟世界中进行游戏，并且在玩家离线时游戏服务器会自动为其保存相应数据，玩家再次登录游戏时可以继续游戏进程。当前在游戏市场中占据主导地位的是多人在线游戏，如"魔兽世界""王者荣耀""梦幻西游"，该类游戏又被称为"角色扮演类游戏"，游戏玩家先选择自己喜爱的虚拟替身，然后开始在网络游

---

① 《中国工程院院士：网络空间是国家安全"第五疆域"》，人民网，2017年7月12日访问。

戏世界中征战或探险。① 多人在线网络游戏的故事内容各有不同，但游戏的基本模式是通过故事线的设计，赋予游戏人物特定的目标，该目标的实现往往需要完成众多"艰难"的任务，游戏玩家必须借助一定的游戏装备和道具，继而产生了众多网络游戏虚拟财产。

本书研究的对象即多人在线游戏中的虚拟财产。网络游戏中的虚拟财产多种多样，结合不同游戏文本和故事情节的需要，主要有人物角色、武器、装备、技能、点券、金币等几种类型。游戏虚拟财产的产生主要经历了以下过程：首先，由相关美工人员结合游戏情景的需要，对游戏人物、武器、服装、山川等形象和外观予以设计，在这一过程中人物是静态的，仅描绘出虚拟财产的外在形象；其次，由游戏配音人员结合故事情景的要求对游戏人物、动物和具体场景的声音予以设计合成；最后，由游戏代码编写人员结合已经完成的故事图形和音效，通过数据编辑器将以上游戏素材予以数字化处理，在游戏代码和游戏服务器的运作下，原来静态的人物图形就以栩栩如生的动态形象在显示器上呈现出来了。因此，网络游戏世界的诞生经历了将图形、声音、色彩等游戏元素数字化，再由科研人员用代码对其进行编辑组合的过程。②

网络游戏开发公司对网络游戏进行开发和测试以后，就会将该网络游戏通过网络游戏运营公司投放到市场。游戏用户选择使用某款网络游戏时，必须要经过以下程序：首先，游戏用户需要在自己的电脑或手机上下载安装该款游戏的客户端，在这一过程中游戏运营商往往会把该款游戏的《用户服务协议》、《最终用户许可协议》或《玩家守则》通过文本或者链接的形式呈现给玩家，以此作为进行下一步安装的必要条件；其次，玩家需要在客户端设定自己的用户名和密码，以此作为自己在该游戏世界的电子 ID；最后，玩家进入游戏世界，选择自己喜欢的人物角色，挑选各种武

---

① David P. Sheldon, "Claiming Ownership, but Getting Owned: Contractual Limitations on Asserting Property Interests in Virtual Goods," *UCLA Law Review* 54, no.3(2007): 554.

② 唐震：《网络虚拟财产研究》，武汉大学博士论文，2015，第 13 页。

器装备和游戏模式,开始网络虚拟世界的冒险。游戏用户在网络游戏里纵横拼杀,充分体验虚拟世界带来的快感的同时,游戏用户的电脑和平台提供者的游戏服务器之间也在进行着快速的数据交流与切换。例如,玩家在游戏中竭尽全力绞杀一头怪兽,当这个怪兽濒临死亡,亟需致命一击的时候,玩家果断点击鼠标,使用道具"屠龙刀",试图完成对该怪兽的绝杀,此时,玩家的游戏客户端就向游戏服务器发出使用"屠龙刀"的请求,游戏服务器通过分析客户端用户的资料,对玩家等级、技能、生命值等使用该"屠龙刀"的资质进行认定,如果玩家符合资质要求,则立刻对该申请予以批准,并指令玩家客户端构成"屠龙刀"的相关数据迅速组合,以实现对怪兽的斩杀。与此同时,游戏服务器还要处理来自另一方(怪兽)的数据请求,通过对该角色的故事设定、技能和生命值进行分析,作出该代码运行程序已经终结的指令,使该代码开始进入休眠状态,具体表现为该怪兽死于屠龙刀下。之所以对网络游戏的技术构成与运行机理予以概述,是因为要为大家揭示游戏世界背后的主体关系和网络虚拟财产的形成、利用方式,进而为我们进一步探析网络游戏虚拟财产的法律性质与保护奠定良好的基础。

二、游戏虚拟财产的类型划分

在网络游戏世界里,根据故事情节设定的不同,存在着各种形态的虚拟财产,不能一概而论。但就我国网络游戏的实际情况和学者的研究现状而言,网络游戏虚拟财产包括虚拟角色、装备、道具、技能、游戏币(表现为点券、金币、钻石等)、皮肤等。[1] 在我国当前的网络游戏虚拟财产理论研究中,学者们对庞杂的游戏虚拟财产未作类型化分析,而是将其当作一个整体来看待的。本书认为,网络游戏虚拟财产来源与功能的不同决定了其不同的利益属性,按照游戏虚拟财产的来源和功能对形态多样的虚拟财

---

[1] 梅夏英、许可:《虚拟财产继承的理论与立法问题》,《法学家》2013 年第 6 期,第 83 页。

产予以分类是研究游戏虚拟财产法律保护的首要前提。因此，本书依据网络游戏虚拟财产的功能意义和价值内涵将其分为货币型游戏虚拟财产和物品型游戏虚拟财产。至于游戏账号，我们在前文已经通过分析得知其实质为个人信息，不属于网络虚拟财产的研究范畴，所以在此不对其予以讨论。

1. 货币型游戏虚拟财产

我国现有的部门规范性文件对虚拟货币的概念和类型进行了较为全面的规定，《文化部、商务部关于加强网络游戏虚拟货币管理工作的通知》第1条规定："本通知所称的网络游戏虚拟货币，是指由网络游戏运营企业发行，游戏用户使用法定货币按一定比例直接或间接购买，存在于游戏程序之外，以电磁记录方式存储于网络游戏运营企业提供的服务器内，并以特定数字单位表现的一种虚拟兑换工具。"随后发布的《文化部关于规范网络游戏运营加强事中事后监管工作的通知》（已失效）则进一步扩大了虚拟货币的范围，规定："网络游戏运营企业发行的，用户以法定货币直接购买、使用网络游戏虚拟货币购买或者按一定兑换比例获得，且具备直接兑换游戏内其他虚拟道具或者增值服务功能的虚拟道具，按照网络游戏虚拟货币有关规定进行管理。"两个文件的区别是，后者将游戏虚拟货币的范围扩张到了具有兑换功能的虚拟道具。

根据虚拟货币的获取途径可以将其细分为以下两类：一类是直接通过人民币充值兑换获得，典型代表是游戏点卡、游戏点券、"银子"、"金币"等。游戏点卡是用于游戏充值时使用的卡，全称是"虚拟消费积分充值卡"，是按服务公司的规定以现金兑换虚拟点（积分）的形式，通过消耗虚拟点来享受该公司的服务的一种钱款支付形式。[①] 游戏点券也是由人民

[①] 游戏点卡按传播介质分为虚卡、实卡、直充卡。各种游戏都有自用的游戏卡，不过有些游戏的充值卡是可以通用的。游戏玩家可以利用点卡换取其他游戏玩家的道具和游戏币。例如"魔兽世界"里面值30元的点卡能玩66小时40分钟（4 000分钟），每小时游戏约耗费0.45元人民币。

币直接兑换获取的，但它不能购买游戏时长，而是直接购买游戏角色、技能、装备等游戏物品。"银子"和"金币"等虚拟货币是网络游戏中惯用的虚拟货币，与法定货币之间存在固定的兑换比例，在游戏中可以通过游戏商店购买各种游戏特殊服务。另一类是通过游戏签到、做任务、打怪获得，如游戏金币，但这种路径下游戏币的获得具有偶然性，且在购买范围上也有一定的限制，它往往是作为游戏规则的一部分或是运营商为了吸引游戏玩家而实施的一种奖励机制。以"王者荣耀"这一网络游戏为例，在游戏当中充当一般等价物的虚拟货币可以分为两种：一种是点券，另一种是金币。点券是通过人民币直接购买的，一元人民币可以购买十点券，点券可以购买游戏商城中全部的虚拟物品；而金币则是通过玩家在游戏里做任务以及连续登录游戏达到一定的次数或时长之后，由游戏运营商赠送所得，金币也可以购买游戏商场中的特定物品，但金币的积累时间比较漫长。

2. 物品型游戏虚拟财产

所谓物品型游戏虚拟财产，是指那些被设计成网络游戏世界的故事内容要素，通过组合运用可以增加人物技能、经验值或虚拟角色个性化特征等娱乐体验的游戏虚拟财产，如虚拟角色、装备、技能、皮肤等。在物品型游戏虚拟财产中最为典型的要数装备和皮肤，装备在游戏当中主要表现为宠物和武器，如各种神兽、刀、剑、斧、锤等，这些虚拟物品的主要作用是辅助虚拟角色在游戏中进行各种冒险活动。从当前我国网络游戏的规则设置来看，物品型游戏虚拟财产的获取一般有三种渠道：其一，玩家可以通过在游戏中做任务、打怪获得物品型游戏虚拟财产。在打怪升级的游戏类型里面，网络游戏运营商对具有特殊功能的游戏装备都会设计一定的掉落率，玩家如果在游戏中打败了对手，则有机会获取。其二，玩家可以直接在游戏商店中购买物品型游戏虚拟财产。例如，在"魔兽世界"这款游戏中，内置有虚拟商店，出售各种虚拟物品，玩家可以通过人民币充值获取游戏币，进而购买相应的虚拟物品。就打怪升级类网络游戏而言，玩家的等级和装备质量直接决定了其在游戏中的地位和技能，因此个别"发烧"玩家会不惜重金购买游戏装备，以取得在游戏中的王者地位，这些游戏玩家被网友称为"人民币玩家"。物品型游戏虚拟财产中的另一个重要类型是皮肤，皮肤不是用于增加人物技能，而是表征虚拟角色的鲜明个性。就"王者荣耀"这款游戏而言，虽然游戏运营商的宣传广告以"拒绝人民币玩家"为主要卖点，但仍不妨碍其取得日皮肤销售额过亿的惊人业绩。① 其三，物品型游戏虚拟财产可以通过玩家之间的转让、买卖或赠与获得。

第二节 游戏玩家权利的被动消解

一、游戏服务协议排除、限制玩家权利

首先，在合同文本中，网络游戏运营商仅仅承认出卖给游戏用户的是游戏虚拟财产的使用权②，并且该使用权往往是有期限的，游戏用户以此接受网络游戏运营商提供的游戏服务。服务合同还往往约定网络游戏运营商对游戏数据享有"相关权利"（但对该项权利的性质往往会进行模糊化处理）。在本质上，游戏虚拟财产只是数据的集合，游戏运营商通过对数据权利的自我赋予，间接排除了游戏用户对虚拟财产享有所有权的可能性。从以上合同条款来看，游戏玩家对虚拟财产享有的权利仅是使用权，而游戏运营商对虚拟财产享有的则是所有权。从文本的表述来看，游戏运营商

---

① 《卖皮肤日入过亿，〈王者荣耀〉的火爆之谜》，南方周末网，2022年7月12日访问。
② 《网易游戏"藏宝阁"网上交易平台服务协议》第6条约定：交易标的，指且仅指在"藏宝阁交易平台"中准备转让的"游戏虚拟物品"的使用权。第7条约定：本协议以及"藏宝阁交易平台"中所描述的"出售""购买""买""卖""交易""转让"等用词，均指且仅指游戏虚拟物品使用权的转让行为。游戏虚拟物品的所有权归网易公司所有。

实际上将游戏虚拟财产进行了物化处理，其目的无非是通过民法所有权的自我赋予，取得对虚拟财产绝对的支配权和排他权。

其次，当前各大网络游戏平台的服务协议普遍都约定，游戏玩家必须按照协议约定的游戏物品利用方法来使用游戏装备，不得采取技术手段改动该游戏物品的功能。腾讯公司的《腾讯游戏许可及服务协议》第4.8条约定："为更好地向用户提供腾讯游戏服务，腾讯有权对游戏相关内容（包括但不限于游戏虚拟道具的设计、性能及相关数值设置等）作出调整、更新或优化。"可见，即使游戏玩家获得了游戏虚拟财产的使用权，游戏运营商仍然保留了随时调增、改变游戏物品功能或用途的权利，这就意味着游戏用户对游戏虚拟财产的利用直接受制于游戏运营商的单方意志。更何况，在当前我国严格限制未成年人网络游戏时间的背景下，未成年人对游戏虚拟财产的利用，在功能和时长上都受到了严格限制。[1]

再次，在网络服务协议中，平台提供者对游戏虚拟财产是否可以转让、如何转让进行了严格约定。主要体现在以下方面：（1）规定可以转让的游戏虚拟财产的类型。只有那些"未绑定"且未"禁止交易"的虚拟财产才能进行交换、赠与或买卖。（2）限制游戏虚拟财产转让的方式。游戏运营商对游戏中虚拟财产的转让途径进行了严格的限制，游戏用户只能在运营商提供的交易平台上进行虚拟财产的交易。在"英雄联盟"中，游戏运营商虽然只是"不提倡"从第三方交易平台或个人手中购买、接受赠与虚拟财产，但是从其"并不保证通过以上方式获取的游戏虚拟财产在游戏中能够正常使用[2]，也对可能引发的纠纷不负任何法律责任"的协议内容可以看出，游戏运营商实际上否定了从第三方获取游戏虚拟财产的行为。

---

[1] 林维、吴贻森：《网络保护未成年人模式：立法跃升、理念优化与困境突破》，《吉林大学社会科学学报》2022年第5期，第7页。

[2] 在腾讯制定的《〈英雄联盟〉之〈玩家条例〉》中，腾讯不提倡的交易方式包括但不限于以下几种：（1）通过第三方开设的所谓"专业游戏交易平台"网站购买；（2）通过第三方开设的其他电子网络交易平台网站购买；（3）向第三方开设的所谓"游戏工作室""打币工作室"购买；（4）向其他用户使用真实货币购买。

（3）限制游戏虚拟财产转让的目的。网络游戏服务合同中涉及游戏虚拟财产转让的内容往往约定在《玩家守则》部分，这实际上是将游戏虚拟财产的交易仅视为游戏规则的一部分，即游戏虚拟财产交易是娱乐互动的需要，任何以牟利为目的的游戏虚拟财产交易行为都是破坏游戏公平性、平衡性，扰乱网络游戏秩序的违约行为。①（4）严惩违规的虚拟财产交易行为。一旦游戏用户通过第三方平台购买游戏虚拟物品或者以牟利为目的买卖游戏虚拟物品，则可能面临被扣数值、回收游戏道具、暂时隔离、永久隔离、强制离线、封停账号、删除档案等一系列严重的惩罚措施。

最后，游戏用户对游戏虚拟财产的利用受到限制。例如，《腾讯游戏许可及服务协议》第2.5条约定："您充分理解并同意，为高效利用服务器资源，如果您3年内未使用游戏账号登录腾讯游戏，腾讯有权在提前通知的情况下，对该账号及其账号下的游戏数据及相关信息采取删除等处置措施。"第2.7条约定："如您注销游戏账号的，该游戏账号下的游戏虚拟道具及其他增值服务（为描述方便，以下也统称"游戏收益"）也将会被清除。"第4.19条约定："腾讯自行决定终止运营腾讯游戏时或腾讯游戏因其他任何原因终止运营时，腾讯会按照国家有关网络游戏终止运营的相关法律法规规定处理游戏终止运营相关事宜，以保障用户合法权益。"综上可以看出，用户对游戏虚拟财产的利用在根本上依赖于游戏服务协议的约定，就此而言，游戏虚拟财产与传统的财产存在实质的差别。在当前游戏市场更新迭代频繁的背景下，任何一款网络游戏都有自己的生命期，而游戏虚拟财产对游戏系统的依附性决定了一旦网络游戏停止运营，则该游戏的虚拟财产将无立锥之地。

---

① 在"魔兽世界"中，在游戏商店卖出虚拟财产获得的仅仅是游戏币，不存在虚拟财产→现实货币的逆向路径设计。"英雄联盟"和"王者荣耀"则属于回合制游戏类型，即不存在角色、技能升级程序设置，通过游戏商城购买的虚拟物品主要是装扮性质的，如皮肤，而且不能在商城里出售。只有"梦幻西游"系列游戏才可以通过"藏宝阁"交易平台将虚拟财产兑换为人民币，但严格限于非牟利的娱乐目的。

二、游戏玩家权利保护缺乏法律依据

正如上述所言，针对近年来随着网络游戏火爆而引发的各种乱象和问题，我国政府陆续颁布了一系列法律法规予以规制，包括《关于进一步加强网吧及网络游戏管理工作的通知》、《文化部关于改进和加强网络游戏内容管理工作的通知》（已失效）、《文化部、商务部关于加强网络游戏虚拟货币管理工作的通知》、《网络游戏管理暂行办法》（已失效）、《文化部关于规范网络游戏运营加强事中事后监管工作的通知》（已失效）等。虽然以上文件的效力层级不高，一般属于部门规范性文件，但是这些文件对游戏虚拟财产的规制是全过程和全方位的，既包括了事先、事中、事后的行政监管，也包括了对网络游戏虚拟财产的具体规制，例如规范网络游戏虚拟道具发行，加强网络游戏用户权益保护，等等。但是，以上文件规制的重点是对网络游戏运营的法律监管，如游戏运营商备案制度，企业从事"网络游戏虚拟货币发行服务"和"网络游戏虚拟货币交易服务"的申请-审批机制，未成年防沉迷保护机制，等等。上述文件很少涉及对游戏虚拟财产的权利归属、法律保护和救济问题，因此不能为司法实践中的民事纠纷提供裁判依据。更为遗憾的是，2019年文化和旅游部对其颁布的行政规范性文件进行了全面清理，导致以上行政规范性文件大部分失效。游戏虚拟财产的法律规制当前几乎处于空白状态。

第三节 不可避免的冲突

一、游戏虚拟财产民事纠纷

笔者在"威科先行·法律信息库"的"裁判文书"工具模块输入"网络虚拟财产"检索出516个裁判文书（截止到2023年10月23日），又输入"网络游戏"在结果中搜索,检索出 199 个裁判文书。由此可见,当前网络游戏中的网络虚拟财产法律纠纷占据了网络虚拟财产法律纠纷的很大比例。就这些案件类型来看,民事案件占绝大部分,达到 91.46%,其他则主要为刑事案件。而且,基于大数据的统计我们可以发现,自《民法典》颁布实施以来,游戏虚拟财产案件数量陡增,成为司法实践中增长较快的一种纠纷类型。截止到 2023 年 11 月 16 日,按照民事案由,游戏虚拟财产纠纷主要包括以下具体类型。首先,发生最多的纠纷类型是合同纠纷。该类纠纷有 380 件,具体包括服务合同纠纷 129 件、买卖合同纠纷 117 件、中介合同纠纷 18 件、借款合同纠纷 10 件、委托合同纠纷 4 件。其次,占据第二位的纠纷类型是侵权纠纷。该类纠纷有 138 件,其中网络侵害虚拟财产纠纷 117 件。最后,占据第三位的纠纷类型是物权纠纷,总共有 39 件,其中包括返还原物纠纷 4 件、财产损害赔偿纠纷 31 件。从引起具体纠纷的原因来看,合同纠纷主要是因游戏玩家未按照合同约定的方式进行游戏,游戏运营商以违约为由对虚拟财产使用权人采取惩罚措施和管理措施而引发的;而侵权纠纷则主要是因游戏运营商或第三人非法侵害游戏玩家的虚拟财产而引发的;物权纠纷则主要是因游戏玩家行使游戏虚拟财产权利受阻而引发的。以下就结合司法实践中发生的典型案例,分别对以上法律纠纷展开剖析,梳理其纠纷焦点,分析争议背后的实质原因。

1. 因游戏运营商封停游戏账号引发的纠纷

在黄某与北京奇虎 360 科技有限公司(简称"奇虎公司")案中,作为奇虎公司代理的网络游戏"坦克世界"的玩家,原告黄某诉称,2021 年 4 月,被告奇虎公司在未提前通知原告,未核实是否是本人的情况下,以使用脚本工具为由,直接永久封停原告游戏账号,原告黄某事后进行申诉,被告奇虎公司不予解封及赔偿。原告认为,其作为玩家投入大量时间、精力和金钱参与网络游戏,通过升级等个人劳动、购买游戏装备等交易获得网络虚拟财产,并通过账号和密码实现对网络虚拟财产的占有和处分。被告奇虎公司永久封停原告黄某的游戏账号，存在违约责任和侵权责任的竞合。被告奇虎公司未提交有效证据，不能证明原告黄某有使用脚本工具的行为，原告认为直接永久封号的行为不符合法律规定，构成对原告黄某虚拟财产权利的侵害。[①] 在该纠纷中，争议的焦点问题是，用户的行为是否构成违约，以及游戏运营商是否有权对游戏玩家的账号作停封处理。

2. 因游戏运营商终止服务引发的纠纷

在徐某、广州四九游网络科技有限公司等（简称"四九游公司"）网络服务合同纠纷案中，四九游公司系"大圣轮回"游戏的运营商，徐某系"大圣轮回"手机游戏用户。2020年9月1日，四九游公司通过"大圣轮回官方手游"微信公众号发布"【大圣轮回】游戏停运公告"，称"大圣轮回"将在2020年9月30日上午12：00正式停止充值服务和新账号的注册；将在2020年10月30日上午12：00正式关闭服务器，游戏角色等数据全部清空。公告还包含关闭服务器补偿方案内容。案涉游戏登录界面公告显示，游戏又发布了一次关闭服务器公告及补偿方案，具体为：2020年12月30日10：00正式停止充值服务和新账号的注册；2021年1月30日18：00正式关闭服务器，游戏角色等数据全部清空。需要转移的玩家联系在线客服QQ：16××× 37或者3005630618进行相关转移登记，处理截止到2021年1月15日。补偿对象为全服玩家，游戏关闭充值至正式停运期间，全服每天发放2万元宝补偿。徐某对该补偿方案不满，主张四九游公司等向其返还114 351元。[②] 这类案件是近年因网络游戏停止服务发生的新型法律纠纷，该类纠纷在司法实践中的争议焦点是，游戏运营商关闭服务器的行为是否违约，游戏运营商是否应对游戏玩家的虚拟财产损失予以赔偿，以及该如何计算损害赔偿额。

---

① 参见（2021）京0491民初28899号民事判决书。
② 参见（2021）粤01民终16116号民事判决书。

3. 因游戏虚拟财产转移引发的纠纷

在应某军、杭州网易雷火科技有限公司（简称"网易雷火公司"）网络服务合同纠纷案中，应某军系"倩女幽魂手游"玩家，网易雷火公司系游戏"倩女幽魂手游"的运营主体，负责游戏运营、收费，对玩家进行管理。家园是该游戏中的游戏道具，侠侣（特定玩家）之间可以相互赠送。2020年10月28日，涉案ID的侠侣（案外玩家）申请转移家园权属。2020年11月27日，该家园权属转移成功。应某军称其于2020年10月14日前就已经在游戏平台申请了"离婚"，但其侠侣不同意且等待家园权属的转移，具有明显的目的性，应某军认为游戏平台不顾其主观意愿强制转移家园，损害了其利益。该案的争议焦点是，涉案游戏规则和《用户协议》是否有效，网易雷火公司是否应当返还应某军家园。另外，该纠纷构成服务合同纠纷而不是物权纠纷的主要原因是，网络用户认为其失去网络虚拟财产支配权是由网络服务商违约造成的，进而要求游戏运营商承担违约责任。

4. 因删除游戏玩家账号以及虚拟财产引发的纠纷

游戏虚拟财产必须依附于网络游戏账户，一旦网络游戏账户被删除，游戏玩家的合同目的就难以实现，法律纠纷也就必然发生。在上海莉莉丝网络科技有限公司（简称"莉莉丝公司"）与周某能服务合同纠纷案[1]中，莉莉丝公司系"剑与远征"游戏的游戏运营公司，周某能系该游戏的注册用户并绑定了手机号。周某能注册"剑与远征"游戏时，与莉莉丝公司签订了《莉莉丝游戏许可及服务协议》。该协议第5.3条约定："用户充分理解并同意，为高效利用服务器资源，如果用户长期未使用游戏账号登录莉莉丝游戏，莉莉丝有权视需要，在提前通知的情况下，对该账号及其账号下的游戏数据及相关信息采取删除等处置措施，上述处置可能导致用户对

---

[1] 参见（2022）沪01民终249号民事判决书。

该游戏账号下相关权益的丧失，对此莉莉丝不承担任何责任。"随后，游戏公司以该条为依据删除周某能的游戏账户以及其中的虚拟财产，周某能认为，服务协议第5.3条无效，游戏公司应该恢复其游戏数据。该案件纠纷具有一定的典型意义，因为游戏公司往往会在服务协议中约定，为了充分利用网络游戏资源，当用户长时间未登录游戏账户时，将对该游戏账户作删除或回收处理。例如，《畅游用户协议》约定，如果用户180天不登录游戏，公司有权删除相应游戏数据；《米哈游用户协议》约定，如果用户365天不登录游戏，公司有权删除相应游戏数据；《腾讯游戏许可及服务协议》约定，如果用户3年内未使用游戏账号登录游戏，公司有权删除相应游戏数据。

在该类纠纷中，争议的焦点问题是，游戏服务协议中的删除休眠账号的条款是否有效。对此，双方当事人争议极大。

5. 因游戏虚拟财产丢失引发的纠纷

游戏运营商是网络游戏服务的提供者，一旦游戏虚拟财产丢失，游戏玩家的第一反应就是要求游戏运营商协助追回，当不能追回时，游戏玩家便要求运营商承担相关赔偿责任。例如，在王某莉与深圳市腾讯计算机系统有限公司（简称"腾讯公司"）网络服务合同纠纷案[①]中，原告是被告腾讯公司开发的游戏"自由幻想"的注册用户，注册账号名称为"聚月色"。原告注册为游戏用户后按照游戏规则进行游戏娱乐。在2019年2月至3月期间，原告被两位游戏角色名为"静谧"和"記小爱"的玩家盗取涉案游戏装备。原告向被告投诉后，被告腾讯公司根据原告提供的线索对相关游戏账号进行了"封号"处理，但涉案游戏装备均已被"封号"账户转移。原告认为，被告腾讯公司应予以返还其合法拥有的游戏装备。但腾讯公司认为，原告没有妥善保管好自己的账号及密码，导致游戏装备被盗，具有过错，根据《腾讯游戏许可及服务协议》第2.4条的约定，原告

---

① 参见（2020）粤0305民初22125号民事判决书。

应自行承担相关的损失及责任；公司在游戏中通过接入 QQ 安全令牌、密保卡、密保手机、手机令牌、QQ 令牌等防盗安全措施，已经尽到了妥善保管、保障用户正常使用游戏的安全义务，无须承担返还和赔偿责任。

该案涉及的焦点问题是，当第三人侵害游戏用户虚拟财产权益时，游戏运营商是否承担法律责任，以及承担何种法律责任。一般认为，游戏运营商应对游戏虚拟财产负有安全保护义务，但当前司法实务对该保护义务的内容以及认定标准存在争议。

6. 因未成年人购买、消费游戏虚拟财产引发的纠纷

近年来我国陆续出台的一系列法律、行政法规对日渐严重的未成年人沉迷网络游戏现象进行了规制。未成年人沉迷网络游戏不仅会浪费其大好青春，严重侵占其宝贵的学习时间和精力，也会对未成年人及其家庭的财产造成一定的损失。

在刘某 1、广州爱九游信息技术有限公司（简称"爱九游公司"）网络服务合同纠纷案[①]中，刘某 1（9 岁）2018 年 4 月 5 日通过刘某（刘某 1 父亲）的姓名、身份证号码及手机号码进行游戏注册认证。2018 年 11 月 4 日，刘某的支付宝账户向爱九游公司共计支付 20 240 元，用于购买该账户的 12 个月的会员服务两次以及充值 U 点 20 000 元。截至纠纷发生时，该账户余额为 1770U 点，价值 177 元。在该案中，原告方认为，在刘某 1 游戏误充值的整个过程中，作为应负主体责任的爱九游公司，根本没有严守注册大门，没有对游戏玩家进行严格的身份核实，没有按照文化部要求限制充值金额，也没有事后对充值进行确认和告知。在其家长刘某反映情况后，爱九游公司亦没有采取措施封闭账户。刘某 1 是未成年人，在整个充值和消费过程中，一切涉钱行为必须得到其家长刘某追认才有效，所以其没有责任、没有过错。爱九游公司必须归还刘某 1 误充值的全部款项 20 240 元。作为监护人的刘某，在整个充值事件前后，尽到了应尽的教育与

---

① 参见（2020）粤 01 民终 6372 号民事判决书。

监管责任，也没有过错与责任。爱九游公司则认为，其已经对注册用户进行了实名认证，并对认证信息进行了核实，认证流程符合法律法规规定。刘某1的法定代理人或监护人疏于教育，未履行监护职责，未及时制止刘某1的不当行为，甚至放任刘某1的充值行为，是讼争行为发生的根本原因。在充值行为发生后，刘某1的监护人完全可以通过更改支付密码、卸载游戏、设置手机开机密码等措施，阻断刘某1的游戏行为，但刘某1的监护人并未采取任何措施制止刘某1登录游戏，故导致充值行为不断发生、充值款项被消耗殆尽。因此，爱九游公司认为自己不承担充值款返还责任。

未成年人属于限制或无民事行为能力人，购买、消费游戏虚拟财产的行为应属于无效或效力待定的民事法律行为。然而，在司法实践中面临的难题是，如何对未成年人的损失予以认定并进行财产返还。例如，当未成年人购买的虚拟货币已经被全部消费，此时游戏运营商是否还负有返还义务？游戏运营商能否以自己尽到未成年人网络保护义务为由主张免责？监护人是否应当承担部分责任？

7. 因借用游戏虚拟财产引发的纠纷

游戏玩家可以支配其账户中的虚拟财产，于是司法实践中出现了游戏玩家出借游戏虚拟财产，但借用人到期未予归还而引发的法律纠纷。例如，在吴某华、蔡某烁返还原物纠纷案中，被告蔡某烁通过微信向原告吴某华借用steam游戏武器皮肤（又称游戏饰品），原告通过steam游戏平台向被告出借AWP|巨龙传说（崭新出厂）、M4A4|咆哮（崭新出厂）、AK-47|火蛇（略有磨损）共3件游戏饰品，随后，被告将AK-47|火蛇（略有磨损）游戏饰品归还给原告，原告吴某华要求被告蔡某烁归还AWP|巨龙传说（崭新出厂）、M4A4|咆哮（崭新出厂）两件游戏武器皮肤未果，遂引发纠纷。对于该案，法院判决，案涉游戏饰品为网络虚拟财产，依据《民法典》第127条的规定：法律对数据、网络虚拟财产的保护有规定的，依照其规定。原告吴某华依照法律规定对其所有的游戏饰品依法享有支

配、收益的权利。原告已完成其出借义务，被告有按期返还的义务，双方未约定借用期限，原告有权随时要求被告返还，经原告催告后被告在合理期限内未返还，现原告请求判决被告立即返还，于法有据，本院予以支持。[①]

8. 因无权处分他人游戏虚拟财产引发的纠纷

游戏虚拟财产具有价值性，甚至个别游戏虚拟财产在游戏市场上价值不菲，于是司法实践中便发生了未经权利人授权出卖他人虚拟财产的纠纷。例如，在李某飞与许某斌财产损害赔偿纠纷案中，李某飞把"梦幻西游"游戏账号及密码告知许某斌，由许某斌为其打游戏。李某飞的"梦幻西游"账号内有李某飞通过购买及打游戏获得的游戏装备。李某飞因个人原因致许某斌无法与其取得联系。之后，许某斌在未征得李某飞同意的情况下把李某飞"梦幻西游"游戏账号和装备打包卖给了他人。2019年，双方经协商，许某斌出具了《欠条》一份，载明：本人许某斌亏欠李某飞人民币120 000元，经双方协商于一年内归还。同时许某斌出具《情况说明》一份，主要内容为：许某斌未经李某飞同意私自贩卖李某飞的"梦幻西游"游戏物品，共价值人民币133 000元，于2019年1月8日已归还13 000元，尚欠李某飞人民币120 000元。后因许某斌到期未偿还借款而引发纠纷。对于该案，法院认为，游戏账号及装备是伴随着网络游戏而产生的虚拟财产，可以进行交易并且形成了一定的市场规模，在交易中形成了相对确定的价格，从而具有同现实生活中传统财产一样的价值和使用价值，合法取得的虚拟财产应当受到法律保护。

9. 因查封游戏账号或限制虚拟财产利用引发的纠纷

在司法实践中，若游戏玩家存在违约或违规行为，游戏运营商往往会对游戏虚拟财产或游戏账号的利用采取限制措施，包括隔离角色、限制使用、冻结账号、查封账号以及删除账号等。以上措施将直接导致游戏玩家

[①] 参见（2021）闽0128民初5190号民事判决书。

对虚拟财产的利用受到限制，甚至永远失去利用的权利，并因此产生法律纠纷。例如，在北京光宇在线科技有限责任公司（简称"光宇公司"）、匡某乐物权保护纠纷案中，光宇公司以匡某乐在QQ群宣传游戏私人服务器侵害其合法权益为由对匡某乐名下的3个网络账号作封号处理，而匡某乐则认为，光宇公司侵害了他的虚拟财产权，要求立即恢复游戏账号的使用；若光宇公司拒绝恢复游戏账号的使用，则赔偿财产损失145 300元。法院认为，匡某乐作为玩家投入大量时间、精力和金钱参与网络游戏，通过升级等个人劳动、购买游戏装备等市场交易获得网络虚拟财产，并通过账号和密码实现对网络虚拟财产的占有和处分，作为游戏平台的管理者，除玩家有严重违反法律法规或者游戏规则的情况，光宇公司不能任意非法修改、删除、封停玩家的账号。光宇公司称匡某乐存在宣传私人服务器的行为，故而有权对账号作永久封号处理，那么光宇公司应当就此承担举证责任。然而光宇公司提交的证据无法证明66×××52 QQ群系用于宣传私人服务器，亦无法证明匡某乐加入了该群，并在了解QQ群的作用后仍在其朋友圈宣传该QQ群。因此，现有的证据不足以证明匡某乐有严重违反法律法规或游戏规则的行为，光宇公司无权封停匡某乐的游戏账号。[①]

在该类纠纷中，双方争议的焦点是，网络服务协议中对游戏玩家违约的处罚条款是否有效，以及游戏运营商处罚游戏玩家的行为是否构成侵权，而是否侵权的判断依据则是该处罚行为是否合理。需要注意的是，游戏虚拟财产物权纠纷与合同纠纷存在交叉，例如，对于因查封游戏账号或限制虚拟财产利用引发的纠纷，有的法院将其作为合同纠纷处理，而有的法院则将其视为物权纠纷处理。作为合同纠纷处理的原因是，游戏运营商依据网络游戏服务协议查封游戏账号或限制虚拟财产利用，因此该类纠纷解决的关键是游戏服务协议是否有效。而作为物权纠纷处理的原因是，法院将游戏虚拟财产视为物，游戏玩家享有物权，一切对游戏虚拟财产的侵害和干预行为都可借助物权得以救济。所以，在司法实践中，游戏虚拟财

[①] 参见（2020）湘01民终3837号民事判决书。

产纠纷往往构成侵权责任和违约责任的竞合。

二、游戏虚拟财产刑事纠纷

在司法实践中，涉及游戏虚拟财产的刑事纠纷较多，刑事纠纷与民事纠纷的区别在于，刑事纠纷中被告人往往指向的是非法获取虚拟财产的第三人，而民事纠纷中被告人往往指向的是网络游戏运营商。2023年10月28日，笔者在"威科先行·法律信息库"案例库中搜索到与游戏虚拟财产相关的刑事案件共计117个，就罪名来看，共有71个案件涉及侵犯财产罪，其中盗窃罪39个，诈骗罪23个，侵占罪4个，职务侵占罪9个；另外共有38个案件涉及妨害社会管理秩序罪，其中非法侵入计算机信息系统罪2个，开设赌场罪3个，非法获取计算机信息系统数据、非法控制计算机信息系统罪19个。从涉及游戏虚拟财产的刑事案件构成来看，盗窃罪和非法获取计算机信息系统数据、非法控制计算机信息系统罪占据了大半，这也反映出当前刑事司法实务中对游戏虚拟财产法律性质的主要观点与矛盾。

1. 非法窃取游戏虚拟财产构成盗窃罪

2006年第11期的最高人民法院公报案例——上海市黄浦区人民检察院诉孟某、何某康网络盗窃案代表了早期法院对窃取他人游戏虚拟财产案件的一般态度。在该案中，被告人孟某窃取被害单位上海茂立实业有限公司（简称"茂立公司"）的账号和密码后，提供给被告人何某康，二人密谋由孟某通过网上银行向买家收款，何某康入侵茂立公司的在线充值系统窃取Q币，然后为孟某通知的买家QQ号进行Q币充值。从2005年7月22日18时32分至次日10时52分，何某康从茂立公司的账户内共窃取价值人民币24 869.46元的Q币32 298只，窃取价值人民币1 079.5元的游戏点卡50点134张、100点60张。上海市黄浦区人民法院认为，游戏点卡是茂立公司以每 50 点 4.25 元的价格向网易公司购买的，在线销售价格是每 50 点 5 元。Q 币和游戏点卡是腾讯公司、网易公司在网上发行的虚拟货币和票证，是网络环境中的虚拟财产。茂立公司付出对价后得到的 Q 币和游戏点卡不仅是网络环境中的虚拟财产，也代表着茂立公司在现实生活中实际享有的财产，应当受刑法保护。被告人孟某、何某康以非法占有为目的，在网上实施侵入茂立公司账户并秘密窃取 Q 币和游戏点卡的行为，这个行为侵犯了茂立公司在现实生活中受刑法保护的财产权利，当然构成盗窃罪，应该受刑罚处罚。网络公司在网上发行的 Q 币和游戏点卡，体现着网络公司提供网络服务的劳动价值，因此，Q 币和游戏点卡在现实生活中对应的财产数额，可以通过其在现实生活中的实际交易价格来确定。至于网络用户在网络游戏中通过不断"修炼"而获得的 Q 币和游戏点卡，由于不参加网络公司与网络用户之间的交换，因此其交易价格不受影响。上海市黄浦区人民法院最终对该案件以盗窃罪论处，其态度明显是将游戏虚拟财产作为《刑法》中盗窃罪的客体——财物予以看待的。在这一公报案例公布之后，个别法院对非法获取他人游戏虚拟财产的案件大致都遵循了这一裁判思路，如章某某、付某某、宋某某盗窃罪案[1]，张某、徐某、刘某某、朱某某盗窃罪案[2]，朱某宗盗窃罪、诈骗罪案[3] 等。

2. 非法窃取游戏虚拟财产构成非法获取计算机信息系统数据罪

据上文所知，2012 年最高人民法院出台了《最高人民法院研究室关于利用计算机窃取他人游戏币非法销售获利如何定性问题的研究意见》（简称《最高院研究室意见》），紧接着法院对窃取他人游戏虚拟财产的司法认定态度就发生了转变，这一态度的转变首先体现在洪某锋盗窃案中。[4] 在

---

[1] 参见（2013）一中刑终字第 115 号刑事判决书。
[2] 参见（2013）徐刑初字第 317 号刑事判决书。
[3] 参见（2012）甬慈刑初字第 1873 号刑事判决书。
[4] 参见（2010）甬慈刑初字第 1544 号刑事判决书。

该案件中，被告人洪某锋在浙江省义乌市下王新村店面某栋某单元303室租房内，利用网上购买的"白金远程控制软件"非法取得龚某在慈溪市游戏中心注册的账号及密码，而后在自己电脑上进行登录，窃得龚某在慈溪市游戏中心账号中的9亿8千余万游戏币（"银子"）。后来被告人洪某锋分数次将上述"银子"分别卖给宋某、陈某，从中非法获利共计人民币47 280元。经过审理，法院认为："游戏运营商按照游戏软件程序本身所产生的虚拟物品并不具有财产价值，而游戏玩家获得虚拟财产主要通过以下两种方式：一是由游戏玩家通过投入大量的时间、精力以在线升级方式获得，二是由游戏玩家用金钱以购买方式直接获得。虚拟财产是否具有财产价值、是否受法律保护，现行法律并无明文规定，故对于通过第一种方式获得的虚拟财产的价值如何确定，无据可依；对于通过第二种方式获得的虚拟财产，因所有人系以真实货币为对价，通过交易取得虚拟财产，在该虚拟财产上已添附了现实的财产权利，故从财产保护的平等性出发，对窃取已添附财产权利的虚拟财产，应当以盗窃罪追究刑事责任。本案中，公诉机关向法庭提供的涉案被盗9亿8千余万游戏币（虚拟财产）系由被害人龚某通过购买而获得的证据尚不够充分。根据本案已查明的事实和确认的证据，依照现行法律，对被告人洪某锋以非法获取计算机信息系统数据罪定罪为妥。"在这一案件中，法官实际上将游戏虚拟财产分为了三类：其一，游戏软件程序本身产生的虚拟物品，即作为网络游戏情景基本构成的虚拟物品；其二，游戏玩家以在线升级方式获得的虚拟财产，如游戏装备；其三，游戏玩家用金钱直接购买获得的虚拟财产，如游戏币。在该案中，法官认为以上真正可以视为财产并作为盗窃罪实施对象的只有第三种类型。但是，该案件的吊诡之处在于法院明明已经承认了虚拟货币是添附了现实财产权利的"真实财产"，应当以盗窃罪追究刑事责任，但是在案件最后却话锋一转，以证据不能证明虚拟货币的准确数量为由，转而适用非法获取计算机信息系统数据罪。这种以证据不足而改变案件性质的解释路径既不"完美"也不合法，更重要的是平添了学界和司法实务界对网络虚拟财产法律性质和法律适用的困惑。[①]

综上可见，当前司法实践对非法获取游戏虚拟财产的罪名定性存在争议，其分歧的根本原因是对游戏虚拟财产的法律性质认识不一，将该行为定性为财产犯罪，实际上是将游戏虚拟财产划分为新型财产；而将该行为定性为非法获取计算机信息系统数据罪，则否定了游戏虚拟财产的财产属性。

通过以上对游戏虚拟财产民事纠纷和刑事纠纷的分析可以看出，游戏虚拟财产纠纷涉及的主体包括游戏玩家、游戏运营商、第三人，其争议的焦点包括，游戏运营商是否有权删除网络游戏账号以及限制游戏虚拟财产的利用，游戏玩家是否有权转让游戏虚拟财产，游戏虚拟财产丢失的责任主体，非法获取游戏虚拟财产的法律定性，未成年人购买游戏虚拟财产的返还范围，等等。民事法律存在的主要作用就是定分止争，而"定分"又构成了"止争"的基本前提，因此，解决游戏虚拟财产法律纠纷首先要明确相关法律主体享有权利的性质和内容，并以此为依据处理其面临的各种法律纠纷。

第四节　新型权利之构建

一、游戏虚拟财产权的权利主体

在判断游戏虚拟财产之权利归属之前，需要首先明确的一个问题是，游戏虚拟财产上的权利究竟是什么权？在传统研究中，学者们在研

[①] 在《最高院研究室意见》出台以后，法院将窃取他人游戏虚拟财产的行为视为盗窃处理的案件可具体参见"顾某破坏计算机信息系统案"，（2015）浦刑初字第1882号刑事判决书；"崔某红盗窃案"，（2016）浙0602刑初1205号刑事判决书；"刘某某盗窃案"，（2013）徐刑初字第222号刑事判决书；"杨某宇等人诈骗案"，（2015）乌中刑初字第60号刑事判决书；"张某盗窃案"，（2013）徐刑初字第317号刑事判决书；"朱某某盗窃案"，（2017）苏1002刑初173号刑事判决书；"朱某宗盗窃、诈骗案"，（2012）甬慈刑初字第1873号刑事判决书。

究虚拟财产权利的归属时想当然地将该权利视为所有权，在司法实践中，法院也往往将游戏虚拟财产纠纷作为物权纠纷处理。但是，事实果真如此吗？我们通过分析已经明确了网络虚拟财产的特征，即虚拟性、价值性、可支配性、稀缺性。然而，游戏虚拟财产在本质属性上与有体物存在差别，其属于数字经济中一种新型的利益形态。基于这一共识，我们可以得出以下结论：既然物权制度中所有权的客体是有体物，那么网络虚拟财产难以成为所有权的客体，网络虚拟财产上的权利只能是其他非属所有权的权利类型。因此，本书认为，网络虚拟财产上的权利应为网络虚拟财产权，该权利与以有体物为客体的所有权和以智力成果为客体的知识产权都存在差别，网络虚拟财产权存在的客体为网络虚拟财产，在权利获取方式、权利具体内容、权利行使方式上与传统财产权存在差异。

游戏虚拟财产权不等同于所有权，所有权作为传统民法中绝对权的典型代表，其权利内容和行使方式反映了传统农业社会中的组织形态和交往方式。在传统社会中，尤其是我国，社会组织形态较为单一，集权政府几乎垄断了全部的社会生产资料，社会阶层分为士农工商，整个社会结构等级分明且缺乏有效的流通机制。在这样的传统社会中，社会生产资料和生活资料几乎是静态的，即使存在生活必需品的交易（如盐、铁），也往往被政府及政府授权许可的人予以垄断经营。这样的社会结构和样态所需要的财产权模式应具有强烈的支配性和排他性特征。原因在于，政府垄断大部分社会资源和重农主义的政策倾向决定了社会中私人所拥有的财产必然是极为有限的。而对于有限且珍贵的财产（与家庭生计密切相关），人们所需的必然是一种严格的、绝对的且具有排他性的财产权模式结构，其中最为理想的就是所有权的内容构造。所有权在传统民法理论中被定义为一种绝对的、永久的、完整的、排他的权利，不得不说这正是一个阶层固化的、静态运行的、物质匮乏的传统社会所需的财产权构造。

与所有权产生的社会环境不同,游戏虚拟财产产生的环境是网络游戏,网络游戏是由游戏公司研发出来的,网络游戏的研发过程花费了巨大的人力、物力和财力。研发完成之后,游戏开发公司将该游戏的运营权以一定的价款转让给游戏运营公司,而游戏运营公司获利的主要方式即为出卖游戏虚拟财产,以及从系统内部的虚拟财产交易中获取一定的手续费。基于游戏虚拟财产的游戏要素性质,游戏虚拟财产属于网络游戏不可分割的一部分,它的利用规则受到游戏规则设计的限制,同时游戏玩家对它的利用也离不开游戏运营商的技术支持。[1] 可见,游戏运营商对游戏虚拟财产享有毋庸置疑的权利。此外,在网络游戏中,游戏玩家是游戏虚拟财产的实际使用人,游戏玩家可以对该游戏虚拟财产进行排他性使用,就连游戏运营商都不能任意对游戏虚拟财产的利用予以限制,并且,游戏玩家还可以通过转让账号和密码的方式不经游戏运营商同意便可实现游戏虚拟财产的转移。因此,同一游戏虚拟财产上存在两个权利主体,并且这两个权利主体可以并行不悖地利用游戏虚拟财产。例如,在打游戏的时候,游戏玩家对游戏角色和游戏道具予以利用;与此同时,由于网络游戏进展时刻需要游戏运营商的技术支持和服务,所以游戏运营商在事实上也在利用该游戏虚拟财产,确保该游戏虚拟财产的功能得以实现。

游戏虚拟财产上存在两个权利主体,并且这两个权利主体都对虚拟财产的利用享有合法利益,这一根本事实构成了游戏虚拟财产权归属判断和权利构建的基本前提。

二、游戏玩家的虚拟财产权

1. 占有权

在网络游戏环境中,游戏玩家对游戏虚拟财产的占有权是现实存在且

---

[1] 李奕辰:《网络游戏中虚拟财产涉及的法律问题》,《山西财经大学学报》2018年第S1期,第45页。

可能的。游戏玩家通过注册账户而获得了在特定游戏中具有唯一性的身份ID，并通过设置密码的方式获得了对该网络账户以及该账户中虚拟财产的占有支配。有学者认为，法律上占有的意义是指权利人对标的物进行支配、管领、控制的客观事实。在网络游戏中，游戏虚拟财产是由数据组成的，而游戏数据作为游戏公司的重要商业资产，往往被游戏公司采取加密的方式予以保存，所以，真正对游戏虚拟财产形成实际控制和占有的是游戏公司，游戏玩家作为游戏的参与者根本没有能力成为游戏虚拟财产的占有人。笔者认为，以上观点的错误在于，没有真正理解占有的法律内涵，以及占有事实在网络环境中的具体化检验。法律上的占有不等同于事实占有或直接占有，"占有为社会上之现象，而非物理上之现象。某人支配某物，不能仅从物理的角度界定，而应通过时代和社会的一般观念判断。通常而言，占有须依社会观念斟酌外部可以认识的空间关系、时间关系和法律关系，就个案加以认定。空间关系即人与物存在某种场合上的结合关系，只要有此场合上的结合关系，即便人对物没有具体接触，也产生人对物事实上的管领力"[①]。从网络游戏虚拟财产的实际情况来看，随着手机的普遍使用和数据云储存的发展，游戏玩家可以随时随地登录游戏账号对游戏虚拟财产进行占有和使用。

2. 使用权

游戏玩家对游戏虚拟财产享有使用权，这一权利不仅是游戏玩家参与网络游戏的直接原因，也是被游戏服务协议明确约定的游戏玩家享有的权利。例如，《腾讯游戏许可及服务协议》第2.6条约定，您仅根据本协议及《QQ号码规则》《腾讯微信软件许可及服务协议》《微信个人账号使用规范》、相关账号使用协议以及腾讯为此发布的专项规则享有游戏账号的使用权。第4.8条约定，您充分理解并同意：游戏虚拟道具及其他游戏增值服务等均是腾讯游戏服务的一部分，腾讯在此许可您依本协议而获得其使

[①] 谭启平主编：《中国民法学（第三版）》，法律出版社，2021，第393页。

用权。您购买、使用游戏虚拟道具及其他游戏增值服务等应遵循本协议、游戏具体规则的要求。但需要注意的是，使用权的具体内容并非由游戏玩家自己决定，游戏运营商往往会通过服务协议明确约定游戏虚拟财产的使用方式和范围，并列明禁止的使用方式，比如未成年人超时使用，使用各种私服、外挂行为，使用游戏同步器，在使用时传播非法言论或不当信息，等等。但即使存在以上限制，游戏玩家对游戏虚拟财产享有使用权也是确实存在的，并且该使用权还具有支配性和排他性。虽然游戏运营商在客观上拥有干预游戏玩家利用虚拟财产的能力，但是在游戏玩家按照服务协议和游戏规则进行利用的范围内，游戏运营商的不当干预会被视为违约行为或侵权行为。所以，游戏玩家对游戏虚拟财产享有使用权不仅客观存在，而且可以排除其他法律主体的任何不当干预行为。

3. 处分权

游戏玩家对游戏虚拟财产是否享有处分权是司法实践中争议最大的问题之一，如上文所言，网络虚拟财产权属问题的关键是确定其权利的具体内容，因为不同的权利内容直接导致权利的质量和价值相去甚远，并会对利益相关主体产生截然不同的影响力和吸引力。就法律意义而言，处分权是指，法律主体可以对权利客体进行法律上或事实上的处分，法律上的处分行为包括买卖、遗赠、交换、赠与等，事实上的处分则包括抛弃、损毁等。① 当前各大游戏平台的服务协议对游戏虚拟财产处分权的行使都进行了约定，例如《腾讯游戏许可及服务协议》第4.16条约定："未经腾讯许可，您不得擅自与其他用户进行游戏虚拟道具及其他增值服务的交易，或从第三方通过购买、接受赠与或者其他方式获得游戏虚拟道具及其他增值服务。"同时，对纳入相应防沉迷系统的游戏账号，腾讯有权依据国家有关法律法规及政策规定、本协议其他条款约定、腾讯游戏运营策略或根据玩家法定监护人的合理要求采取措施，包括注销或删除游戏账号及游戏数据

---

① 谭启平主编：《中国民法学（第三版）》，法律出版社，2021，第299页。

等相关信息。①在网易公司开发的《"梦幻西游"电脑版服务条款》中，第3条"游戏虚拟物品的所有权"约定："游戏虚拟物品（或称'虚拟物品'）包括但不限于游戏角色、资源、道具（包括但不限于游戏币、装备、武器、坐骑、宠物、召唤兽等）等，其所有权归网易公司所有，用户只能在合乎法律规定和游戏规则的情况下使用。"第6条第4项规定："如用户连续365天没有登陆游戏，则自第365天当天的24时起，在网易公司通过邮件、站内信或者短信等合理方式通知用户后，用户如未在合理期限内登录游戏，网易公司对该用户账号以及该用户账号在游戏数据库中的任何记录（包括但不限于角色、等级、虚拟物品、增值服务代用币等数据信息）没有保管义务，且该等数据信息无法再恢复。"②因此，从游戏服务协议来看，游戏虚拟财产的处分权似乎应归游戏运营商，并且在事实层面上，基于技术的限制游戏玩家似乎也难以对游戏虚拟财产行使处分权。例如，由于当前游戏服务协议都禁止游戏玩家之间转让游戏虚拟财产（网易公司个别游戏除外），所以游戏玩家转让游戏虚拟财产往往通过转让游戏账号、密码的占有而实现。然而，在网络实名制的背景下，游戏账号都是与手机号码绑定的，即使游戏账号和密码被买受人实际控制，但就实际而言，该游戏账号的真正名义人并未发生改变，游戏虚拟财产权并未发生转让。

以上约定是否意味着游戏玩家对游戏虚拟财产不享有处分权呢？结合网络游戏中的现实情况和游戏用户的合法利益，我们认为，游戏玩家应该享有虚拟财产处分权，并且这一权利不因游戏服务协议的限制或排除而消灭。例如，几乎在所有网络游戏中，游戏玩家都对游戏虚拟货币享有处分权，其可以自行决定将游戏货币用来购买游戏道具或兑换其他服务。同时，对于非属游戏货币的游戏虚拟物品，游戏玩家在特定的游戏系统中也确实享有处分权，如网易公司的游戏"梦幻西游"。"梦幻西游"游戏在我

---

① 《腾讯游戏许可及服务协议》，腾讯游戏网，2022年10月10日访问。
② 《"梦幻西游"电脑版服务条款》，梦幻西游网，2023年10月28日访问。

国的游戏市场中是一个特别的存在，因为该游戏允许玩家在其游戏虚拟物品交易平台藏宝阁买卖游戏虚拟物品，该平台提供虚拟物品交易服务和担保并收取一定的佣金。《藏宝阁交易平台游戏虚拟物品交易规则》中的"卖方游戏虚拟物品信息发布及出售规则"约定：卖方发布的游戏虚拟物品和相关内容应该符合国家有关法律法规的规定，不会侵犯任何第三方的合法权益。如因卖方发布的游戏虚拟物品侵犯了任何第三方的权利，为避免损失和不良影响的扩大，藏宝阁交易平台有权要求卖方立即修正，或直接采取删除、屏蔽相应内容等必要的措施。由此可见，游戏玩家对游戏虚拟财产的处分权是确实存在的。

除此之外，司法实践中亦有法院承认游戏玩家享有游戏虚拟财产处分权。在北京光宇在线科技有限责任公司、匡某乐物权保护纠纷案中，法院认为，光宇公司作为游戏的开发运营商，以网络为载体为玩家提供游戏平台，匡某乐作为玩家参与游戏，双方之间成立网络游戏服务合同关系。匡某乐作为玩家投入大量时间、精力和金钱参与网络游戏，通过升级等个人劳动、购买游戏装备等市场交易获得网络虚拟财产，并通过账号和密码实现对网络虚拟财产的占有和处分。本案中，光宇公司永久封停匡某乐的游戏账号，存在违约责任和侵权责任的竞合。

在我们承认游戏玩家对虚拟财产享有处分权的同时，对其他相关问题的回答变得极为迫切且重要，即该处分权的范围该如何确定？该处分权的行使是否受到限制？对于以上问题，处分权这一术语本身就已经包含了答案。处分权这一法律术语是一个动态词语，即处分——权，其处分的对象就是权利主体所享有的权利。就此而言，我们可以得知，游戏玩家享有处分权的范围应以其合法享有的权利为限，而不能超越该范围。在网络游戏中，游戏玩家享有的权利主要受到两方面的限制：一方面是游戏服务协议，另一方面则是法律法规。总而言之，游戏玩家所享有的处分权绝非一种任意的无限权利，其权利边界受到游戏运营商利益和社会公共利益的双重约束。

三、游戏运营商的虚拟财产权

1. 占有权

游戏虚拟财产作为网络游戏的构成要素决定了其功能的发挥离不开游戏运营商的技术操控,同时,游戏虚拟财产在物理层面的数据构成也决定了其可以被游戏玩家和游戏运营商同时占有。例如,在游戏玩家操控虚拟人物时,虚拟人物所做的行为受到游戏玩家的直接操控,游戏玩家对游戏虚拟人物形成实际占有;同时,必须承认的是,虚拟人物之所以受到游戏玩家的操控,原因在于游戏运营商对该虚拟人物对应数据资源的占有和技术运作,即游戏玩家在 C 端输入行动指令,游戏运营商收到该指令后立刻调配相关的游戏数据资源,并按照游戏玩家的指令要求对游戏资源进行组织和运行。

2. 处罚权

游戏运营商作为网络游戏系统的经营者,投入了大量的人力、物力、财力,是网络游戏的直接受益人。网络游戏中会存在个别玩家违约或违法利用游戏虚拟财产的行为,为了确保网络游戏健康有序运行,游戏服务协议往往会约定游戏运营商有权对游戏玩家予以处罚,具体措施就包括对游戏虚拟财产的利用限制。例如,《"梦幻西游"电脑版服务条款》第 4 条第 2 款第 9 项约定:"网易公司根据本服务条款对游戏账号的使用授权,仅限于账号初始申请注册人。未经网易公司明确许可,账号初始申请注册人不得赠与、借用、出租、共享、转让或售卖游戏账号或者以其他方式许可其他主体使用游戏账号。否则,用户应当自行承担由此产生的任何责任和后果;同时,网易公司有权采取倒扣数值、回收虚拟物品、扣除藏宝阁交易款项、暂时隔离、永久隔离、强制离线、暂时禁止登录、暂时冻结玩法、永久冻结玩法、封停账号、删除档案等措施,并保留中止、中断或终止使用该游戏账号，并追究上述行为人法律责任的权利。"第 7 条第 9 项规定："如果网易公司发现用户数据异常或者存在违法或者其他不正当行为（'其他不正当行为'包括但不限于利用 bug 或非正常游戏方式提升游戏角色数据、游戏内的角色排名等）的，网易公司有权根据本《条款》、游戏公约、玩家守则的规定，采取相应措施：包括但不限于倒扣数值、对游戏账号的冻结、封停、终止直至删除，以及对涉及使用外挂的游戏角色的隔离、封停和删除，对涉及使用外挂的游戏角色拥有的虚拟物品进行冻结或收回，扣除藏宝阁交易款项。基于上述行为而被网易公司冻结、终止、删除游戏账号、游戏角色、虚拟物品或采取其他限制措施的用户，无权因此要求网易公司承担任何责任。"① 这里面所指的，隔离、封停和删除，对涉及使用外挂的游戏角色拥有的虚拟物品进行冻结或收回等，都是游戏运营商行使虚拟财产处罚权的具体体现。

3. 处分权

当前学界和实务界对游戏运营商是否享有虚拟财产处分权存在争议，尤其在前文我们已经承认游戏玩家享有虚拟财产处分权的前提下，再讨论游戏运营商是否享有虚拟财产处分权显得诡异。持否定观点者认为，在网络游戏中，游戏运营商与游戏玩家在技术能力上实力相差悬殊，赋予游戏运营商虚拟财产处分权会进一步拉开双方的实力差距，进而会使游戏运营商限制与剥夺游戏玩家的合法权益，因此游戏运营商不享有虚拟财产处分权。

当前司法实践就有法院否定游戏运营商处分虚拟财产的行为。例如，在上海莉莉丝网络科技有限公司与周某能服务合同纠纷案中，《莉莉丝游戏许可及服务协议》第 5.3 条约定，用户充分理解并同意，为高效利用服务器资源，如果用户长期未使用游戏账号登录莉莉丝游戏，莉莉丝有权视需要，在提前通知的情况下，对该账号及该账号下的游戏数据和相关信息采取删除等

---

① 《"梦幻西游"电脑版服务条款》，梦幻西游网，2023 年 10 月 28 日访问。

处置措施，上述处置可能导致用户对该游戏账号下相关权益的丧失，对此莉莉丝不承担任何责任。莉莉丝公司以该条款为依据删除了周某能的账户和其中的游戏虚拟财产，并引发法律纠纷。

在该案中，法院认为，休眠条款虽然明确规定了休眠期间，但在实施消灭游戏玩家主要权利这一重大处分行为时，莉莉丝公司未设置事前提醒及通知程序，或者向游戏玩家提供事后救济措施及途径。双方签订服务协议时，莉莉丝公司虽然以黑色加粗字体的方式提示注册的游戏玩家注意休眠账户删除条款，但注册游戏账号后，一般游戏玩家耗费时间、精力或者经济成本是为了获取良好的游戏体验，莉莉丝公司亦是以提供优质的游戏服务体验为获得收益的对价之一。是否登录游戏及登录游戏的频次，系游戏玩家的权利，虽然对该权利进行约定或者限制并非一律无效，但莉莉丝公司对休眠账户的处置方式，对于未注意或者遗忘该条款的游戏玩家来讲，面临无救济措施而直接丧失合同主要权利的风险，游戏玩家的过失与其承担的风险并不相当；对于其他一般游戏玩家来讲，在服务合同存续期间，必须保持一定的登录频次才能保有主要的权利，就此难言有良好的服务体验，亦与莉莉丝公司提供优质服务的合同义务不相符合。由此，可以认定该条款对休眠账户的处置方式不合理，亦有违诚实信用原则。至于莉莉丝公司是否实际据此条款删除过休眠账户，与该条款的效力无关，即便莉莉丝公司确实未实际实施过该条款，亦不能据此推定该条款具备充分的合理性。

最终，法院判决，作为游戏运营者的莉莉丝公司对涉案游戏进行必要的管理或者对游戏玩家的权利进行必要的限制，只要不存在法律规定的无效情形，则并无不当，亦是其合法权利，但该权利的行使不得超过必要限度而损害服务合同相对方的利益。涉案休眠账号删除条款，超过了必要限度，对游戏玩家主要权利的限制并不合理，属于《民法典》第497条规定的格式条款无效的情形。因此，法院否定了游戏运营商依据游戏服务协议的约定处分（删除）游戏账号及其中虚拟财产的权利。

上述观点和司法裁判是否足以构成对游戏运营商处分权的否定呢？笔

者认为，以上学者的担忧固然有理，但是还不足以导致对游戏运营商处分权的根本性否定。因为其所忧虑的问题根本不是游戏运营商是否应享有处分权的问题，而是该处分权的不当行使可能引发的问题。就此而言，我们可以说，该问题可能存在，也可能不存在，即使存在，也不影响对游戏运营商是否享有处分权的判断。正如少男少女在谈恋爱的过程中可能会受到伤害，但我们并不能以此否定年轻男女渴望恋爱、追求爱情的权利。在上述案例中，法院裁判中的关键一句是："作为游戏运营者的上诉人对涉案游戏进行必要的管理或者对游戏玩家的权利进行必要的限制，只要不存在法律规定的无效情形，则并无不当，亦是其合法权利，但该权利的行使不得超过必要限度而损害服务合同相对方的利益。"由此可以看出，游戏运营商是可以对游戏玩家的权利进行限制（或剥夺）的，只不过该权利的行使不得超过必要限度而损害游戏玩家的合法利益。

笔者认为，作为网络游戏的组织者和管理者，游戏运营商应对游戏虚拟财产享有处分权。一方面，网络游戏的商业产品属性决定了游戏运营商享有处分权。游戏运营商经营网络游戏的首要目的就是盈利，因此，当网络游戏已经被市场淘汰并失去盈利能力的时候，游戏运营商就可能会选择终止该网络游戏，并对游戏虚拟财产进行事实上的处分。对此，2017年修订的《网络游戏管理暂行办法》（已失效）也承认了游戏运营商对网络游戏的处分权。《网络游戏管理暂行办法》第22条规定："网络游戏运营企业终止运营网络游戏，或者网络游戏运营权发生转移的，应当提前60日予以公告。"另一方面，游戏运营商为了行使管理权，维护良好的游戏秩序，打击违法违规游戏行为，也应对游戏虚拟财产享有处分权。例如，当游戏玩家在网络游戏中存在反对宪法所确定的基本原则的；危害国家安全，泄露国家秘密，颠覆国家政权，破坏国家统一的；损害国家荣誉和利益的；煽动民族仇恨、民族歧视，破坏民族团结的；破坏国家宗教政策，宣扬邪教和封建迷信等行为的，法律规定游戏运营商必须对游戏玩家的行为进行干预，而运营商的具体干预措施就包括游戏账号的冻结、封停、终止直至删除等。可见，游戏运营商享有游戏虚拟财产权具有法律依据和现实依据，但在司法实践中存在的问题是，游戏玩家的处分权与游戏运营商的处分权是否存在冲突，以及如何确定二者行使权利的具体范围。

四、共享型游戏虚拟财产权的法律设计

行文至此，读者不免心存疑虑，既然游戏玩家和游戏运营商都享有虚拟财产处分权，那岂不是必然会导致权利之间的冲突吗？我国物权制度的一项基本原则就是一物一权，一个虚拟财产上存在两个处分权岂不是必然打架？读者的以上顾虑很有道理，因为在传统民法中所有权是一项完全物权，即所有权人几乎享有"为所欲为"的权利，在这一如此霸道的权利假设基础上，一个物上存在两个所有权是无法想象的。但是，游戏虚拟财产产生于一个权利共生交错的网络环境中，其在网络游戏中的特殊功能和价值决定了游戏玩家和游戏运营商都对其享有合法权益，任何一方都不得独享游戏虚拟财产。就此而言，游戏虚拟财产权中的处分权并不是一种绝对且排他的权利，而是一种受限的且能够在不同的法律场景中被双方主体分别享有的权利。也正是因为双方主体享有处分权的场景和内容不同，所以界定二者处分权的行使范围和法律情形，可以确保两个处分权和谐共存。

作为网络游戏内容的一部分，游戏虚拟财产权的行使受到网络游戏服务协议、游戏法律法规、游戏市场行业惯例以及社会公共利益的限制，这导致游戏虚拟财产处分权的具体内容要结合网络游戏服务协议、游戏虚拟财产具体类型、多方主体合法利益等予以协同设计。例如，网易公司开发的网络游戏"梦幻西游"是为数不多的允许游戏玩家通过游戏内置的虚拟物品交易平台藏宝阁买卖游戏虚拟财产的游戏，公司还制定了详尽的《藏宝阁交易平台游戏虚拟物品交易规则》确保买卖双方交易顺利完成。虽然2016年发布的《文化部关于规范网络游戏运营加强事中事后监管工作的

通知》（已失效）明确规定网络游戏运营企业不得向用户提供网络游戏虚拟货币兑换法定货币或者实物的服务；并且，网络游戏运营企业不得向用户提供虚拟道具兑换法定货币的服务，向用户提供虚拟道具兑换小额实物的，实物内容及价值应当符合国家有关法律法规的规定。但是该规范性文件如今已经被废止，因此，在当前法律法规并不禁止游戏虚拟财产转让并且游戏运营商允许玩家转让游戏虚拟财产的背景下，游戏玩家当然享有虚拟财产处分权。

除"梦幻西游"之外，当前我国绝大部分的网络游戏是绝对禁止游戏虚拟财产买卖的，尤其是禁止通过第三方平台买卖虚拟财产，此时游戏玩家是否享有虚拟财产转让权？对于该问题，本书认为，网络游戏的产生方式决定了游戏运营商享有规则的制定权，而网络游戏的商品属性则决定了因网络游戏利用而产生的法律关系属于平等主体之间的民事法律关系的范畴，因此对游戏玩家是否享有虚拟财产转让权的讨论就必须回归民事法律的基本理论和一般规则。就此而言，对游戏玩家是否享有处分权的回答实质上就是判断游戏服务协议的禁止转让条款是否有效。对于该问题，我国《民法典》第497条规定了格式条款无效的3种情形，即：（1）具有本法第一编第六章第三节和本法第506条规定的无效情形；（2）提供格式条款一方不合理地免除或者减轻其责任、加重对方责任、限制对方主要权利；（3）提供格式条款一方排除对方主要权利。因此，如果认定禁止游戏玩家转让游戏虚拟财产的条款无效，就必须要证明游戏运营商的该项约定不合理地免除或者减轻其责任、加重玩家责任、限制玩家主要权利或排除玩家主要权利。本书认为，就网络游戏的功能和目的而言，其主要是通过提供游戏服务而给游戏玩家带来愉快的游戏体验，而非使游戏玩家以此牟利，甚至将打游戏作为一种赚钱之道。这不仅与游戏的目的相违背，也与我国政府发展网络游戏产业的基本方针相违背。2005年颁布的《文化部、信息产业部关于网络游戏发展和管理的若干意见》明确规定："网络游戏是通过信息网络传播和实现的互动娱乐形式，是一种网络与文化相结合的产业。"因此，网络游戏就其本质来看就是一个文化产品，其所满足的也只是人民的娱乐需求，而非商业经营需求。2017年修订的《网络游戏管理暂行办法》(已失效)第4条也规定："从事网络游戏经营活动应当遵守宪法、法律、行政法规，坚持社会效益优先，保护未成年人优先，弘扬体现时代发展和社会进步的思想文化和道德规范，遵循有利于保护公众健康及适度游戏的原则，依法维护网络游戏用户的合法权益，促进人的全面发展与社会和谐。"由此可见，游戏玩家在网络游戏中的核心需求是精神需求，其在网络游戏中的主要权利是获得约定的游戏服务，享受玩游戏带来的娱乐快感。所以，网络游戏服务协议中禁止游戏玩家转让虚拟财产的规定不构成对其主要权利的限制或排除，该条款是有效的。

除了转让权外，游戏虚拟财产处分权还包括消费虚拟货币、游戏内赠与虚拟财产、删除数据、注销账号、封停账号、冻结或回收虚拟财产等。在司法实践中，游戏玩家或游戏运营商是否可以对虚拟财产采取以上处分措施以及实施处分行为是否适当，需要结合具体的网络游戏环境、游戏服务协议规定、双方主体的合法利益、游戏行业惯例等予以综合判断。

第五节　非法获取游戏虚拟财产构成盗窃吗

一、司法争议

非法获取游戏虚拟财产在司法实践中经常发生，严重侵害了虚拟财产权人的合法权益，法律必须要对该行为予以严格规制。按照来源，非法获取游戏虚拟财产可以进一步分为非法获取游戏运营商的虚拟财产和非法获取游戏玩家的虚拟财产。如表3-1所示，当前司法实践对非法获取游戏虚拟财产行为的性质认定存在争议，而对行为性质的不同认定直接决定了不同的法律救济方式。

第三章　游戏虚拟财产是谁的

表 3-1　近年来非法获取游戏虚拟财产的典型案例与性质认定

序号	案号	案由	裁判观点
1	（2016）闽0602刑初295号	非法获取计算机信息系统数据罪	被告人周某某、谭某某、陈某窃取他人游戏账户内的游戏币属网络游戏中的虚拟财产，其法律属性是计算机信息系统数据，将游戏币解释为盗窃罪的犯罪对象——公私财物缺乏法律依据，因此本案被告人周某某、谭某某、陈某的行为构成非法获取计算机信息系统数据罪
2	（2017）粤1323刑初65号	非法获取计算机信息系统数据罪	关于庞某明等九名被告人利用木马病毒窃取他人网络上的游戏币和游戏装备的行为定性。我国刑法盗窃罪的客体保护的是公私财产权不受侵犯，刑法制裁的是窃取他人有使用价值的财物的行为。庞某明等九名被告人窃取他人网络上的游戏币和游戏装备，游戏币和游戏装备属网络游戏中的虚拟财产，其法律属性是计算机信息系统数据，不属于盗窃罪的犯罪对象——公私财物，且网络上的游戏币和游戏装备在现实生活中没有实际的使用价值，其价值现无法评估，因此，各被告人虽有盗窃的行为，但因本案的客体不符合盗窃罪的客体要件，其行为不构成盗窃罪
3	（2018）闽08刑终228号	盗窃罪	上诉人庞某以非法占有为目的，通过向他人电脑植入木马程序侵入他人计算机，并盗窃他人计算机中存储的价值人民币1 032 486元的游戏点卡，数额特别巨大，其行为已构成盗窃罪
4	（2019）吉24刑终112号	盗窃罪	被盗取的网络游戏中的"黄金"系被害人在官方网络平台中充相当数额的人民币购买获得的，许某、余某盗取他人游戏中的"黄金"后，出售获利。所盗取的被害人的"黄金"具有财产价值，应属财物范畴，原审被告人许某、余某采取秘密手段，窃取他人财物，符合盗窃罪的犯罪构成要件
5	（2020）辽0711刑初9号	盗窃罪	被告人袁某通过虚构事实、隐瞒真相的手段骗取被害人的信任，获取被害人的游戏信息，再趁被害人不备，采取秘密窃取的手段，将被害人数额较大的虚拟财产据为己有，其行为已构成盗窃罪

续表

序号	案号	案由	裁判观点
6	（2020）沪01刑终35号	盗窃罪	"元宝"是被害单位A公司代理的游戏发行的游戏币，是一种网络虚拟财产，玩家在游戏中通过支付一定的现实货币，即可获取相应的"元宝"〔两者通过游戏运营商的官方定价产生了1元（人民币）：100元宝（游戏币）的对应关系〕，并得到游戏公司提供的网络服务。因此，该游戏币体现着游戏公司提供网络服务的劳动价值，不仅是网络环境中的虚拟财产，也代表着A公司在现实生活中享有的财产权益，具有刑法意义上的财产属性，可以成为侵犯财产罪的对象
7	（2021）赣0981刑初245号	职务侵占罪	被告人廖某系公司的工作人员，其利用职务上的便利将公司交由其掌管的微信账号里的资金和游戏账号里的游戏币转至其个人微信账号和游戏账号供其个人玩游戏挥霍，自觉金额太多而潜逃外地，其行为应当定性为职务侵占罪

二、非法获取游戏运营商虚拟财产的法律定性与救济

1. 法律定性

在当前司法实践中，针对游戏运营商的一种常见侵权行为就是非法获取游戏虚拟财产，其中非法获取游戏虚拟货币最为普遍。原因在于，作为网络游戏的开创者和组织者，游戏运营商的目的并不是参与网络游戏，而是通过提供游戏服务获得利益，其获利的主要方式就是发行游戏币。因此，在当前司法实践中，个别不法分子就盯上了游戏运营商的虚拟货币，通过非法获取并转售的方式获得不法利益。我国司法实践对非法获取游戏虚拟货币的定性存在较大争议，即对将该行为认定为盗窃罪还是非法获取计算机信息系统数据罪存在争议，其争议的实质问题是将游戏虚拟货币认定为计算机数据还是财物。例如，在杨某非法获取计算机信息系统数据、非法控制计算机信息系统案中，杨某于2013年6月至10月，利用北京新

娱兄弟网络科技有限公司（简称"新娱公司"）的 51wan 游戏充值平台漏洞，自主编写充值平台接口程序，多次生成虚假支付反馈信息，获取新娱公司运营的"神仙道"游戏虚拟货币"元宝"110 余万个，致使新娱公司向该游戏的联合运营公司结算"充值收益分成"共计人民币 33 984 元。法院认为："杨某的犯罪对象为'游戏虚拟财产'，该对象缺乏现实财物的一般属性，不符合公众认知的一般意义上的公私财物，而'游戏虚拟财产'的法律属性实为计算机信息系统数据，杨某通过侵入计算机信息系统获取'游戏虚拟财产'，实质上属于非法获取计算机信息系统数据的行为。"①但是，在刘某某盗窃罪案中，同样是篡改游戏运营商计算机系统数据获取游戏虚拟货币牟利，法院作出的裁判结果却截然不同。②该案法院认为："游戏点卡一般是由网游公司发行的，用户可以通过购买游戏点卡为自己的游戏账户充值，以获取相关增值服务或购买公司提供的等值服务，具备用价格衡量的交换价值。本案中，被告人刘某某通过破解密码将窃得的 4330 条游戏点卡充入自己的游戏账户并消费使用，另将窃得的部分游戏点卡数据伙同他人在互联网交易平台出售获利，故本院认为涉案的游戏点卡数据具有财产属性。另外，被告人刘某某作为一名游戏玩家，理当知道游戏点卡数据的价值意义，其窃取数据的目的就是为自己的游戏账户充值并使用或通过出售的途径获取其他非法财产利益。综上，本院认为被告人刘某某的行为符合盗窃罪的认定。"③

笔者认为，非法获取游戏虚拟货币的行为应被认定为盗窃罪，除了游戏虚拟货币本身具有财产价值外，我们基于司法案件的检索发现，侵权人

---

① 参见（2014）朝刑初字第 3017 号刑事判决书。

② 在该案中，被告人刘某某发现上海××有限公司（简称"××公司"）网络服务器数据库存在漏洞，即可利用其客服系统上传网页文件，从而植入木马程序，窃取相关数据资料。刘某某遂与被告人徐某某合谋，由刘某某利用该漏洞，使用其自己改编的木马程序，侵入××公司网络服务器数据库，窃取××公司发行的游戏点卡数据，经破解后，由刘某某、徐某某分别在互联网交易平台代为销售，所得赃款由两人按比例分成。至案发时止，刘某某销售得赃款人民币 2 199 元，徐某某销售得赃款 36 682.14 元。

③ 参见（2013）徐刑初字第 222 号刑事判决书。同样持此观点的还有"顾某破坏计算机信息系统罪案"，参见（2015）浦刑初字第 1882 号刑事判决书。

获取游戏货币的直接目的是将其卖出获利，牟利意图非常明显。游戏虚拟货币与法定货币之间存在固定的兑换比例，并且在当前司法实践中游戏虚拟货币可以通过游戏内置商店或第三方平台非常便利地兑换为法定货币。基于这一背景，非法获取运营商游戏虚拟货币的行为基本等同于非法获取运营商的合法财产。张明楷教授也认为，将非法获取他人虚拟财产的行为认定为计算机犯罪的观点，无法处理未利用计算机非法获得他人虚拟财产的案件，存在明显的局限性。将非法获取他人虚拟财产的行为认定为财产犯罪具有合理性，这是因为国民早已知悉并频繁使用无体物、虚拟财产的概念，将虚拟财产解释为刑法上的财物，不会侵害国民的预测可能性，没有违反罪刑法定原则。[1]

在叶某等非法获取计算机信息系统数据、非法控制计算机系统罪案[2]中，法院对非法获取游戏公司虚拟货币应构成盗窃罪的观点进行了详细论证，该论证内容充实、逻辑严谨，值得我们学习、思考。法院认为：第一，涉案游戏币"元宝"具有财产属性。"元宝"是被害公司发行的游戏币，是一种网络虚拟财产，玩家在游戏中通过支付一定的现实货币，即可获取相应的"元宝"〔两者通过游戏运营商的官方定价产生了 1 元（人民币）∶100"元宝"（游戏币）的对应关系〕，并得到游戏公司提供的网络服务。因此，该游戏币体现着游戏公司提供网络服务的劳动价值，不仅是网络环境中的虚拟财产，也代表着被害公司在现实生活中享有的财产权益，具有刑法意义上的财产属性，可以成为侵犯财产罪的对象。第二，叶某等人实施了秘密窃取的行为。叶某等人利用技术手段非法侵入被害公司服务器，将本应该支付货币购买的"元宝"，通过修改相关充值数据的形式，为自己或其他玩家发放。叶某等人这种非法侵入计算机信息系统，绕过公司的正常充值程序，私自修改游戏充值数据的行为，不仅未给付对价非法获取游戏币，而且使被害公司失去了对该部分游戏币的控制，并带来

---

[1] 张明楷：《非法获取虚拟财产的行为性质》，《法学》2015 年第 3 期，第 23 页。
[2] 参见（2020）沪 01 刑终 35 号刑事判决书。

了直接的经济损失。第三，叶某等人具有明显的非法占有目的。叶某等人作为游戏玩家，均知晓涉案游戏币的价值意义，仍采用秘密修改游戏数据的方式为自己或他人的游戏账户充值，目的就是供自己使用或通过出售的途径非法获利，故他们的行为符合以非法占有为目的窃取他人财产利益的盗窃罪本质属性。第四，叶某等人的行为不构成诈骗罪。叶某等人利用非法获取的被害公司服务器等数据信息，绕过游戏支付流程为自己或玩家发放游戏币，在行为手段和方式上并不存在被害公司或玩家受欺骗的问题，他们的行为均不符合诈骗罪的构成要件。因此，基于游戏虚拟货币的财产价值、侵权人获取的直接意图、侵权人非法获取的实施方式，叶某等人的行为符合盗窃罪的构成要件，非法获取游戏运营商虚拟货币的行为应被视为盗窃罪，并按刑法对盗窃罪的规定进行处罚。

2. **法律救济**

非法获取游戏运营商的虚拟财产必然会使其承受一定的经济损失，因此侵权人除了要承担刑事责任，还要承担一定的民事责任。侵权人承担赔偿责任面临的难题是，该如何确定具体的损害赔偿额。民事损害赔偿以填补损害为一般原则，所以，首要的问题是，非法获取游戏运营商的虚拟财产导致的损失该如何计算。就此而言，一种最为简便的计算方法是，以游戏运营商发行虚拟货币兑换法定货币的比例为依据计算损失，但是该计算方法难以真实反映出游戏运营商的损失。传统产出是线性的。例如，农民有多少地，相应地只能产出多少粮食。即使增加肥料、提高种植技术，单位产出增长仍然有一个峰值，总体上只能趋近某个较高的单位土地产值。即使农民不睡觉、不休息，其收入也难以摆脱产出与投入间线性关系的约束，收入不可能太高。概言之，任何有体物的产出，都局限于原材料的总量，即便提高生产技术减少损耗，也只能让单位原材料的产出趋近于某个高值。但是虚拟财产的特点是一次产出、无限销售。软件本身的生产和研发是一次性的，而价值产生则可以通过复制多次进行。有多少人想购买使用该虚拟财产，该虚拟财产就能创造多少价值。例如，腾讯的虚拟财产的产出和投入之间的关系不仅是非线性的，而且没有太大关系。在腾讯QQ空间里，几个设计师与程序员可能需要花几天时间设计一顶虚拟帽子，但一旦设计好了，虚拟帽子一顶卖一元钱，卖100万顶就创收100万元。由于虚拟帽子销售是电子记账收费，每卖一顶帽子并不需要重新制造，所以，腾讯卖1亿顶虚拟帽子与卖1万顶虚拟帽子在成本上几乎没有差别，但收入却有天壤之别。腾讯的虚拟衣服、虚拟装饰、虚拟家具等都是如此。这就造成了其收入和成本投入之间的关系非常弱、赚钱空间非常大的局面。①另外一种计算方法是以侵权人的获利作为损害赔偿的依据。当侵权人获得虚拟财产转售他人后，侵权人的获利可以视为游戏运营商的损失。按照这一计算方式存在的疑问是，若转售的价格低于游戏系统中出售的价格，此时应按照何种价格计算。笔者认为，游戏运营商对虚拟财产享有单方定价权，但是该定价可能过高，而导致部分玩家根本没有购买意愿。当侵权人以低于游戏定价出售非法获取的虚拟财产时，恰恰反映了游戏玩家原应在该游戏中投入的费用。因此，笔者认为，此时应以侵权人的实际获利作为损害赔偿的依据。

综上可知，不能直接以网络游戏的官方定价作为计算虚拟财产损害赔偿额的依据，当侵权人出售虚拟财产获益时应以所获利益作为损害赔偿的依据。但是，若侵权人获取虚拟财产后自己使用，此时该如何计算损害赔偿额？笔者认为，首先，应由游戏运营商与侵权人协商确定损害赔偿额，该损害赔偿额应作为对侵权人定罪量刑的主要依据。若二者不能协商一致，应由纠纷发生时的市场平均价格来确定，具体可以对市场中的价格数据进行统计而得出结论。当前我国游戏虚拟财产交易二级市场规模巨大，"交易猫""steam""7881游戏交易平台"提供了当前各大热门游戏中虚拟财产的交易服务，该平台上的虚拟财产价格与官方价格存在一定差异，而该价格在一定程度上代表了游戏虚拟财产相对真实的市场价格，因此可以

---

① 张明楷：《非法获取虚拟财产的行为性质》，《法学》2015年第3期，第25页。

作为游戏运营商损害赔偿的计算依据。

三、非法获取游戏玩家虚拟财产的法律救济

1. 责任主体与法律责任

当前司法实践中发生的非法获取游戏虚拟财产的行为大部分是针对游戏玩家的，对于非法行为的法律定性我们在前文已经进行了充分的论证，即应以侵犯财产罪论处，由侵权人承担法律责任。但是，该类案件法律救济的难题是，该由谁来承担损害赔偿责任。就司法实务来看，该侵权行为主要是由侵权人基于技术手段绕过游戏运营商的安全保护措施进入游戏玩家账户或直接进入游戏运营商服务器实施的。因此，此时涉及的一个重要法律问题就是，游戏运营商是否要对游戏玩家的这一损失承担损害赔偿责任。对此，我国《网络安全法》第10条明确规定："建设、运营网络或者通过网络提供服务，应当依照法律、行政法规的规定和国家标准的强制性要求，采取技术措施和其他必要措施，保障网络安全、稳定运行，有效应对网络安全事件，防范网络违法犯罪活动，维护网络数据的完整性、保密性和可用性。"2017年修订的《网络游戏管理暂行办法》（已失效）第28条也规定："网络游戏运营企业应当按照国家规定采取技术和管理措施保证网络信息安全，包括防范计算机病毒入侵和攻击破坏，备份重要数据库，保存用户注册信息、运营信息、维护日志等信息，依法保护国家秘密、商业秘密和用户个人信息。"我国《民法典》第1194条、1195条、1196条、1197条也规定了网络服务提供者在网络侵权中的法律责任。其中第1195条第2款规定："网络服务提供者接到通知后，应当及时将该通知转送相关网络用户，并根据构成侵权的初步证据和服务类型采取必要措施；未及时采取必要措施的，对损害的扩大部分与该网络用户承担连带责任。"第1197条规定："网络服务提供者知道或者应当知道网络用户利用

其网络服务侵害他人民事权益,未采取必要措施的,与该网络用户承担连带责任。"

由此我们可以看出,游戏运营商作为网络游戏的经营者和受益人应对游戏玩家负有安全保护义务,如果因游戏运营商未尽到安全保护义务,游戏玩家的虚拟财产权受到损失,那么运营商应当承担相应的赔偿责任。[①] 同时,基于游戏运营商的技术优势和管理职责,应当由其承担举证责任,证明自己已尽到安全保护义务。[②] 不过,在非法获取游戏玩家虚拟财产的案件中,即使游戏运营商未尽到安全保护义务,直接责任人仍为侵权行为人,游戏运营商仅是未尽到安全保护义务的间接侵权人,二者具体该如何承担损失呢?笔者认为,二者的责任承担应当参考《民法典》对安全保障义务的一般规定,即第1198条第2款规定:"因第三人的行为造成他人损害的,由第三人承担侵权责任;经营者、管理者或者组织者未尽到安全保障义务的,承担相应的补充责任。经营者、管理者或者组织者承担补充责任后,可以向第三人追偿。"第三人先承担赔偿责任,只有第三人下落不明抑或者无能力赔偿时,才由运营商在过错范围内承担相应的补充责任。

2. 救济方式

在司法实践中,侵害用户游戏虚拟财产法律救济的难点是,该如何确定具体的损害赔偿额。对于非法获取游戏玩家游戏虚拟货币的案件,损害赔偿额的确定较为容易,即以游戏玩家购买该虚拟货币花费的金钱为准,该价值能够准确地反映游戏玩家的实际损失。而对于非法获取游戏玩家虚拟装备的行为,当事人往往难以就损害赔偿金额达成一致,双方争议较大。笔者认为,基于网络游戏的娱乐性质和游戏玩家参与网络游戏的根本

[①] 王思源:《论网络运营者的安全保障义务》,《当代法学》2017年第1期,第30页。
[②] 刘文杰:《网络服务提供者的安全保障义务》,《中外法学》2012年第2期,第397页。

目的，对游戏玩家的民事法律救济应首先采取恢复原状的方式，如果该虚拟财产在第三人账户，那么应由游戏运营商通过技术手段使游戏玩家重新获得丢失的游戏物品，以此确保游戏玩家受损利益的恢复。例如，在吴某诉上海聚力传媒技术有限公司等财产损害赔偿纠纷案[①]中，法院认为，由于原告游戏账号内的虚拟装备可以通过充值购买、游戏练级等途径取得，因此，虚拟装备的价值无法用现实货币衡量和折算，且原告亦未提供相关证据证明其虚拟财产的损失价值为 80 000 元，故其诉请本院不予支持，但作为救济，封停账号内的装备可通过技术操作进行恢复。为此，本院已向原告释明要求其变更诉请为返还原物，但原告仍坚持主张要求被告赔偿财产损失，故对该诉请本院不予支持。因此，对于物品型游戏虚拟财产，当游戏运营商可以恢复原状且成本较小时，应当采取恢复原状的方式，由此产生的额外费用由侵权人承担。

当游戏运营商未尽到安全保护义务导致用户虚拟财产被他人窃取时，也应首先采取恢复原状的方式对游戏用户进行救济。为此，游族网络公司专门制定了《物品恢复管理规则》，对因被盗、误操作造成物品丢失，不超过 7 天的情形下可以进行恢复操作。但该规则也明确规定，使用本服务需支付一定的费用，也有可能无须支付任何费用，具体金额视可恢复物品价值而定。[②]物品型游戏虚拟财产由数据和代码构成，所谓的恢复原状无非就是恢复游戏玩家所享有的相关游戏数据，因此在数据层面对物品型游戏虚拟财产予以认识和救济既能够体现法律逻辑的严谨，又能够实现对游戏玩家合法利益的充分保护。[③]更为重要的是，游戏虚拟物品缺乏权威的价格认定机制，纠纷双方对虚拟物品的价格认定差别巨大，恢复原状的救济方式很好地回避了游戏虚拟物品面临的价格认定难题。

---

① 参见（2014）吉民一初字第 9 号民事判决书。
② 参见《物品恢复管理规则》，https://sg.youzu.com/wpzh/default/apply/. 2023 年 10 月 28 日访问。
③ 李佳伦：《网络虚拟人格保护的困境与前路》，《比较法研究》2017 年第 3 期，第 195 页。

第六节　游戏运营商行使权利的法律限制

在游戏虚拟财产权的双重构建中，游戏玩家的虚拟财产权与游戏运营商的虚拟财产权可能会发生冲突，进而导致法律纠纷。在该类纠纷中，最为常见的原因是，游戏运营商行使虚拟财产处罚权或处分权，而游戏用户认为该行为导致自己的虚拟财产权受到损害。因此，游戏虚拟财产法律规定的一项重要内容就是确定游戏运营商虚拟财产权的合法行使范围，并对非法行为予以规制。

一、游戏运营商须依法行使虚拟财产处罚权

游戏运营商行使虚拟财产处罚权会直接导致游戏玩家虚拟财产权受限或者被剥夺，因此，游戏运营商行使该权利必须具有相应的依据。在网络游戏中，游戏服务协议构成了游戏玩家和游戏运营商之间的基本行为规范和权利基础，并成为游戏运营商行使虚拟财产处罚权的主要依据。一般来看，游戏运营商大多都在服务协议中明确约定了行使处罚权的具体情形和相应措施，问题在于，个别情况下当事人对合同条款的含义存在争议，进而对处罚权行使的合法性产生怀疑。

以广州网易计算机系统有限公司与朱某姣网络侵权责任纠纷案[1]为例，朱某姣在淘宝上购买点卡，商家直接充入朱某姣的游戏账户，然后朱某姣进入游戏里面设置的在线寄售人寄售点卡，将卖出的点卡换成游戏币，再通过藏宝阁出售游戏币换取人民币，然后藏宝阁收取朱某姣5%的手续费，最后通过网易宝提现。网易公司认为，双方签订的一系列网络服务合同对正常的娱乐互动以及不正当牟利进行了清晰的界定。《"梦幻西游"电脑版服务条款》第7条第10点明确约定，朱某姣同意并理解其只

---

[1] 参见（2016）晋10民终2191号民事判决书。

能通过"梦幻西游 2"的产品和服务进行正常的娱乐互动,以及基于该娱乐互动的需要而于网易公司提供或认可的交易平台上交易游戏道具。然而,朱某姣账号下游戏角色众多,且没有娱乐互动。朱某姣名下所拥有的 jrbfff@163.com 账号一共建立了 94 个游戏角色,tcrb329@163.com 账号一共建立了 153 个游戏角色。根据网易公司在游戏内的统计,同账号下游戏角色大于 50 个的账号仅占账号总体数量的 0.006%,属于极其异常的情况。此外,参照网易公司提交的证据 10 和证据 11,朱某姣所拥有的涉案 171 个游戏角色所穿戴的游戏装备等级、人物技能等级与人物角色等级之间的差距较大,这些人物角色既没有任何与其他玩家之间的帮会、结婚、好友、发言等娱乐互动的系统记录,也没有捉鬼、运镖、封娇、鬼王等等和副本记录,没有任何互动娱乐体验。其行为模式单一,只在游戏中进行牟取不正当利益的行为。凭此,网易公司认为,朱某姣的行为不属于正常的娱乐互动。网易公司有权依据双方的网络服务合同约定,对朱某姣进行处罚。朱某姣则认为,其在网易公司游戏平台"梦幻西游 2"中注册游戏账号成为游戏用户,网易公司在无任何证据且不与朱某姣协商的前提下,强行中止服务,扣减朱某姣账号下的游戏币及交易款项,其行为已构成侵权。

正如前文所述,"梦幻西游"游戏内置有网络虚拟财产交易平台(藏宝阁),允许游戏玩家将其游戏道具在藏宝阁中出售,并通过网易宝提现。在这一网络游戏场景中,游戏虚拟财产可以交易变现,从而吸引了大量的游戏玩家参与其中。但是,正在游戏玩家基于该游戏模式的营利性而乐此不疲的时候,网易公司突然以不正当牟利为由对游戏玩家的游戏虚拟财产予以查封、冻结,这无疑会让游戏玩家产生一种被欺骗的感觉。因此,在本案中,法院正确裁判的关键是,游戏运营商的处罚行为是否合法。在本案中,法院认为,在游戏世界中游戏玩家参与游戏的目的具有多样性,而且每个游戏玩家对娱乐的理解是不同的,将其拥有的游戏道具兑换成法定货币给玩家带来的乐趣未必就会比纯粹玩游戏少。尤其是考虑到游戏玩家在藏宝阁中进行的交易行为完全是按照网易公司提供的交易规则进行的，同时网易公司还会从每一笔交易中抽取一定的交易费，因此网易公司以游戏玩家进行非正常娱乐互动为由暂扣游戏币、隔离人物角色的行为明显失当。依据《民法典》第498条的规定，对格式条款的理解发生争议的，应当按照通常理解予以解释。对格式条款有两种以上解释的，应当作出不利于提供格式条款一方的解释。在本案中，网络游戏的娱乐体验具有个性化特征。"正常的娱乐互动"属于模糊用语，对于什么是正常的娱乐互动网易公司没有进一步界定，故该约定属于约定不明，因约定不明，网易公司存在滥用其处罚权限的可能。网易公司作为格式条款的提供者，未事先约定正常娱乐互动的客观判断标准，在发生争议时作出有利于自己的解释将损害用户的利益，故依据法律的规定，对格式条款有两种以上解释的，应当作出不利于提供格式条款一方的解释。因此，在本案中，网易公司的处罚行为不具有正当性，其应承担相应的法律责任。从具体的法律救济来看，游戏玩家对付出金钱和时间获取的游戏角色和游戏道具拥有使用权，游戏玩家使用游戏道具的过程也是游戏运营商提供服务的过程，没有出现约定或法定的事由，游戏运营商不得任意停止游戏服务。因此，在该案中，游戏运营商应该立即解除对游戏角色和游戏道具的隔离和扣押，继续提供网络游戏服务，如果因为游戏运营商中断游戏服务还造成了游戏玩家的其他损失，应该一并予以赔偿。

因此，在网络游戏环境中，虽然游戏运营商具有规则制定权和游戏处罚权，但是其权利仍应受到法律的严格限制。相对于游戏玩家而言，游戏运营商权利行使的边界即为游戏玩家的虚拟财产权，一旦其滥用权利侵害了游戏玩家的虚拟财产权，则应当受到法律的严格规制。对于二者的法律界限，笔者认为应该结合游戏类型、游戏服务协议、游戏玩家行为、双方合法利益等予以综合判断。正如本书所言，在游戏服务协议明确禁止游戏虚拟财产转让的情况下，游戏玩家转让虚拟财产牟取利益的行为是非法的，游戏运营商可以对其实施惩罚。但是，该案例的特殊之处在于，游戏协议允许游戏虚拟财产交易，并且游戏运营商自身也从该交易中牟取利益（5%的服务费）。此时，游戏玩家所享有的虚拟财产权就应受到严格保护，游戏运营商滥用处罚权的行为将构成侵权。与此同时，在该种侵权情形下，对游戏玩家的法律救济方式也具有明显的场景化特征。例如，游戏运营商行使处罚权的手段主要包括查封账号、隔离游戏角色、禁止提现等，则此时就有必要责令游戏运营商采取技术手段恢复游戏玩家对游戏虚拟财产的正常利用，并返还游戏玩家的合法财产，若还有损失的则应由游戏运营商承担损害赔偿责任。

二、游戏运营商行使虚拟财产处罚权须符合比例原则

在司法实践中，游戏运营商行使虚拟财产处罚权的手段多种多样，以网易旗下"梦幻西游"游戏为例，包括以下16种手段。（1）警告：警告仅仅是针对轻微违反游戏政策而作出的教育导向，它是用于正常管理游戏运行的一种方式；（2）禁言：关闭违规玩家的部分或全部聊天频道，强制暂停玩家角色的线上对话功能，使玩家角色无法与其他玩家对话，直到此次处罚到期或是取消；（3）暂时隔离：将违规玩家的游戏角色转移到特殊游戏场景，限制其局部游戏操作，直到此次处罚到期或是取消；（4）永久隔离：将违规玩家的游戏角色永久转移到特殊游戏场景，并限制其局部游戏操作；（5）暂时禁止登录：暂时禁止违规玩家游戏账号或游戏角色登录游戏，直到此次处罚到期或是取消；（6）强制离线：强制让违规玩家离开当前游戏，结束玩家当前游戏程序的执行；（7）封停账号：暂停或永久终止违规玩家游戏账号登录游戏的权利；（8）删除档案：将违规玩家在游戏世界中的人物档案删除，不让该人物再出现在游戏世界；（9）冻结游戏虚拟物品：限定违规玩家的游戏角色的游戏虚拟物品的相关功能，包括但不限于物品的使用、交易、给予等；（10）收回游戏虚拟物品：对玩家因欺诈或其他违规行为而获取的游戏虚拟物品，包括但不限于游戏内虚拟物品

或在游戏藏宝阁内的虚拟物品等进行收回;(11)修改昵称:对人物昵称、帮派名称、摊位名称、商店名称、宠物名称、召唤兽昵称等可以由玩家自主命名的昵称或名称进行强制修改;(12)解散组织:解散玩家成立的帮派、公会等组织;(13)倒扣数值:对游戏角色、游戏数值进行扣除,包括但不限于游戏角色等级、金钱、经验、仙玉等;(14)暂时限制游戏行为:在一定时间内对游戏角色的交易,以及角色升级、自杀、PK等部分游戏行为作出限制;(15)扣除藏宝阁交易款项:将违规玩家通过藏宝阁出售游戏内虚拟物品等方式获得的交易款项进行扣除;(16)限制交易:禁止游戏内角色购买、交易、藏宝阁交易等功能。其中,警告、暂时隔离、暂时禁止登录、强制离线、冻结游戏虚拟物品、倒扣数值、暂时限制游戏行为等手段仅限制游戏玩家虚拟财产权的行使,而永久隔离、封停账号、删除档案、收回游戏虚拟物品等行为则直接导致游戏玩家丧失游戏虚拟财产权。在网络游戏中,游戏玩家违约或违法行为的类型较多且严重程度和危害后果存在显著不同,因此,游戏运营商行使虚拟财产处罚权应符合比例原则,根据游戏玩家违约或违法行为的性质、次数、危害后果、主观过错程度等因素综合判断。一旦游戏运营商违背适当比例行使处罚权,将侵害游戏玩家的虚拟财产权。下文将对典型场景中游戏运营商虚拟财产处罚权的行使进行探讨。

1. 对游戏玩家违法违规行为的处罚

法律是最低程度的道德。在现代社会,法律法规构成了人们行为的底线和红线,任何人的违法违规行为都应受到严格处罚。同时,网络空间不是法外之地,网络用户的网络行为也要遵守法律法规的规定,一旦其行为违法违规,网络空间管理者就有权利和义务对其进行处罚。[①] 我国《网络安全法》第12条第2款规定,任何个人和组织使用网络应当遵守宪法法

---

① 那朝英、薛力:《网络空间协同治理:多元主体及其路径选择》,《河南师范大学学报(哲学社会科学版)》2021年第6期,第81页。

律，遵守公共秩序，尊重社会公德，不得危害网络安全，不得利用网络从事危害国家安全、荣誉和利益，煽动颠覆国家政权、推翻社会主义制度，煽动分裂国家、破坏国家统一，宣扬恐怖主义、极端主义，宣扬民族仇恨、民族歧视，传播暴力、淫秽色情信息，编造、传播虚假信息扰乱经济秩序和社会秩序，以及侵害他人名誉、隐私、知识产权和其他合法权益等活动。第 68 条规定，网络运营者违反本法第 47 条规定，对法律、行政法规禁止发布或者传输的信息未停止传输、采取消除等处置措施、保存有关记录的，由有关主管部门责令改正，给予警告，没收违法所得；拒不改正或者情节严重的，处 10 万元以上 50 万元以下罚款，并可以责令暂停相关业务、停业整顿、关闭网站、吊销相关业务许可证或者吊销营业执照，对直接负责的主管人员和其他直接责任人员处 1 万元以上 10 万元以下罚款。由此可见，游戏运营商对违法违规的用户进行处罚具有法律依据。

当前我国游戏服务协议中普遍约定了游戏玩家不得从事的违规违法行为。例如，《网易游戏使用许可及服务协议》第 11 条第 1 项约定："用户应当自行承担其所发布的信息内容所涉及的责任。特别地，用户不得发布下列内容：(1) 反对中华人民共和国宪法所确定的基本原则的；(2) 危害国家安全，泄露国家秘密，颠覆国家政权，破坏国家统一的；(3) 损害国家荣誉和利益的；(4) 煽动民族仇恨、民族歧视，破坏民族团结的；(5) 破坏国家宗教政策，宣扬邪教和封建迷信的；(6) 散布谣言，扰乱社会秩序，破坏社会稳定的；(7) 散布淫秽、色情、赌博、暴力、凶杀、恐怖或者教唆犯罪的；(8) 侮辱或者诽谤他人，侵害他人合法权益的；(9) 宣扬、教唆使用外挂、私服以及木马的相关内容的；(10) 发布任何经网易公司合理判断为不妥当或者网易公司未认可的软件、文件等在内的主页地址或者链接的；(11) 含有中华人民共和国法律、行政法规禁止的其他内容的。"

笔者认为，网络用户的违法违规行为是对我国法治底线的挑战，游戏运营商应该行使虚拟财产处罚权对游戏玩家进行惩罚。具体而言，若游戏玩家的行为属于危害国家安全、破坏民族团结、扰乱社会秩序等的严重违法违规行为，则游戏运营商就可以对游戏玩家实施强有力的处罚措施，如永久隔离、封停账号、删除档案。由此导致的游戏玩家虚拟财产的损失，游戏运营商无须承担赔偿责任。除此之外，若游戏玩家的行为并不涉及侵害社会公共利益，只是侵害了其他法律主体的合法权益，如侮辱或者诽谤他人，则游戏运营商不能直接采取永久隔离、封停账号、删除档案等措施，否则将会导致对游戏玩家虚拟财产权的不当限制或剥夺。游戏运营商应该依次采取警告、禁言、暂时隔离、暂时禁止登录、强制离线、冻结游戏虚拟物品等措施，只有当游戏玩家对以上处罚措施置若罔闻并继续实施侵害行为时，游戏运营商才能进一步采取永久隔离、封停账号、删除档案、收回游戏虚拟物品等处罚措施。

2. 对游戏玩家违约行为的处罚

对游戏玩家违约行为的处罚往往被约定在游戏服务协议中，但由于游戏服务协议是游戏运营商单方制定的，因此游戏运营商在司法实践中存在滥用虚拟财产处罚权的倾向，进而会侵害游戏玩家的合法权益。例如，在司法实践中，有的游戏公司以游戏玩家发布私服信息为由直接将其账户停封，而事实查明，该玩家在发布信息后随即就将该信息撤销了。停封账户直接导致游戏玩家丧失游戏虚拟财产权，从游戏玩家违约行为的性质和后果来看，游戏运营商的处罚行为明显过重。笔者认为，对游戏玩家违约行为的处罚应该遵循先警告后处罚的原则，并且，只有在游戏玩家多次违约且警告、强制离线、暂时隔离等一般处罚措施无效的情况下，才能对其采取停封账号、删除档案、永久隔离、回收游戏虚拟物品等剥夺游戏玩家虚拟财产权的处罚措施。同时，还需注意的是，在当前司法实践中，游戏运营商认定游戏玩家严重违约时，往往采取直接封号处理并且不予退款的措施。法院对该行为的合法性也予以认可。例如，在薛某斌与趣游时代（北京）科技有限公司等网络侵权责任纠纷案中，法院认为，二被告在用户协议中约定用户使用脚本游戏将会被永久封停并不予以退款，且在贯彻该约定时尽到了提前告知的义务,属于企业基于维护公平交易与诚实信用原则而设置的平台管理措施,具有合法性及合理性,本院对此举不予反对。[①] 笔者还认为,游戏玩家对游戏虚拟财产享有合法财产权,游戏运营商因游戏玩家违约而封停账号且不予退款的行为无疑是对游戏玩家虚拟财产的剥夺和没收。但是,在我国当前的法律体系中,没收财产是指剥夺犯罪分子的个人财产,无偿收归国家所有的一种刑罚方法,主要适用于危害国家安全罪、经济犯罪和贪利性的犯罪。[②] 在游戏虚拟财产法律纠纷中,游戏玩家和游戏运营商是平等的法律主体,游戏玩家的违约行为显然不属于刑法的规制对象。《宪法》第13条规定:"公民的合法的私有财产不受侵犯。国家依照法律规定保护公民的私有财产权和继承权。国家为了公共利益的需要,可以依照法律规定对公民的私有财产实行征收或者征用并给予补偿。"可见,按照我国宪法的规定,任何私法主体都不享有剥夺其他私法主体财产权的权利。游戏运营商以游戏玩家违约为由而停封账号且不予退款的行为侵害了游戏玩家的虚拟财产权,同时也是对自己合同履行义务的逃避,因此应当受到法律的规制。具体而言,如果游戏运营商一定要停封游戏玩家的账号,那么应当将游戏玩家用法定货币购买但尚未使用的游戏虚拟货币兑换为法定货币或其他游戏玩家接受的物品返还给游戏玩家。而游戏玩家购买的虚拟物品,则应视为游戏玩家已经通过游戏获得了该虚拟物品的使用价值,游戏运营商可以不予退还。

三、游戏运营商行使虚拟财产处分权须尽到提示说明义务

游戏运营商往往在游戏服务协议中约定,当游戏玩家长时间未登录游

[①] 参见(2021)京0491民初24356号民事判决书。
[②] 张勇、王丽珂:《有组织犯罪涉案财产处置的比例适用及产权保护》,《中州学刊》2022年第10期,第51页。

戏账号，可以将游戏玩家的游戏账号和其中的虚拟财产删除。但是，游戏玩家对于该条款内容未必知悉，并且，如果仅仅因游戏玩家在一定时期内未登录游戏账号，游戏运营商就直接删除游戏虚拟财产，这也明显有悖于法律的公平正义且损害了游戏用户的合法权益。在莉莉丝公司与周某能案中，莉莉丝公司服务协议约定，用户充分理解并同意，为高效利用服务器资源，如果用户长期未使用游戏账号登录莉莉丝游戏，莉莉丝公司有权视需要，在提前通知的情况下，对该账号及这一账号下的游戏数据和相关信息采取删除等处置措施，上述处置可能导致用户对该游戏账号下相关权益的丧失，对此莉莉丝公司不承担任何责任。莉莉丝公司并以此为由删除了用户周某能的账户及该账户中的虚拟财产，周某能认为以上协议约定无效，并向法院主张莉莉丝公司应在自身运营的"剑与远征"游戏内向用户提供游戏账号更换实名认证绑定的服务。

对于该案，运营商主张大量休眠账号的存在增加了其运营成本，影响了正常玩家的游戏体验。法院认为，虽然休眠账号的存在确实会占用游戏的部分存储空间，但运营商并未提供证据证明因此所致运营成本增长与否、成本增长幅度、游戏体验是否受到影响及影响程度，且上述成本增长或者影响程度是否足以达到必须通过删除休眠账号的方式才能解决的程度，故运营商以此为由设置休眠账号删除条款，证据并不充足，理由亦不充分。双方签订服务协议时，游戏运营商虽然以黑色加粗字体的方式提示注册的游戏玩家注意休眠账号删除条款，但注册游戏账号后，一般游戏玩家耗费时间、精力甚或经济成本是以获取良好的游戏体验为主要目的的，运营商亦是以提供优质的游戏服务体验作为获得收益的对价之一。是否登录游戏及登录游戏的频次，系游戏玩家的权利，虽然对该权利进行约定或者限制并非一律无效，但游戏运营商对休眠账号的处置方式使未注意或者遗忘该条款的游戏玩家面临无救济措施而直接丧失合同主要权利的风险，游戏玩家的过失与其承担的风险并不相当；而其他一般游戏玩家在服务合同存续期间，必须保持一定的登录频次才能保有主要的权利，就此难言会有良好的服务体验，亦与运营商提供优质服务的合同义务不相符合。由此可以认定，该条款对休眠账号的处置方式不合理，亦有违诚实信用原则。综合上述分析，法院认为，作为游戏运营者的上诉人对涉案游戏进行必要的管理或者对游戏玩家的权利进行必要的限制，只要不存在法律规定的无效情形，则并无不当，亦是其合法权利，但该权利的行使不得超过必要限度而损害服务合同相对方的利益。涉案休眠账号删除条款，超过了必要限度，对被上诉人主要权利的限制并不合理，属于《民法典》第497条规定的格式条款无效的情形。[①]

在该案件中，法院判决的真知灼见对我们具有重大启示，即游戏运营商行使虚拟财产处分权固然有法律依据，但同时该权利的行使方式也必须符合法律规定。本书建议，游戏运营商行使虚拟财产处分权仅限于法定和约定情形，如游戏玩家死亡、游戏玩家的账号被停封、游戏服务终止等。另外，游戏运营商行使处分权删除虚拟财产前必须尽到提示说明义务，例如，当游戏用户未登录账号达到游戏服务协议约定的期间时，游戏运营商应该与游戏用户取得联系，并告知其协议约定的内容。如果游戏玩家表示继续履行服务合同，服务协议中约定的删除期间发生中断，该期间应该重新计算；如果游戏玩家表示不愿继续履行服务合同，则游戏运营商应该对游戏玩家的虚拟财产进行协商处理，将其购买的虚拟货币以法定货币或游戏用户接受的其他方式退还，以此实现双方权利的协同保护。

第七节　游戏虚拟财产的返还与精神损害赔偿

一、游戏服务终止时应退还虚拟财产吗

每一款网络游戏都有其存续期间，当一款网络游戏已经不再火爆甚至

[①] 参见（2022）沪01民终249号民事判决书。

无人问津时，它将不再具有盈利能力，此时该游戏就应被终止。网络游戏被终止后，游戏运营商将不再向游戏玩家提供相应的游戏服务，游戏玩家账户中的虚拟货币、游戏装备、游戏角色等虚拟财产都不能使用，由此可能会导致对游戏玩家虚拟财产权的侵害。2017年修订的《网络游戏管理暂行办法》（已失效）第22条第1款对游戏终止运营的法律后果进行了规定——网络游戏运营企业终止运营网络游戏，或者网络游戏运营权发生转移的，应当提前60日予以公告。网络游戏用户尚未使用的网络游戏虚拟货币及尚未失效的游戏服务，应当按用户购买时的比例，以法定货币退还用户或者用户接受的其他方式进行退换。虽然该文件已经被废止，我们不能将其直接作为法律纠纷的裁判依据，但是该条文背后的法理依据和正当性基础仍值得我们学习。游戏玩家的虚拟财产权并不是凭空获得的，在大部分网络游戏中，游戏玩家需要付出金钱才能获得游戏货币，并且需要付出大量金钱、精力和时间才能获得稀缺的游戏虚拟物品。因此，如果游戏终止运行导致游戏玩家蕴含在游戏虚拟财产中的游戏利益无法实现，游戏运营商必须予以赔偿。但是，存在争议的是，此时该如何计算损害赔偿额。

2022年11月17日，网易和暴雪长达14年的合作生变，引发关注。暴雪娱乐表示与网易的现有授权协议将于2023年1月23日到期，将暂停在中国大陆的大部分暴雪游戏服务。2023年1月23日，网易发布《致暴雪国服玩家的告别信》称，1月24日0时，由网之易代理的"魔兽世界""炉石传说""守望先锋""暗黑破坏神Ⅲ""魔兽争霸Ⅲ：重制版""风暴英雄""星际争霸"系列产品，在中国大陆市场的所有运营将正式终止。暴雪届时将关闭战网登录以及所有游戏服务器，同时关闭客户端下载。2023年2月1日，网易暴雪游戏客服团队发布《网之易关于暴雪游戏产品运营到期开放退款的说明》，2023年2月1日11时起，针对玩家在"暴雪游戏产品"中已充值但未消耗的虚拟货币或未失效的游戏服务开放退款申请通道。作为一代人的青春记忆，暴雪游戏在我国拥有广泛的群众基础,尤其是其旗下的"魔兽世界""炉石传说""守望先锋"游戏在我国乃至世界网络游戏发展史上具有里程碑意义,因此,其对游戏玩家虚拟财产的处理不仅直接涉及数以百万用户的财产利益,而且也将对整个游戏市场具有极大的示范性作用。2023年1月24日,网易公司在《网之易关于暴雪游戏产品退款安排的初步说明》中详细列举了"可退款商品"的具体范围及退款标准(见表3-2),并特别说明了以下几点:(1)礼包类商品若包含可退款商品,玩家可针对礼包中的可退款商品申请退款;(2)通过赠与、奖励等免费方式获得的虚拟货币或游戏服务不在退款范围内;(3)可退款的"时光徽章"仅限于通过现金或战网点直接购买的时光徽章,在游戏内使用金币购买的时光徽章不在退款范围内;(4)存在安全隐患的账号(或子账号)将无法提交退款申请或通过退款审核。

表3-2 "可退款商品"的具体范围及退款标准

产品	可退款商品		结算标准*
战网	战网点数		1战网点=1元
魔兽世界	游戏时间		1天=2.5元
	阵营转换服务		1次=120元
	角色转移服务		1次=120元
	角色直升	正式服角色直升	1次=150元
		黑暗之门通行证	1次=258元
		"巫妖王之怒"70级角色直升	1次=298元
	时光徽章		1枚=90元
炉石传说	符文石		1符文石=1元
	奥术宝珠		1奥术宝珠=0.1元
守望先锋	"归来":守望金币		1守望金币=0.06元
	联赛代币		1联赛代币=0.35元
风暴英雄	宝石		1宝石=0.06元

续表

产品	可退款商品	结算标准*
暗黑破坏神Ⅲ	白金币	1白金币=0.01元

*注:
若一类可退款商品按上述结算标准结算后得出的可退款总额,超过了该账号购买该类商品的历史实际付费总额,最终退款金额将不会超过该品类商品的历史实际付费总额。

  综上可以看出,网易公司退还的游戏虚拟财产主要是指游戏虚拟货币和以固定价格购买的有偿服务,如阵营转换服务、角色转移服务。2017年修订的《网络游戏管理暂行办法》(已失效)第22条第1款规定,网络游戏运营企业终止运营网络游戏,或者网络游戏运营权发生转移的,应当提前60日予以公告。网络游戏用户尚未使用的网络游戏虚拟货币及尚未失效的游戏服务,应当按用户购买时的比例,以法定货币退还用户或者用户接受的其他方式进行退换。因此,游戏服务终止时游戏玩家未消费的虚拟货币和服务应该按购买时的比例兑换为法定货币返还游戏玩家。网易公司的处理遵守了已失效的《网络游戏管理暂行办法》的规定。但是,存在的疑问是,游戏公司是否应当对游戏玩家的虚拟物品损失予以赔偿以及该如何赔偿。完美世界(重庆)互动科技有限公司(简称"重庆完美公司")等与沈某网络侵权责任纠纷案对游戏虚拟物品的金钱赔偿问题进行了回答。法院认为,当涉及未失效服务时,鉴于现"圣斗士星矢"游戏已经停止服务,完美集团公司、重庆完美公司基于游戏运营控制优势,应当提供后台数据并说明该情况,否则应当承担不利后果。另需说明的是,虽然完美集团公司、重庆完美公司未举证,但是沈某的陈述已表明玩游戏的过程中充值额是在消耗的。因此,对于沈某尚未使用的虚拟货币及尚未失效的服务,该院参照沈某的累计充值情况、完美集团公司曾确定的补偿方案酌情确定,即重庆完美公司除退还玩家9月份的充值外还应补偿9月份之前累计充值比例的 20%。①

笔者认为该法院的裁判思路值得借鉴，游戏虚拟物品的获取往往需要投入大量的时间、精力和金钱，以游戏玩家以往的累计充值额作为判断游戏虚拟物品财产价值的依据具有一定的正当性。另外，既然游戏玩家参与网络游戏的目的在于娱乐，那么游戏玩家利用游戏虚拟财产的过程也是其获益的过程，在游戏终止时，游戏玩家只能按照累计充值的一定比例获得赔偿而不能主张全部赔偿。该比例的具体确定，首先应由游戏玩家选举产生的代表与游戏运营商进行协商确定，如果不能协商确定再由法院结合游戏的性质、获取游戏虚拟物品的难度、游戏虚拟物品是否可以转让等因素综合确定返款额度。

二、游戏玩家可否主张精神损害赔偿

在网络游戏世界中，游戏用户拥有的物品型游戏虚拟财产不仅凝结了游戏玩家的财产利益，还包含了一定程度的人格利益。正如许多痛失心爱游戏装备的玩家所言，游戏装备是他们经过了多年的辛苦"劳动"所得的，付出了大量的金钱、时间和精力，他们与游戏角色结下了深厚的感情。许多游戏玩家视游戏世界为自己的"第二人生"，在游戏中他们获得了现实世界中无法获得的激情和荣耀，因此对个别游戏玩家而言，他们在虚拟世界里的虚拟角色也应该像现实世界中的人物一样享有精神利益，游戏角色受到了"侮辱""诽谤"，就应该对其进行"精神损害赔偿"。② 例如，在张某鸣与上海壮游信息科技有限公司网络服务合同纠纷案③ 中，原告张某鸣名下价值 2 万元的 18 个游戏账号被公告为霸占游戏资源的多个长期在线账号而被永久封停，经复查后改为冻结 7 天，并被公布在使用外挂的封停名单中。原告认为该行为对原告的游戏角色在游戏内的"名誉"造成了严重损害，游戏角

---

① 参见（2019）京 03 民终 10739 号民事判决书。
② 李佳伦：《网络虚拟人格保护的困境与前路》，《比较法研究》2017 年第 3 期，第 195 页。
③ 参见（2016）沪 0115 民初 88312 号民事判决书。

色在游戏中的评价下降。因此,原告请求法院在奇迹 MU 游戏官网主页(网址:mu.zhaouc.com)新闻栏以公告形式及游戏内以 GM 发布公告形式向原告名下 18 个游戏角色赔礼道歉,并将该公告置顶 7 日且不得删除。法院认为:"所谓网络游戏的虚拟角色系自然人或法人通过以网络 TCP/IP 协议为基础的网络游戏程序编制而成,用于参与网络游戏各项活动,其本质为存放在计算机存储设备中的数据,具有虚拟特性、拟人特性、价值特性和流通特性。从网络游戏虚拟角色的上述定义及特性来看,虚拟角色显然不属于法律意义上的人,其本质应是物,且系具有财产性价值的虚拟财产,故不属于自然人或法人的范畴。原告名下的 18 个虚拟角色实际应为由其创建,受其控制,且具有价值的财产。因此,综合考虑上述情况,本院认为网络游戏虚拟角色不具备法律人格,不应享有名誉权。另结合原告在庭审中陈述其本人的名誉未遭到侵害,其他游戏玩家并不知晓其本人的身份等事实,原告主张被告向其名下 18 个游戏角色赔礼道歉的诉讼请求,于法无据,本院不予支持。"

在这一案例中,法院显然不承认游戏虚拟角色享有人格利益,因为人格利益的主体只能是民事主体。虽然当前互联网技术对社会生活的各个领域都进行了摧枯拉朽般的重构,但是到目前为止互联网对人类共同体的影响尚停留在技术层面,并未从根本上改变人类对主体概念的认知,因此在主体和客体的界分中,游戏虚拟人物属于客体的范畴是毋庸置疑的,进而其也就不享有专属于主体的人格利益。[①] 但另外一个问题是,游戏玩家能不能以虚拟财产受到损害(尤其是不可逆转的损害)为由要求侵权人承担精神损害赔偿责任。根据 2020 年修正的《最高人民法院关于确定民事侵权精神损害赔偿责任若干问题的解释》第 1 条的规定,因人身权益或者具有人身意义的特定物受到侵害,自然人或者其近亲属向人民法院提起诉讼请求精神损害赔偿的,人民法院应当依法予以受理。在网络游戏中,虚拟物品虽然具有可见的外观,但其本质是由数据和代码构成的,因此其技术本质决定了其具有可恢复性,因此在大多数情况下,只要与游戏运营商

---

① 李佳伦:《网络虚拟人格保护的困境与前路》,《比较法研究》2017 年第 3 期,第 195 页。

充分协商就可以将丢失的数据找回。而且从我国当前精神赔偿诉讼案件的基本类型来看,这些案件主要的情形是侵权人侵害了自然人的人格利益,并且大多数直接指向的是与自然人的幸福直接相关的人格权[①],人格利益只有在特殊情形下——侵害行为以"违反社会公共利益、社会公德"的方式实施,才能成为精神损害赔偿的客体。同时,对"人格物"引发的精神损害赔偿的处理存在严格的限制条件,即"特定纪念物品"+"永久灭失或损毁"。[②] 但从网络虚拟物品本身来看,不管是其与游戏玩家精神利益的黏合度,还是其本身的可恢复性,都难以说游戏虚拟物品的丢失导致了游戏玩家严重的精神损害。而且,即使因第三人非法获取游戏虚拟物品导致游戏玩家遭受了极大的精神痛苦,也难以说明侵权人主观上存在极大的过错,反而是游戏玩家过度沉迷游戏导致了其精神的无处安放。反思这一后果并承担责任的恰恰应该是游戏玩家本人以及在网络游戏中未设置必要的防沉迷系统的游戏运营商。因此,笔者认为基于网络虚拟物品的可恢复性以及网络游戏的娱乐本质,从保障社会公众行为自由和防止人们过于沉迷游戏的角度出发,在游戏玩家因虚拟物品丢失而主张精神损失赔偿时,法院应该对此不予支持。

---

① 陈传法:《人格财产及其法律意义》,《法商研究》2015年第2期,第60页。
② 易继明、周琼:《论具有人格利益的财产》,《法学研究》2008年第1期,第8页。

第四章

隐私环境中的虚拟财产

　　网络社交平台是指那些旨在为社会成员搭建传播媒介、提供即时通信和社交服务的网络传播媒介，如Facebook、Twitter、微博、网易邮箱、QQ、抖音、快手等。在互联网社会，网络社交平台作为主要的通信技术手段在便捷人们生活沟通的同时，还在很大程度上成为人们社交生活的一部分。[1] 人们可以将其生活信息上传到如Facebook、微信、QQ、微博类的网络社交平台，以此获得他人的关注，并可以通过关注其他用户以获得其相关信息。以微信为例，微信不仅具有熟人社交、通信功能，它所具备的"摇一摇""附近"功能还可以使用户有机会认识新的朋友，因此也具有陌生人社交功能。除了网络交友作用，微信平台还兼具收付款功能、直播功能、购物功能等，因此微信平台就不可避免地出现了网络虚拟财产，如虚拟货币和虚拟物品。除了微信、微博、QQ这些传统意义的社交平台，在当前社会中，一种更为流行的社交平台正在如火如荼地发展，如快手、抖音。与传统的社交媒介相比，该类网络平台兼具社交属性和商业属性，网络用户在平台上集聚一定的人气后可以凭借直播表演或直播带货将其知名度和粉丝变现。所以，该类社交平台中所蕴含的虚拟财产类型更多，并且

---

[1] 据《第50次中国互联网络发展状况统计报告》统计，截至2022年6月，我国即时通信用户规模达10.27亿，较2021年12月增长2 042万，占网民整体的97.7%。

也更为网络用户所看重,所导致的法律冲突也更为激烈且常见。网络社交平台的兴起对社会生活的影响是全方位的,其在解构传统社会经济生活模式的同时也在形塑着新型的社交模式,创造了丰富多彩的网络虚拟世界,当然也引发了一系列的法律新问题,亟需立法、司法的规制,其中一项亟待解决的问题就是对网络社交平台上虚拟财产纠纷的法律规制。网络社交平台包含的虚拟财产的类型、功能和价值是多样的,因此必须深入网络社交平台的特殊场景,基于类型区分对虚拟财产的法律性质予以具体分析,在明晰其法律性质的基础上对虚拟财产上的权利义务关系予以具体设计。

第一节　财产、隐私或信息

一、虚拟货币

在网络社交平台上存在的一种典型虚拟财产类型就是虚拟货币,即用户在网络社交平台上用人民币兑换的用于购买网络服务的一般等价物,如YY平台上的Y币、微信平台上的微信豆、抖音平台上的抖币、B站上的B币。网络社交平台上的虚拟货币主要是购买获得的,其与法定货币之间存在固定的兑换比例,例如,1人民币兑换1Y币,1人民币兑换7微信豆,1人民币兑换10抖币。网络社交平台上虚拟货币的主要功能是购买网络服务或虚拟物品,《微信豆充值协议》第1.1条约定,微信豆"是指腾讯提供、仅限微信用户在微信场景下购买和使用的一种道具。微信用户在购买微信豆后,可根据平台相关功能界面的说明或指引进行使用,包括但不限于兑换虚拟商品等微信平台上的产品或服务"。第5.8条约定:"你理解并同意微信豆不构成任何对你的欠款或债款,你对微信豆的使用不构成向任何用户支付任何货币价值,就此,腾讯有权与相关用户签订单独的安排或协议。微信豆不代表腾讯任何持有或以信托方式持有的金钱。微信豆不是货币,也并没有货币价值。"抖音平台的《用户支付协议》也约定："'抖币'是本平台向您提供的用于在本平台上进行相关消费的虚拟币,您可以用'抖币'购买虚拟礼物等本平台上产品或服务(具体可购买产品和服务请查看相应产品、服务页面说明),并将购买的虚拟礼物打赏给主播或平台创作者。"

就此而言,网络社交平台上的虚拟货币具有虚拟性、价值性、可支配性、稀缺性特征,其属于典型的网络虚拟财产。

二、数字货币

互联网技术对现实生活的重构最为显著的领域当属电子支付领域,电子支付在很大程度上取代了传统社会中的现金支付。一个社会中货币支付手段的变更需要同时具备网络支付技术成熟、网络商品交易市场形成、网络支付信用体系完备、人们网络支付习惯养成等条件。我国电子支付手段之所以在短短的十几年内成为可能,并且拥有相当大的使用群体,与我国电子商务产业的迅速发展是紧密相关的。[1] 电子商务产业依托先进的互联网技术迅速崛起,由于买卖双方的交易依托于网络交易服务平台,且买卖双方都对彼此的商业信誉存在怀疑,因此客观上就需要一个具有商业信用的中间服务商,即由中间服务商对买卖的货款予以保存,当交易完成并且不存在违约情形时,由中间商将该货款支付给卖方。显而易见的是,电子商务的这一显著特征决定了其数字化支付手段的必然性,只有以电子货币替代纸质货币,才能消除高昂的信任成本,电子商务的交易模式才成为可能。随着电子商务市场的日益扩张和网络支付手段的日益成熟,充当信用中介作用的中间商逐渐成长为专业的支付平台,如阿里巴巴旗下的支付宝、腾讯的微信支付。

---

[1] 据《第50次中国互联网络发展状况统计报告》统计,截至2022年6月,我国网络购物用户规模达8.41亿,较2021年12月下降153万,占网民整体的80.0%。数据显示,2022年上半年全国网上零售额6.3万亿元,同比增长3.1%。其中,实物商品网上零售额5.45万亿元,同比增长5.6%,占社会消费品零售总额的比重为25.9%,较去年同期提升2.2个百分点。

电子支付手段的崛起引发的直接结果是货币的电子化、数字化,于是数字货币便出现了。数字货币是指社交平台上的用户可用来对外支付或获取收益的虚拟财产类型,如微信钱包中的"零钱",与数字人民币存在本质的不同。数字人民币(e-CNY)是中国人民银行发行的数字形式的法定货币,主要定位于流通中的现金(M0)。中国人民银行前行长易纲表示,研发数字人民币主要是为了满足国内零售支付需求,提升金融普惠水平,提高央行货币发行和支付体系的效率。由此可知,数字人民币就等同于人民币。[1] 然而,社交平台上作为支付工具的数字货币在支付能力和属性上都异于数字人民币。《微信支付用户服务协议》第1.6条约定:"你已知悉,'零钱'所记录的资金余额不同于你本人的银行存款,不受《存款保险条例》保护,其实质为你委托财付通公司保管的、所有权归属于你的预付价值。该预付价值对应的货币资金虽然属于你,但不以你本人名义存放在银行,而是以财付通公司名义存放在银行,并且由财付通公司向银行发起资金调拨指令。"[2] 同时,《财付通服务协议》第3条第1款第2项也约定:"您了解,财付通账户所记录的资金余额不同于您本人的银行存款,不受《存款保险条例》保护,其实质为您委托财付通保管的、所有权归属于您的预付价值。该预付价值对应的货币资金虽然属于您,但不以您本人名义存放在银行,而是存放在以本公司名义开立在中国人民银行的备付金集中存管账户,并且由本公司通过清算机构向中国人民银行发起资金调拨指令。"[3] 以上两个协议中所指的"零钱""预付价值"就是数字货币,基于上述约定可以看出,社交平台上的数字货币不等于用户的银行存款,与人民币结算必须要经过提现程序。

但毋庸置疑的是,数字货币是具有财产价值的,甚至可以直接用来支付货款;同时,用户对数字货币拥有较强的支配能力,用户可以自行决定

---

[1] 李建星:《数字人民币私权论》,《东方法学》2022年第2期,第81页。
[2] 《微信支付用户服务协议》,腾讯网,2022年5月1日访问。
[3] 《财付通服务协议(20220424版)》,见闻识法公众号,2022年5月1日访问。

对数字货币的处分。另外，数字货币还具有虚拟的外币形态，用户可以清楚地得知其钱包中数字货币的总额。因此，笔者认为，网络社交平台上的零钱或预付价值属于网络虚拟财产的范畴，并应以此为依据对其提供相应的法律保护。

三、虚拟打赏物品

当前网络社交平台上存在着各种类型的虚拟物品，如"飞机""火箭""鲜花""名车""豪宅"等等。网络社交平台上的虚拟物品与网络游戏中的虚拟物品存在本质区别：其一，是否存在固定的兑换比例。在网络社交平台上，尤其是各种类型的网络直播平台上，虚拟物品往往都是明码标价的，其价值往往以虚拟货币的价值来体现，而虚拟货币与人民币之间又存在固定的兑换比例，因此虚拟物品的财产价值是极为显著的。[①] 而在网络游戏中，除了虚拟货币是直接购买所得的，另外大量的虚拟物品是基于游戏剧本和代码的设计在游戏玩家打游戏的过程中按照一定的概率偶然获得的，与虚拟货币或法定货币之间并不存在固定的兑换比例。其二，二者功能显著不同。网络游戏虚拟物品，如虚拟角色、虚拟装备，本身就属于网络游戏的一部分，它们的功能只能在网络游戏中得到体现。但在网络社交平台上，虚拟物品的主要功能是打赏，除此之外它不具有其他功能，并不属于社交服务内容的一部分。其三，是否可以逆向兑换。游戏虚拟物品作为游戏服务内容的一部分，在大部分网络游戏中所具有的功能是充当游戏玩家参与游戏的道具，但是在网络社交活动，尤其是直播活动中，虚拟物品则直接体现为直播用户的所获利益。因此，当网络用户获取虚拟物品后，其可以按照一定的比例将该虚拟物品换算为法定货币，并在相关利益主体

---

① 例如《花椒平台用户充值协议》第4条约定："'花椒豆'是花椒直播向您提供的用于在花椒直播平台上进行相关消费的虚拟货币，您可以用'花椒豆'自由购买虚拟礼物等花椒平台上各项产品或服务。您可将购买的虚拟礼物赠与主播。但是，'花椒豆'不能兑换为人民币，您应根据自己的实际需求购买相应数量的'花椒豆'。"

之间予以分配。就此而言，网络社交平台上的虚拟物品具有虚拟性、价值性、可支配性与稀缺性，属于网络虚拟财产。

四、网络社交账号

1. 学界争议

当前我国学界对网络账号法律性质的认定有以下几种观点：第一种观点认为，网络账号的法律性质是无体物，虽然它与有体物在物理表征上存在一定的差异，但是在本质上和有体物具有相同的法律价值。[1]例如，用户通过实名认证获得了网络社交平台上独一无二的特定网络账号，通过密码设定和其他保密技术的配合，用户取得了对特定账号的支配权，可以随时访问账户，修改账户密码，转让账号，甚至注销账户以终止对账户的使用。因此，有学者认为网络账户作为一种无体物应该被视为所有权行使的对象，用户对网络账户享有所有权。[2]第二种观点认为，将网络账号视为与有体物并列的无体物不仅造成了对我国《民法典》中物的定义的人为撕裂，而且也在很大程度上罔顾了司法实践中存在的真正的网络账户使用关系。基于网络技术的特征，在网络社交平台上，网络用户难以仅凭一己之力就实现对网络账户的单方控制，网络用户所实施的每一项操作程序无一不是网络社交平台服务提供者提供技术支持的结果。[3]因此，网络账号在本质上也是平台提供者提供网络服务的一部分。网络账号作为网络社交服务的一部分，天生地受制于平台提供者的技术制约，所有权制度的私法绝对性和排他性难以实现对网络账号的规制。[4]第三种观点直接从网络账号

---

[1] 刘涵：《浅析网络账号的法律性质及继承问题》，《中国管理信息化》2017年第8期，第173页。
[2] 林旭霞：《虚拟财产解析——以虚拟有形财产为主要研究对象》，《东南学术》2006年第6期，第99页。
[3] 刘晓月：《论社交性网络账号的继承》，《吉首大学学报（社会科学版）》2017年第S2期，第59页。
[4] 王雷：《网络虚拟财产权债权说之坚持——兼论网络虚拟财产在我国民法典中的体系位置》，《江汉论坛》2017年第1期，第124页。

的本质出发，探讨其法律属性和权利归属。有学者认为，网络空间中的任何事物都是由数据构成的，因此应该将数据作为网络世界中法律规制的起点与重点。网络账号在本质上无非就是一堆数据信息，编程人员通过代码编辑技术使该组数据发挥出特殊的功能。因此，网络账号的法律性质是数据，数据应该是法律规制的直接对象，网络账号上权利的构建模式应该是数据权。[①]第四种观点认为，网络账号在网络社交平台上的唯一性决定了其与网络用户的特定身份具有紧密联系。特别是当网络账号本身与网络用户的个人手机号码一致时，网络账号就属于个人信息的范畴。即使是那些不是用手机号码注册的网络账号，在网络社交平台凭借其内置的搜索功能，完全能够根据网络账号直接搜索到特定的个体以及其个人信息。因此，有学者认为，网络账号属于个人信息的范畴。[②]第五种观点认为，网络社交账号具有可支配性和价值性，用户可以将其转让获利，因此属于网络虚拟财产。[③]

笔者认为，需要结合网络社交账号的实际功能和相关规定来综合判断其法律性质。

2. 网络社交账号的实际功能与价值

要想判断网络社交账号的法律性质以及判断其是否属于网络虚拟财产，首先就要从实证的角度考察其基本功能与属性，只有真正搞懂了网络社交账号是什么，才能进一步对其法律性质作出正确的判断。以下本书就以典型的网络社交账号——QQ账号为例，对其法律性质予以分析。

其一，QQ账号属于个人识别信息。《网络安全法》第24条第1款规定："网络运营者为用户办理网络接入、域名注册服务，办理固定电话、移动电话等入网手续，或者为用户提供信息发布、即时通讯等服务，在与用户

[①] 龙卫球：《数据新型财产权构建及其体系研究》，《政法论坛》2017年第4期，第65页。
[②] 范为：《大数据时代个人信息保护的路径重构》，《环球法律评论》2016年第5期，第94页。
[③] 马一德：《网络虚拟财产继承问题探析》，《法商研究》2013年第5期，第75页。

签订协议或者确认提供服务时，应当要求用户提供真实身份信息。用户不提供真实身份信息的，网络运营者不得为其提供相关服务。"基于网络实名制的强制要求，提供即时通信服务的网络服务提供者必须对其网络用户进行实名认证。当我们在 QQ 平台注册账号时必须要进行实名认证，即必须要和注册者的手机号码或电子邮箱绑定，如果不能通过用户身份信息验证，则用户不能注册成功。就此而言，QQ 账号在 QQ 平台上具有唯一性特征，它是网络服务提供者借此提供个性化服务并进行用户管理的主要依据，它的实质功能是作为网络用户的数字标示。《QQ 号码规则》第 2 条约定："QQ 号码是腾讯按照本规则授权注册用户用于登录、使用腾讯的软件或服务的数字标识，其所有权属于腾讯。"我国《个人信息保护法》第 4 条规定，个人信息是以电子或者其他方式记录的与已识别或者可识别的自然人有关的各种信息，不包括匿名化处理后的信息。经过实名认证的 QQ 账号可以直接识别到特定的自然人，就此而言其应属于个人信息。

其二，QQ 账号具有社会公共资源属性。2014 年修正的《电信网码号资源管理办法》第 3 条规定："码号资源属于国家所有。国家对码号资源实行有偿使用制度，具体收费标准和收费办法另行制定。"第 2 条第 2 款规定："本办法所称码号资源，是指由数字、符号组成的用于实现电信功能的用户编号和网络编号。"根据该办法的规定，这里的码号资源指的是电信网码号资源。同时，2016 年修订的《电信条例》第 2 条第 2 款规定："本条例所称电信，是指利用有线、无线的电磁系统或者光电系统，传送、发射或者接收语音、文字、数据、图像以及其他任何形式信息的活动。"第 26 条规定："国家对电信资源统一规划、集中管理、合理分配，实行有偿使用制度。""前款所称电信资源，是指无线电频率、卫星轨道位置、电信网码号等用于实现电信功能且有限的资源。" QQ 账号往往是由一串数字和符号组合而成的，在功能上发挥着用户编号和识别的作用。就此而言，我们可以认为 QQ 账号属于电信码号资源，并且属于社会公共资源的一种。

其三，大部分 QQ 账号不具有财产价值。作为一种即时通讯手段，QQ

账号在一般情况下并不具有财产价值。从当前司法实践中发生的窃取QQ账号案件来看，窃取QQ账号的目的可以分为两种类型：一种是通过窃取QQ账号，获取账户里面的QQ币或其他虚拟财产，QQ账号并不是实施侵权行为的目的；另一种是通过窃取并买卖QQ账号，牟取不正当利益。这一情形中涉及的QQ账号往往是五位数或六位数的，这种类型的QQ账号具有一定的稀缺性，并且存在市场需求，所以其经济价值就凸显出现了。从司法实践来看，当事人直接以网络账号为交易标的的情形并不多，因为只要符合一定的条件，人们可以非常容易地注册获取网络账号。在大部分案件中，当事人买卖网络账号的真正意图是买卖其中的虚拟物品，购买价款体现的价值也正是账号中虚拟财产的价值。

其四，网络服务协议禁止QQ账号转让。当前几乎所有网络社交平台上的网络服务协议条款都作出了禁止网络账号转让、赠与、出租的约定。《QQ号码规则》第2条约定，QQ号码的所有权属于腾讯。第8条第2款约定："腾讯根据本规则对QQ号码的使用授权，仅限于初始申请注册人。未经腾讯许可，初始申请注册人不得赠与、借用、租用、转让或售卖QQ号码或者以其他方式许可其他主体使用QQ号码。"第9条第3款约定："为免产生纠纷，你不得有偿或无偿转让QQ号码。否则，你应当自行承担由此产生的任何责任，同时腾讯保留追究上述行为人法律责任的权利。"第10条第1款约定："如你违反相关法律法规、本规则或其他相关协议、规则，腾讯有权限制、中止、冻结或终止你对QQ号码的使用，且根据实际情况决定是否恢复你对QQ号码的使用。"第10条第2款约定："如果腾讯发现你并非号码初始申请注册人，腾讯有权在未经通知的情况下终止你使用该号码。"从以上约定可以看出，在腾讯公司严格禁止转让、售卖QQ账号的背景下，账号持有人难以将该账号转让。即使账号持有人以转让账号和密码的方式使受让人获得了账号的实际控制权，实际上，对于QQ平台而言，该账号对应的权利人还是转让人，一旦平台发现了该转让行为则可以立即停止该账号的服务。

3. 网络账号不属于网络虚拟财产

本书认为，网络社交账号的本质是提供网络身份识别的一种信息凭证，其并不具备网络虚拟财产所必需的虚拟性特征。我国《民法典》第1034条第2款规定："个人信息是以电子或者其他方式记录的能够单独或者与其他信息结合识别特定自然人的各种信息，包括自然人的姓名、出生日期、身份证件号码、生物识别信息、住址、电话号码、电子邮箱、健康信息、行踪信息等。"《个人信息保护法》第4条第1款规定："个人信息是以电子或者其他方式记录的与已识别或者可识别的自然人有关的各种信息，不包括匿名化处理后的信息。"因此，网络社交账号完全符合个人信息的概念特征，应该属于个人信息的范畴。更重要的是，在我国《民法典》《个人信息保护法》明确规定个人信息的概念、范围和保护方法的背景下，如果将网络社交账号认定为网络虚拟财产，将会导致未来网络虚拟财产保护立法与《民法典》和《个人信息保护法》之间的法律冲突。

五、网络账号中的粉丝人数、关注人数、收藏人数等

互联网的兴起直接催生了粉丝经济和直播经济，即只要网络用户有能力获得其他用户的关注和喜爱，他就可以基于网络打赏、直播带货或广告代言等方式将其巨大的粉丝流量变现。互联网粉丝经济的兴起与繁荣导致网络用户极为珍视他们的关注度和粉丝人数，以至于他们视网络账号中的粉丝人数、关注人数、收藏人数为自己的虚拟财产。因此导致的问题是，这些被网络用户所珍视并依附于网络社交账号中的事物是否属于本书所研究的网络虚拟财产。以下本书就结合司法实践对网络社交账号中粉丝人数、关注人数、收藏人数等网络事物的法律性质进行分析，并对其是否属于网络虚拟财产作出判断。

· 153 ·

1. 司法裁判观点

在王某雁、广州繁星互娱信息科技有限公司（简称"繁星公司"）等网络侵权责任纠纷案[①]中，王某雁以其个人身份证号在酷狗直播平台注册了涉案账号，但绑定的手机号码为王某的个人电话号码。后王某一直使用涉案账号并进行直播，直播收入均打入王某雁名下尾号为1004的银行卡账户。后来，王某向繁星公司申请将涉案账号的实名认证信息变更为其本人。繁星公司在未告知王某雁的情况下直接将涉案账号的实名认证信息变更为王某。在本案中，网络直播账号的注册人和实际使用人不一致，从而引发了对网络账号以及其中财产归属的争议。在该案中，法院认为，涉案账号经过王某的长期运营，目前已拥有30多万粉丝，粉丝基于对王某及其直播内容的喜爱进行打赏而产生财产性收益，账号本身也被赋予了新的财产性内容，包括"明星等级""主播荣誉""粉丝关注数量"等无形的数据，这些财产性收益及虚拟数据与现实生活中的经济价值关联并可转换，整体构成了账号上添附的财产性内容。同时，在高某琴、湖北星旅播文化传媒有限公司合同纠纷案中，[②]法院判决认为，结合《民法典》第127的规定及"抖音账号"这一互联网新兴业态下的产物性质，抖音账号的功能在于用户自行将制作的视频等投放于平台，供社会大众共享，大众以点赞、转发等方式为其增加关注度，用户也可以通过平台直播、直播带货等形式与平台其他用户即观众互动，在此过程中用户可通过粉丝打赏并提现音浪或者通过直播带货获取商品佣金取得收益，故抖音账号应属法律规定的网络虚拟财产。

另外，在赵某硕与尹某珊、袁某珊、张某合伙协议纠纷案[③]中，法院认为，微信公众号虽然存在于网络空间中，具有虚拟性，但可通过对账号设置密码来控制微信公众号的运营，防止他人对公众号上的资料进行

---

① 参见（2020）粤0192民初38173号民事判决书。
② 参见（2022）湘08民终617号民事判决书。
③ 参见（2019）沪02民终7631号民事判决书。

修改、增删。本案中的微信公众号也是如此，被上诉人与上诉人（赵某硕、尹某珊、袁某珊、张某）通过密码进入公众号后台，发表文章，回复评论，对公众号进行管理，因此微信公众号具有支配性。微信公众号作为一种新型的电子商务模式，已不再是简单的通过流量渠道直接提供产品或服务获取费用，而是作为与用户沟通互动的桥梁，为品牌与用户之间构建深度联系的平台，具有较大的价值性。从微信公众号的运营来看，被上诉人与上诉人在涉案微信公众号运营中投入了大量的时间、精力，有一定的劳动价值。从微信公众号的经营方式来看，通过发布引人关注的内容，微信公众号吸引了一定数量的粉丝关注而具有了传播力、影响力，进而为广告商带来了购买力和宣传力，有广告投放价值。从微信公众号的盈利模式来看，随着微信公众平台功能的深入开发，微信公众号不再局限于单一承载、发布信息的传统自媒体形式，其功能不断拓展，逐步发展成为一种新型的电子商务模式，即通过发表软文或撰写好物笔记宣传商品，获取广告收入、导流收入，或通过小程序商店直接提供产品或服务获取费用，集多种盈利模式于一体，有商业价值。因此，微信公众号是具有独立性、支配性、价值性的网络虚拟财产。

基于对司法实践的考察笔者发现，当前法院往往倾向于将网络社交账号中的粉丝量、关注量和收藏量视为网络虚拟财产，同时也将其依附的对象——网络社交账号视为网络虚拟财产。

2. 网络社交账号中的关注量和粉丝量不应作为网络虚拟财产

对于网络社交账号的法律性质前文已经作了充分的论证，笔者认为其应属于个人信息的范畴，在此不予赘述。至于网络社交账号中的关注量和粉丝量等网络事物，笔者认为其不属于网络虚拟财产，具体理由如下所述。

（1）不符合网络虚拟财产的核心特征。

当前我国对网络虚拟财产的研究存在的一大桎梏是，对网络虚拟财产的概念、内涵和法律范围未予准确界定，以至于网络虚拟财产概念模糊，法律范畴无法界定，网络虚拟财产与数据、信息、无形财产等事物存在一定程度的混淆，进而导致学界对网络虚拟财产问题的研究自始至终找不到一个为研究者普遍接受的基点。正是基于该问题的存在，本书一开始便以虚拟性、价值性、稀缺性、可支配性特征为界定条件，对网络虚拟财产的法律范畴进行界定，为网络虚拟财产的研究奠定基础。而一旦缺乏该限制条件，则网络虚拟财产的外延必将无限扩大。就此而言，网络社交平台上的粉丝量和关注量缺乏本书所设计的网络虚拟财产的核心特征——虚拟性。网络虚拟财产的虚拟性主要体现在模拟现实世界事物的形态或功能，游戏装备、网络打赏物品就是模拟了现实世界事物的外部形态，而虚拟货币、数字货币、加密货币就是模仿了现实世界事物的功能。但是，网络社交账号中的粉丝量和关注量并不具有虚拟性，其本身并不具有独立的存在地位，仅说明了该网络社交账号可能具有较多的潜在观众。

（2）该类网络事物具有人格利益属性。

网络社交平台与网络游戏平台、电子商务平台相比具有显著不同的功能指向。《腾讯微信软件许可及服务协议》第2.1条约定："本服务内容是指腾讯向用户提供的跨平台的通讯工具（以下简称'微信'），支持单人、多人参与，在发送语音短信、视频、图片、表情和文字等即时通讯服务的基础上，同时为用户提供包括但不限于关系链拓展、便捷工具、微信公众账号、开放平台、与其他软件或硬件信息互通等功能或内容的软件许可及服务。"《"抖音"用户服务协议》明确约定："在抖音中，我们为用户（以下亦称'您'）提供音视频、网络直播、信息发布、互动交流、搜索查询等多种服务。"协议第4条第1款约定："我们致力于提供文明、理性、友善、高质量的交流平台。在您按规定完成真实身份信息认证后，可以使用抖音制作、发布视频、图片、文字等信息内容，并保证所发布信息内容（无论是否公开）符合法律法规要求，如您发布涉及国内外时事、公共政策、社会事件等相关信息时，应当准确标注信息来源。"由此可见，网络社交平台的核心功能是为公众提供便捷的电子通信服务，通过语音、图片、文字等电子媒介使个人能够被看到、被听到，网络社交平台上的一切事物都含有极为浓厚的人格属性。

然而，随着直播带货的兴起，网络社交平台与电子商务平台的界限逐渐模糊，网络主播凭借巨大的流量和人气与商家开展合作，可以直接将其网络关注量和人气转变为现金价值。同时，基于直播打赏功能的普遍运用，网络直播成长为新的商业模式，网络直播账号的关注人数和播放量与主播的打赏收入直接相关。因此，在网络社会，我们面临的一个迫切需要回答的问题是，当网络社交兼具商业功能时，网络社交账号沉淀的粉丝量和关注量是否属于财产。笔者认为，虽然网络社交账号以及其中的粉丝量确实能够为网络用户带来一定的收益，但是这一事实不能证明网络账号以及粉丝量就属于网络虚拟财产。当前我国粉丝经济的两个重要开展领域是微信公众号和网络直播。微信公众号是腾讯向用户提供的信息发布、客户服务、企业管理以及与此相关的互联网技术服务平台，微信公众号的运营者可以通过微信公众平台为相关用户提供服务，包括群发信息、单发信息、用户消息处理等。微信公众号分为个人公众号和企业公众号，《微信公众平台服务协议》第4.1.2条约定："企业号是企业用户的员工、关联组织与企业内部信息网络系统建立联系的移动应用平台……企业号应仅限于向企业员工、供应商、经销商等提供服务，不应诱导终端用户（如购买、使用企业最终商品或者接受企业最终服务的用户）关注企业号并开展商业活动。"因此，直接对外向不特定的用户发布信息的公众号主要是个人公众号，个人公众号提供内容服务以获得其他用户的关注和信赖，一旦形成巨大的关注度和粉丝群体，则个人公众号就可以为他人提供广告服务或获得粉丝打赏，并以此获利。在这一粉丝经济模式下，我们剥离环绕在网络大V头上的种种光环，可以发现，该种商业模式存续的核心要素是用户信赖，即用户基于长期的内容输出和运用维护与其粉丝（潜在消费者）产生了一种珍贵的人格信赖，而正是基于该人格信赖，其粉丝才愿意购买其推荐的产品或服务，以及愿意为其内容进行付费打赏。例如，"六神磊磊读金庸"系坐拥千万粉丝的公众号,作者经常以"软文"的方式精妙地在文中插入广告,而作为消费者,我们也会对其推荐的产品较为容易地给予信任。其原因何在?就在于六神磊磊在文字中为我们一再解读了什么是真正的侠义和担当,以及他经常用春秋笔法来表达现实之虑、之思,这让其粉丝对他产生了一种人格认同和信赖,这种人格认同和信赖在互联网模式下可以直接转化为产品购买力。

网络直播与微信公众号相比具有更强的信息发布和互动能力,在网络直播中,主播往往现身说法,并与其直播间的粉丝实时互动,因此,网络直播的播放量及粉丝量与主播的形象、才艺和人设直接相关。当前我们打开任何一个直播间,都可以看到主播无不竭尽全力试图通过自己的人格魅力和人设来获取大众的关注和信赖。在粉丝经济的刺激下,有些主播采取"装疯卖傻"的方式来博眼球还算文明,更有甚者采取色情、暴力、恶俗以及违法的方式来获取公众关注,然后再与商家合作将其流量变现。

基于以上对网络社交活动的种种考察,我们可以发现,虽然个别网红的网络账号上集聚了数以万计的粉丝和流量,但是我们很难说这些网红用以获取关注量的手段和内容对整个社会有多少真正的价值及意义。网络账号中的粉丝量和关注量是账户使用人人格利益的体现,即使账户使用人可以通过直播带货或代理广告的方式将流量价值变现,但这也可以在人格权的框架下得到圆满的法律解释,即人格利益的商品化利用。实际上,当前的直播带货模式和传统的明星代言并无实质区别,本质上都是依靠自己的名气获得潜在消费者的关注,并进一步采取与商家合作的方式或直播打赏的方式,使消费者基于对明星或主播的人格信赖或喜欢而购买其推荐的商品或对其进行打赏。对于明星和主播而言,最为重要的资源是其长时间积累起来的人气,人气在粉丝就在,人气不在则粉丝也就不在,甚至有的粉丝直接"粉转黑",因此再多的关注量也没有任何价值和意义,网络社交账号中的关注量和粉丝量明显缺乏财产所具有的客观存在性和价值(相对)稳定性。

第二节　隐私环境中的虚拟财产权构建

一、权利主体

正如前文所言，当前我国对网络虚拟财产保护存在不同的权利模式选择，其中最为人们所倡导的是物权保护模式和债权保护模式。这两种权利保护模式之于网络虚拟财产的种种缺陷和障碍本书已经在前文多有涉及，在此不再赘述。本书对网络社交平台上网络虚拟财产保护采取的是不同于债权和物权的保护模式，即虚拟财产权模式，该模式在主体、权利、义务上都具有自己典型的特征。

1. 网络社交平台提供者

在网络社交平台上，网络社交平台提供者是该平台的组织者和管理者，其有权利对社交网络空间进行管理。网络社交平台提供者在服务协议中对其所享有的权利进行了详细约定，而这些权利的行使直接关系网络虚拟财产的利用。例如，《微信个人账号使用规范》约定，用户在使用微信软件的过程中不得进行影响用户体验、侵犯腾讯知识产权、危及平台安全、损害他人权益的行为。一经发现，腾讯将根据违规程度对微信账号采取相应的处理措施，并有权拒绝向违规账号主体提供服务。如：限制与该主体相关账号功能、封禁与该主体相关账号等。具体的惩罚措施包括：限制内容的展示形式（包括但不限于折叠内容、将内容处理为仅发布者自己可见等）、删除违规内容、限制与该主体相关账号功能（如发布朋友圈功能、使用群聊相关功能）、处置微信群、封禁与该主体相关账号等。《QQ号码规则》第10条约定："如您违反相关法律法规、本规则或其他相关协议、规则，腾讯有权限制、中止、冻结或终止您对QQ号码的使用，且根据实际情况决定是否恢复您对QQ号码的使用。""如果腾讯发现您并非号码初始申请注册人,腾讯有权在未经通知的情况下终止您使用该号码。""腾讯按照本规则、相关法律法规或其他相关协议、规则,对您采取限制、中止、冻结或终止您对 QQ 号码的使用等措施,而由此给您带来的损失(包括但不限于通信中断,用户资料、邮件和虚拟财产及相关数据、增值服务、产品或服务等的清空或无法使用等损失),由您自行承担。"从以上约定可知,网络社交平台提供者按照协议行使管理权可能会涉及对用户虚拟财产的管理、限制或处分,因此,网络社交平台提供者实际上对平台上的虚拟财产享有法律权利。

同时,随着我国政府陆续颁布了《网络安全法》《数据安全法》《未成年人保护法》,网络社交平台提供者担负着纯洁网络空间,保护网络、数据安全,预防、制止、处罚网络违法行为的法律义务,而要履行这些法定义务就必须要赋予网络社交平台提供者一些法律权利,尤其是管理虚拟财产的权利。例如,《网络安全法》第 9 条规定:"网络运营者开展经营和服务活动,必须遵守法律、行政法规,尊重社会公德,遵守商业道德,诚实信用,履行网络安全保护义务,接受政府和社会的监督,承担社会责任。"第 10 条规定:"建设、运营网络或者通过网络提供服务,应当依照法律、行政法规的规定和国家标准的强制性要求,采取技术措施和其他必要措施,保障网络安全、稳定运行,有效应对网络安全事件,防范网络违法犯罪活动,维护网络数据的完整性、保密性和可用性。"第 28 条规定:"网络运营者应当为公安机关、国家安全机关依法维护国家安全和侦查犯罪的活动提供技术支持和协助。"这就意味着,网络平台运营商可以基于维护国家安全或配合打击违法活动的需要对用户的虚拟财产利用行为予以限制。例如,当前社会出现的一种新的洗钱方式是,洗钱组织事先与直播公司和个人主播约定分成比例,然后在直播间冒充"财大气粗"的榜一大哥进行打赏,然后再把"洗干净"了的钱返还境外犯罪团伙,自己留下差价部分。对于该类犯罪行为,一旦查证属实,则网络平台运营商就有权利对主播获取的虚拟财产进行冻结。[①]2020年修订的《未成年人保护法》专设第五章"网络保护"规定相关主体应为未成年人提供健康安全的网络环境，并对社交平台运营商提出了严格的法律要求。该法第74条第2款规定："网络游戏、网络直播、网络音视频、网络社交等网络服务提供者应当针对未成年人使用其服务设置相应的时间管理、权限管理、消费管理等功能。"第76条规定："网络直播服务提供者不得为未满十六周岁的未成年人提供网络直播发布者账号注册服务；为年满十六周岁的未成年人提供网络直播发布者账号注册服务时，应当对其身份信息进行认证，并征得其父母或者其他监护人同意。"第77条第2款规定："遭受网络欺凌的未成年人及其父母或者其他监护人有权通知网络服务提供者采取删除、屏蔽、断开链接等措施。网络服务提供者接到通知后，应当及时采取必要的措施制止网络欺凌行为，防止信息扩散。"第80条第2款、第3款规定："网络服务提供者发现用户发布、传播含有危害未成年人身心健康内容的信息的，应当立即停止传输相关信息，采取删除、屏蔽、断开链接等处置措施，保存有关记录，并向网信、公安等部门报告。""网络服务提供者发现用户利用其网络服务对未成年人实施违法犯罪行为的，应当立即停止向该用户提供网络服务，保存有关记录，并向公安机关报告。"因此，基于保护未成年人的需要，当网络社交平台提供者识别到未成年人充值购买虚拟财产、利用虚拟财产进行打赏或消费时，可以对该虚拟财产的利用行为进行限制。

2. 网络用户

在社交平台上，网络用户对虚拟财产享有的权利是显而易见的，其基于账号和密码对虚拟财产进行占有，并可以自主决定对虚拟财产的利用、处分。例如，《微信支付用户服务协议》第1.2.1条约定，"你有权使用'零钱'中的余额进行消费和转账"。第3.9条约定："你可以将'零钱'账户

[①] 《"榜一大哥"竟然是在洗黑钱！》，中国新闻周刊网，2023年2月1日访问。

中的资金划转至你的关联银行账户。"可见，网络用户对其账户中的零钱享有处分权。抖音平台的《用户支付协议》第1章第1条约定："'抖币'是本平台向您提供的用于在本平台上进行相关消费的虚拟币，您可以用'抖币'购买虚拟礼物等本平台上产品或服务（具体可购买产品和服务请查看相应产品、服务页面说明），并将购买的虚拟礼物打赏给主播或平台创作者。"快手平台的《用户充值协议》第1章第1条约定："直播币是本平台向您提供的用于在本平台上进行相关消费的虚拟币，您可以用直播币购买直播平台虚拟礼物或服务（具体可购买产品和服务请查看相应产品、服务页面说明），并将购买的虚拟礼物打赏给主播或直播平台创作者。"由此可见，社交平台用户对其用法定货币兑换所得的虚拟财产享有合法利益，网络用户应享有虚拟财产权。除了以上一般用户，网络社交平台上的特别用户，如主播或短视频制作者对网络虚拟财产还享有更为广泛的权利，他们可以将获取的虚拟财产进行变现获益，例如网络主播将其获得的网络打赏物按照网络平台的规则兑换为法定货币。例如，抖音直播音浪目前的分成兑换人民币的比例是10∶1。也就是说，10个音浪就能兑换1元人民币，10 000音浪可以兑换1 000元。不过，主播在提现时，平台需要参与分成。目前个人主播的分成是50%。[①]因此，网络用户对网络社交平台上的虚拟财产当然享有权利。

二、网络社交平台提供者享有的虚拟财产权

1. 管理权

网络社交平台提供者对网络社交活动既享有管理的权利，又负有管理的法定义务，而网络社交平台提供者所负有的法定义务反过来又构成了其

[①]《抖音直播提成比例是多少？抖音音浪怎么提现？一文搞懂！》，抖商公社网，2023年2月1日访问。

第四章　隐私环境中的虚拟财产

享有虚拟财产管理权的直接法律依据。结合当前主要社交平台的服务协议和相关法律法规，我们可以总结出网络社交平台提供者行使虚拟财产管理权的主要内容。《腾讯微信软件许可及服务协议》第8.1.2条约定，你理解并同意，微信一直致力于为用户提供文明健康、规范有序的网络环境，你不得利用微信账号或功能账号或本软件及服务制作、复制、发布、传播如下干扰微信正常运营，以及侵犯其他用户或第三方合法权益的内容，包括但不限于发布、传送、传播、储存违反国家法律法规禁止的内容，发布、传送、传播、储存侵害他人名誉权、肖像权、知识产权、商业秘密等合法权利的内容，涉及他人隐私、个人信息或资料的，发表、传送、传播骚扰、广告信息、过度营销信息及垃圾信息或含有任何性或性暗示的，其他违反法律法规、政策及公序良俗、社会公德或干扰微信正常运营和侵犯其他用户或第三方合法权益内容的信息。《腾讯微信软件许可及服务协议》第8.2.1条约定，除非法律允许或腾讯书面许可，你使用本软件过程中不得从事下列行为：删除本软件及其副本上关于著作权的信息；对腾讯拥有知识产权的内容进行使用、出租、出借、复制、修改、链接、转载、汇编、发表、出版、建立镜像站点等；对本软件或者本软件运行过程中释放到任何终端内存中的数据、软件运行过程中客户端与服务器端的交互数据，以及本软件运行所必需的系统数据，进行复制、修改、增加、删除、挂接运行或创作任何衍生作品，形式包括但不限于使用插件、外挂或非腾讯经授权的第三方工具/服务接入本软件和相关系统；等。《腾讯微信软件许可及服务协议》第8.3条约定，除非法律允许或腾讯书面许可，你使用本服务过程中不得从事下列行为：提交、发布虚假信息，或冒充、利用他人名义的；诱导其他用户点击链接页面或分享信息的；虚构事实、隐瞒真相以误导、欺骗他人的；侵害他人名誉权、肖像权、知识产权、商业秘密等合法权利；未经腾讯书面许可利用微信账号、功能账号和任何功能，以及第三方运营平台进行推广或互相推广的；等。《腾讯微信软件许可及服务协议》第10.2条约定，你不得制作、发布、使用、传播用于窃取微信账号、

• 163 •

功能账号及他人个人信息、财产的恶意程序。第10.3条约定，维护软件安全与正常使用是腾讯和你的共同责任，腾讯将按照行业标准合理审慎地采取必要技术措施保护你的终端设备信息和数据安全，但是你承认和同意腾讯并不能就此提供完全保证。

《关于加强网络直播规范管理工作的指导意见》第10条规定，网络直播平台应当建立健全和严格落实相关管理制度。针对不同类别级别的网络主播账号应当在单场受赏总额、直播热度、直播时长和单日直播场次、场次时间间隔等方面合理设限，对违法违规主播实施必要的警示措施。建立直播打赏服务管理规则，明确平台向用户提供的打赏服务为信息和娱乐的消费服务，应当对单个虚拟消费品、单次打赏额度合理设置上限，对单日打赏额度累计触发相应阈值的用户进行消费提醒，必要时设置打赏冷静期和延时到账期。建立直播带货管理制度，依据主播账号分级规范设定具有营销资格的账号级别，依法依规确定推广商品和服务类别。《中央文明办等关于规范网络直播打赏 加强未成年人保护的意见》第5条规定，榜单、"礼物"是吸引青少年"围观"互动的重要功能应用。网站平台应在本意见发布1个月内全部取消打赏榜单，禁止以打赏额度为唯一依据对网络主播排名、引流、推荐，禁止以打赏额度为标准对用户进行排名。加强对"礼物"名称、外观的规范设计，不得通过夸大展示、渲染特效等诱导用户。加强新技术新应用上线的安全评估，不得上线运行以打赏金额作为唯一评判标准的各类功能应用。由此可见，基于当前我国部门规章的规定，社交网络平台有义务对虚拟财产的设计、宣传、打赏次数、打赏额度、到账时间等进行管理，以此保障广大网民的合法权益，培育向上向善的网络文化，践行社会主义核心价值观，促进网络直播行业健康有序发展。

2. 处罚权

网络社交平台提供者有效行使管理权需要相应的保障机制，该保障机制首先就体现为网络社交平台提供者的处罚权，缺乏处罚权的管理权是无

第四章　隐私环境中的虚拟财产

力的，因此也必然是无效的。基于当前各大平台的网络服务协议可以总结出运营商行使网络虚拟财产处罚权的具体方式。《微信个人账号使用规范》规定，对于违反本规范的微信个人账号，一经发现，腾讯将根据情节进行删除或屏蔽违规信息、警告、限制或禁止使用部分或全部功能直至永久封号、回收账号的处理，并有权拒绝向违规账号主体提供服务。比如，限制与该主体相关账号功能，封禁与该主体相关账号，回收账号，等等，同时，腾讯有权公告处理结果。

《"抖音"用户服务协议》第3.4条也约定："您的抖音账号仅限您本人使用，禁止以任何形式赠与、借用、出租、转让、售卖或以其他方式许可他人使用该账号。如果我们有合理理由认为使用者并非账号注册者的，为保障账号安全，我们有权暂停或终止向该账号提供服务。"同时，《抖音充值协议》第三章"处罚规则"约定，如发生下列任何一种情形，本平台有权随时中断或终止向您提供本协议项下的网络服务（而无须另行单独通知您），且无须承担因充值服务中断或终止而给您或任何第三方造成损失的任何责任：①您提供的个人资料不真实；②您违反本协议、《用户服务协议》、《社区自律公约》或其他本平台对用户的管理规定；③您以非法目的购买、使用"抖币"。还规定用户在使用本平台提供的充值服务时，如出现任何的涉嫌犯罪、违法违规、违反社会主义道德风尚、违反《用户服务协议》、《社区自律公约》、本协议或其他本平台对用户的管理规定的情形，本平台有权视您行为的性质及严重程度决定对您的账号采取暂时或永久封禁措施。账号封禁后至解禁（如有）前，您账户上剩余的"抖币"将被暂时冻结或全部扣除，不可继续用于购买本平台的产品及/或服务，同时不予返还您购买"抖币"时的现金价值。

根据以上内容我们可以看出，网络社交平台提供者行使处罚权直接影响虚拟财产的存续和利用以及网络用户对虚拟财产利益的享有，因此网络社交平台提供者行使虚拟财产处罚权时可能与网络用户产生法律纠纷。

· 165 ·

3. 处分权

《腾讯微信软件许可及服务协议》第 7.1.6 条约定，用户注册或创建微信账号或功能账号后如果长期不登录该账号，腾讯有权回收该账号，以免造成资源浪费，由此带来的任何损失均由用户自行承担。《"抖音"用户服务协议》第 3.12 条也约定："根据相关法律法规要求，如您在注册后连续超过六个月未登录账号并使用，我们有权冻结或收回您的账号。如您的抖音账号被冻结或收回，您可能无法通过该账号及密码登录并使用抖音；如您的抖音账号被收回，账号下保存的信息和使用记录将无法恢复。在冻结或收回您的抖音账号前，我们将以适当的方式向您作出提示，如您在收到相关提示后仍未按提示进行操作，我们将冻结或收回账号。"依据以上约定，网络社交平台提供者将网络用户账号收回的同时，也意味着用户丧失了对虚拟财产的占有和使用，因此网络社交平台提供者享有虚拟财产处分权。

三、网络用户享有的虚拟财产权

1. 占有权

不管是网络社交账户中的零钱还是虚拟货币、虚拟物品，网络用户都享有不受侵扰的占有权利。在司法实践中，网络用户对虚拟财产享有的占有权主要是一种消极行使的权利，其他法律主体必须要尊重网络用户对虚拟财产的占有。同时，网络社交平台提供者还必须提供有效的技术措施确保网络用户对虚拟财产的持续、安全占有。

2. 使用权

网络用户获取虚拟财产的主要目的是利用，网络用户享有虚拟财产使用权是不证自明的。但是，由于网络虚拟财产的技术构成和存在场景，网络用户虚拟财产使用权必须依赖平台运营商的技术支持，同时也必然会受到网络平台的限制。就此而言，网络用户享有的虚拟财产使用权是一种受限制的使用权，其行使方式和范围受到网络技术和网络服务协议的双重限制。

3. 处分权

作为虚拟财产权利人，网络用户应享有虚拟财产处分权，即网络用户可以对其零钱进行消费、提现，将其虚拟物品打赏给网络主播，以及将其网络账号注销。但需要注意的是，在双重虚拟财产权的构建模式下，网络用户行使虚拟财产处分权的范围和方式受到法律法规和网络服务协议的双重限制。

综上所述，本书构建了网络社交平台上的双重虚拟财产权，以此为当前社交平台上虚拟财产面临的各种法律纠纷的解决提供权利基础。双重虚拟财产权构建的难点在于划分不同法律主体权利行使的正当范围与方式，以此防止一方权利行使范围恣意扩大进而导致对相对方合法利益的侵扰。因此，网络社交平台上双重虚拟财产权构建的关键之处就在于，结合具体的纠纷场景、虚拟财产类型、涉及的利益主体和利益诉求，合理设置双方主体的权利范围和界限，以此为基点对虚拟财产法律纠纷提供救济机制。

第三节 隐私环境中虚拟财产面临的法律纠纷

一、因网络社交平台提供者行使虚拟财产管理权、处罚权引发的纠纷

在网络虚拟财产权的双重权利构建模式下，网络社交平台提供者对网络虚拟财产享有管理权、处罚权和处分权，而网络用户对网络虚拟财产享

• 167 •

有占有权、使用权和处分权。因此，两方的权利在具体行使过程中可能会发生一定的矛盾和冲突。例如，网络社交平台提供者以网络用户违约为由对其账户及其虚拟财产进行处罚，如设置禁言，冻结虚拟财产，删除账户并不予返还虚拟财产，而网络用户则认为网络社交平台提供者侵害了其虚拟财产权；网络用户转让网络账号和虚拟财产，网络社交平台提供者发现后对该账号作封号处理并不予返还财产。该类法律纠纷争议的焦点是，网络社交平台提供者是否有权处罚或处分虚拟财产，以及该权利的行使是否合法。

二、因网络用户转让网络虚拟财产引发的纠纷

网络社交平台的虚拟财产具有一定的使用价值和交换价值，因此司法实践中以网络社交平台虚拟财产为标的的转让行为越来越多，并且产生了一系列与之相关的法律纠纷。该类纠纷主要存在于网络虚拟财产转让人与受让人之间，该类纠纷产生的原因主要是转让人作为账号持有人未按照协议规定完成移交账号的义务，或者在移交账号后又通过平台重获账号控制权，抑或是账号受让人取得账号后未按照约定给付金钱。在该类法律纠纷中，双方争议的焦点是，在网络服务协议明令禁止账号买卖的前提下，双方当事人之间的买卖虚拟财产的合同是否有效，以及当一方当事人违约时该如何对非违约方进行法律救济。

三、因网络用户利用网络虚拟财产打赏引发的纠纷

网络社交平台上的一种重要的虚拟财产是虚拟打赏物，包括虚拟货币和虚拟物品，网络用户可以将该类虚拟财产以打赏的方式转让给其他网络用户，因此会产生一系列的法律纠纷。其一，因未成年人打赏引发的法律纠纷。我国近年来一再发生未成年人巨额打赏事件，监护人发现后

往往向网络平台申诉要求网络平台或（和）被打赏人将打赏费返还，进而引发法律纠纷。其二，因未婚成年人打赏引发的法律纠纷。该纠纷产生的主要原因是，打赏后打赏人后悔或认为被打赏人构成欺诈而主张撤销打赏，进而与被打赏人或者平台发生纠纷。其三，因已婚成年人打赏引发的法律纠纷。当前司法实践中出现了大量的因已婚成年人打赏引发的法律纠纷，产生此类纠纷的原因是我国以夫妻法定共同财产制为一般原则，夫妻关系存续期间的财产为夫妻共同共有，因此夫妻任何一方都不能未经对方许可而任意大量处分夫妻共同财产。当夫妻一方未经对方同意而将夫妻共同财产大量打赏给被打赏人时，可能导致对夫妻共同财产的侵害，并因此在夫妻之间，以及夫妻一方与网络服务平台、被打赏人之间产生法律纠纷。该类法律纠纷争议的焦点是，网络虚拟财产打赏的法律性质是什么，打赏究竟属于财产赠与还是支付的网络娱乐服务对价。不同的法律性质判断会使法院对网络虚拟财产打赏法律纠纷的处理结果不同。

四、因第三人侵害网络虚拟财产引发的纠纷

网络虚拟财产具有财产价值，因此就可能产生以此为对象的侵权行为。该类侵权情形又可以具体分为侵害网络用户的虚拟财产和侵害网络社交平台提供者的虚拟财产。侵害网络用户虚拟财产的行为主要是通过技术手段或骗取账号和密码进入用户账号实施的，当其获取用户的虚拟财产后将虚拟财产转出获益。而侵害网络社交平台提供者虚拟财产的行为主要是通过技术手段侵入网络社交平台提供者的服务器并以篡改数据的方式实施的。对于该类纠纷，司法实践中的争议焦点是，非法获取网络社交平台上虚拟财产的法律性质是什么，网络社交平台提供者在第三人侵害网络用户虚拟财产纠纷中是否承担法律责任以及承担什么样的法律责任。

第四节　隐私环境中的虚拟财产权行使

一、行使网络虚拟财产权应以遵守服务协议为基本原则

　　网络社交平台提供者是网络社交服务的提供者和管理者，其为了运营网络社交平台需要付出巨额的开发成本和运营成本，而这些成本往往是在平台集聚大量流量后通过投放网络广告的方式予以收回的。网络社交平台主要是为网络用户提供即时通信服务，其本身并不提供内容服务。就此而言，网络社交平台与网络游戏存在本质的不同，网络游戏运营者提供的服务是内容服务，游戏用户基于体验游戏内容而获得精神上的满足。网络社交平台提供者作为即时通信服务的提供者，在网络上开创了一个大众通信交流的社交场所，但是网络不是法外之地，任何人在网络上的言论和行为都不得侵害他人合法利益和社会公共利益。网络社交平台提供者基于网络服务协议对网络用户的行为以及网络虚拟财产权的行使进行限制既是网络社交平台提供者的合法利益需求，也是维护他人合法权益和社会公共利益的必然法律要求。因此，本书认为，权利主体行使网络虚拟财产权应以遵循服务协议为一般原则。

　　但是，在司法实践和学界研究中，有一种观点认为，网络社交平台提供者单方制定的网络服务协议属于格式合同，其往往以此加强自身网络虚拟财产权而弱化、限制甚至排除网络用户享有的虚拟财产权。因此，网络服务协议不具有法律效力，不能作为双方主体行使网络虚拟财产权的法律依据。例如，法院在牛某雪与北京银孚科创文化传播有限公司劳动纠纷案中认为，《腾讯微信软件许可及服务协议》系腾讯公司通过网络程序预先设定的合同，以规定其与不特定相对人的权利义务关系，对方当事人必须点击同意键后才能订立的合同，在订立时未与对方协商，应属于我国合同法上的格式条款。根据《民法典》第497条的规定，格式条款排除对方主

要权利的,该条款无效。微信账号中包含许多个人信息、隐私等数据资料,甚至账号在直接与特定的民事主体相关联时本身就成了个人信息,因此,上述个人信息数据和隐私数据作为一种人格利益,应归属于用户个人。本案中,法院认为腾讯公司在明确表示对于账号中的特定信息资料无法与账号进行分离的情况下,在协议中约定账号所有权归属于腾讯公司,实际上排除了用户对于账号中个人信息和隐私的人格权利,属于排除主要权利格式条款,应认定为无效。① 对于法院的这一判决,我们稍加分析就会发现,这一裁判理路是难以成立的。因为微信服务协议约定账号归腾讯公司所有并不会导致对用户主要权利的排除,用户仍然可以对其账户中的个人信息、个人数据和虚拟财产按照协议约定的方式予以利用,网络服务协议的这一约定并不影响网络用户正当权利的行使。

我们必须清楚地了解,网络服务协议不仅是网络社交平台提供者和网络用户权利义务的直接来源,而且也构成了网络社交空间健康持续运行的制度基础。网络社交与网络游戏、电子商务在功能意义和价值意义上截然不同。网络社交空间具有极强的信息属性、隐私属性,其目的在于搭建一个和谐、自由、健康的公共舆论空间,但是,言论自由从来都不是不受限制的,一旦言论自由危害国家公共安全和社会公共利益,损害社会公共道德和他人合法利益,则网络社交平台提供者必须采取措施予以制止。更何况,当前我国尤其注重对网络社交空间的综合治理,特别强调网络社交平台提供者所担负的守门员责任②,而网络社交平台提供者作为网络社交服务的提供者可以采取的管理和处罚手段极为有限,只能基于技术手段对网络用户享有的合同权利以及虚拟财产权进行限制或剥夺,以此起到"惩前毖后"的作用。当然,充分意识到网络服务协议对确定双方主体网络虚拟财产权范围的基础性地位,并不意味着网络服务协议的约定是公平且有效

---

① 参见(2019)京0105民初63009号民事判决书。
② 张新宝:《互联网生态"守门人"个人信息保护特别义务设置研究》,《比较法研究》2021年第3期,第11页。

的；而只是表明，对网络服务协议法律效力的判断必须要回到格式合同效力判断的既有范式和规范上来，以此作为双方主体行使网络虚拟财产权的法律依据。

二、网络用户行使虚拟财产权应合法合规

作为网络社交服务的接受者，网络用户与网络社交平台提供者之间存在网络服务协议，网络用户行使网络虚拟财产权的行为受到网络服务协议的限制。因此，除非网络服务协议因存在《民法典》第497条规定的情形而归于无效，否则网络用户必须在网络服务协议约定的范围内行使网络虚拟财产权。同时，网络社交平台为网络用户提供了一个开放型的社会场景，在这一社会场景中，用户行使网络虚拟财产权的行为与进行网络社交的行为往往是同步的。当前我国法律对网络空间中的用户行为进行严格管理，网络用户行使网络虚拟财产权必须符合法律的以下规定。

网络用户行使网络虚拟财产权需要实名注册。《互联网用户账号信息管理规定》第7条规定："互联网个人用户注册、使用账号信息，含有职业信息的，应当与个人真实职业信息相一致。"第9条规定："互联网信息服务提供者为互联网用户提供信息发布、即时通讯等服务的，应当对申请注册相关账号信息的用户进行基于移动电话号码、身份证件号码或者统一社会信用代码等方式的真实身份信息认证。用户不提供真实身份信息，或者冒用组织机构、他人身份信息进行虚假注册的，不得为其提供相关服务。"由此可见，网络用户未提供真实身份信息或冒用他人身份信息注册账户的，其网络虚拟财产权的行使存在法律阻碍，网络社交平台提供者有权对非实名注册用户以及冒用他人身份信息的用户进行处罚，直接影响其虚拟财产权的行使。

网络用户行使虚拟财产权的行为不得危害国家安全、公共利益和他人的合法权益。《网络音视频信息服务管理规定》第9条规定："任何组织

和个人不得利用网络音视频信息服务以及相关信息技术从事危害国家安全、破坏社会稳定、扰乱社会秩序、侵犯他人合法权益等法律法规禁止的活动，不得制作、发布、传播煽动颠覆国家政权、危害政治安全和社会稳定、网络谣言、淫秽色情，以及侵害他人名誉权、肖像权、隐私权、知识产权和其他合法权益等法律法规禁止的信息内容。"第14条规定，"网络音视频信息服务提供者应当在与网络音视频信息服务使用者签订的服务协议中，明确双方权利、义务，要求网络音视频信息服务使用者遵守本规定及相关法律法规。对违反本规定、相关法律法规及服务协议的网络音视频信息服务使用者依法依约采取警示整改、限制功能、暂停更新、关闭账号等处置措施"。因此，一旦网络用户的行为违反了以上法律规定，则其对虚拟财产权的行使就应受到限制。

网络用户行使网络虚拟财产权应遵循公序良俗、诚实信用原则。《网络信息内容生态治理规定》第18条规定："网络信息内容服务使用者应当文明健康使用网络，按照法律法规的要求和用户协议约定，切实履行相应义务，在以发帖、回复、留言、弹幕等形式参与网络活动时，文明互动，理性表达，不得发布本规定第六条规定的信息，防范和抵制本规定第七条规定的信息。"网络服务协议对网络用户违法违规行使虚拟财产权的法律后果都进行了详细的约定，包括警示整改、限制功能、暂停更新、关闭账号等处置措施，而这些措施的实施必然会影响到网络用户虚拟财产权的行使。

三、网络社交平台提供者行使虚拟财产权应符合比例原则

在网络社交平台上，平台提供者存在过度行使网络虚拟财产权的倾向，集中体现为一旦网络用户违规，平台提供者就对网络用户采取严格的惩罚措施，实际导致对网络用户虚拟财产权的限制或排除。例如，《"抖音"用户服务协议》第3.4条约定："您的抖音账号仅限您本人使用，禁止以任何形式赠与、借用、出租、转让、售卖或以其他方式许可他人使用该

账号。如果我们有合理理由认为使用者并非账号注册者的，为保障账号安全，我们有权暂停或终止向该账号提供服务。"第3.12条约定："根据相关法律法规要求，如您在注册后连续超过六个月未登录账号并使用，我们有权冻结或收回您的账号。如您的抖音账号被冻结或收回，您可能无法通过该账号及密码登录并使用抖音；如您的抖音账号被收回，账号下保存的信息和使用记录将无法恢复。在冻结或收回您的抖音账号前，我们将以适当的方式向您作出提示，如您在收到相关提示后仍未按提示进行操作，我们将冻结或收回账号。"第5.4条约定："如果我们有合理理由认为您的行为违反或可能违反上述约定的，或您有其他行为导致抖音的信息和内容受到不利影响，或导致抖音用户的权益受损的，我们有权进行处理，包括在不事先通知的情况下终止向您提供服务，并依法追究相关方的法律责任。"第7.1条约定："如果您违反含平台规则在内的本协议约定，我们有权视情况采取预先警示、拒绝发布、立即停止传输信息、删除内容、短期禁止发布内容或评论、限制账号部分或者全部功能，直至终止提供服务、永久关闭账号及法律法规规定的其他处置措施，对于因此造成抖音功能不可用、账号信息删除、内容删除、无法正常获取您账号内资产或其他权益等不利后果，应由您自行承担。对已删除的用户信息或内容，我们有权不予恢复。"基于以上约定，平台提供者可以违规为由对网络用户采取限制账号部分或者全部功能直至终止提供服务、永久关闭账号等一系列强制处罚措施。问题在于，实施以上处罚措施必将导致网络用户的虚拟财产权行使受到限制，如果对处罚权的行使不加约束，网络用户的虚拟财产权必将受到不法侵害。

比例原则滥觞于德国，最初主要用以规制行政裁量权的滥用，防止公民权利遭到行政机关的过度限制。我国有关比例原则的研究始于20世纪80年代，该领域已形成了丰富的理论研究成果。自汇丰实业发展有限公司诉哈尔滨市规划局行政处罚案首次适用后，比例原则在我国司法实践中的适用频率也在不断攀升。观察发现，比例原则在我国的研究和适用主要集中在行政处罚、行政强制等具体的执法领域。①具体而言,在内涵上,比例原则由适当性、必要性、均衡性三个子原则构成,从这三个子原则的具体要义来看,它们都是围绕限制公民权利的国家权力而展开的。其中,适当性要求限制公民权利的国家权力必须符合目的;必要性要求限制公民权利的国家权力在符合目的的前提下还必须对公民权利的损害最小;均衡性则要求限制公民权利的国家权力给公民权利造成的损害与其所追求的目的应合乎一定比例,不能出现严重失衡。"西方语境下的'比例原则'只能作为'限制公权力滥用'的法律方法或工具来理解。"②本书认为,行政法上限制公权力滥用的法律工具——比例原则——应当作为防止网络运营者滥用处罚权和处分权的制度工具。主要原因是,与网络游戏不同,平台提供者提供通信服务的角色定位决定了其必须承担更多的法定义务,例如,2011年修订的《互联网信息服务管理办法》第15条规定:"互联网信息服务提供者不得制作、复制、发布、传播含有下列内容的信息:(1)反对宪法所确定的基本原则的;(2)危害国家安全,泄露国家秘密,颠覆国家政权,破坏国家统一的;(3)损害国家荣誉和利益的;(4)煽动民族仇恨、民族歧视,破坏民族团结的;(5)破坏国家宗教政策,宣扬邪教和封建迷信的;(6)散布谣言,扰乱社会秩序,破坏社会稳定的;(7)散布淫秽、色情、赌博、暴力、凶杀、恐怖或者教唆犯罪的;(8)侮辱或者诽谤他人,侵害他人合法权益的;(9)含有法律、行政法规禁止的其他内容的。"第16条规定:"互联网信息服务提供者发现其网站传输的信息明显属于本办法第十五条所列内容之一的,应当立即停止传输,保存有关记录,并向国家有关机关报告。"就此而言,平台提供者基于履行维护网络安全法定义务的需要,就必然会行使虚拟财产管理权和处罚权,行使的结果是网络用户的虚拟财产权受到限制。

---

① 张兰兰:《比例原则的私法适用何以可能?——一个规范论的视角》,《环球法律评论》2022年第5期,第69页。
② 梅扬:《比例原则的立法适用与展开》,《甘肃政法大学学报》2022年第4期,第2页。

我们必须看到，虽然平台提供者并不享有专属于行政机关的行政处罚权，但是究其行使网络处罚权的实际后果来看，与行政处罚的后果并无实际区别，甚至对公民权利的影响更为巨大。在当前我国提倡网络空间综合治理的背景下，平台提供者实际上已经成为网络空间中重要的权利主体[①]，其依据国家的授权对网络用户在网络空间中的行为进行管理并施加必要的约束。因此，本书认为，平台提供者行使网络虚拟财产权必须符合比例原则，对网络用户违规行为的处罚必须符合适当性、必要性、均衡性。具体而言，平台提供者应综合考虑网络用户违规行为的性质、阶段、主观过错、危害后果等，充分考虑处罚的目的、处罚手段可能导致的结果，阶梯式运用警示、拒绝发布、立即停止传输信息、删除内容或评论、短期禁止发布内容或评论、限制账号部分或者全部功能直至终止提供服务、永久关闭账号等处罚措施。

首先，对于用户侵害国家利益、社会公共利益的行为，平台提供者应该采取立刻停止传输信息的措施。另外，平台提供者应立刻将该情形告知国家有关部门，若经由国家机关查明用户违法行为属实，则平台提供者可以进一步采取删除内容或评论、限制账号部分或者全部功能直至终止提供服务、永久关闭账号等处罚措施。

其次，若网络用户行为涉及侵害他人的合法权益，则平台提供者应充分保障双方主体举证和申诉的权利，并谨慎使用永久关闭账号的处罚措施。网络空间的匿名性使网络侵权行为的认定存在很大的困难，若认定过严则不利于保护被害人，若认定标准失之过宽则可能导致对网络空间行为自由的不当限制。因此，本书建议，对网络空间侵权行为的认定应从举证和申诉机制上予以改进，具体而言可以参考《民法典》第1195条和1196条的规定，即网络用户利用网络服务实施侵权行为的，权利人有权通知网络服务提供者采取删除、屏蔽、断开链接等必要措施。通知应当包括构成侵权的初步证据及权利人的真实身份信息。网络服务提供者接到通知后，

---

① 何邦武：《数字法学视野下的网络空间治理》，《中国法学》2022年第4期，第74页。

应当及时将该通知转送相关网络用户,并根据构成侵权的初步证据和服务类型采取必要措施。[1]网络用户接到转送的通知后,可以向网络服务提供者提交不存在侵权行为的声明。声明应当包括不存在侵权行为的初步证据及网络用户的真实身份信息。网络服务提供者接到声明后,应当将该声明转送发出通知的权利人,并告知其可以向有关部门投诉或者向人民法院提起诉讼。网络服务提供者在转送声明到达权利人后的合理期限内,未收到权利人已经投诉或者提起诉讼通知的,应当及时终止所采取的措施。这一"初步举证—采取必要措施—转通知—提交证据(不提交证据)—投诉(不投诉)—采取惩罚措施(撤销惩罚措施)"双向互动的举证机制,可以确保平台提供者正确行使处罚权。另外,即便最终举证证明网络用户确实存在侵害他人合法权益的行为,平台提供者也应谨慎采取查封账号以及永久关闭账号的措施。当前有些网络社交平台,如微信、QQ,已经具备了社会基础信息设施的功能属性,人们的衣食住行都与之密切相关,如果动辄以封号处理将对用户造成重大不利。

最后,平台提供者行使处罚权不得侵害网络用户的虚拟财产权。在司法实践中,平台提供者往往在服务协议中约定,若用户违规则平台提供者有权查封账号且账号中的虚拟财产不予退还。例如,快手平台《用户充值协议》第3章第2条约定:"用户在使用本平台提供的充值服务时,如出现任何的涉嫌犯罪、违法违规、违反社会主义道德风尚、违反本协议或其他本平台对用户的管理规定的情形,本平台有权视您行为的性质及严重程度决定对您的账号采取暂时或永久封禁措施。账号封禁后至解禁(如有)前,您账户上剩余的直播币将被暂时冻结或全部扣除,不可继续用于购买本平台的产品及/或服务,同时不予返还您购买时的现金价值。"抖音《用户支付协议》第3章第2条也约定:"账号封禁后至解禁(如有)前,您账户上剩余的'抖币'将被暂时冻结或全部扣除,不可继续用于购买本平台的产

---

[1] 洪延青:《"以管理为基础的规制"——对网络运营者安全保护义务的重构》,《环球法律评论》2016年第4期,第20页。

品及/或服务，同时不予返还您购买'抖币'时的现金价值。"本书认为，以上条款属于以格式条款排除网络用户主要权利的无效条款，对网络用户不发生效力。原因在于，虚拟财产是网络用户取得的合法财产，即便网络用户存在违规行为，网络平台提供者对网络用户的处罚也不能延伸至对网络用户合法财产权利的剥夺。我国2018年修正的《宪法》第13条规定，公民的合法的私有财产不受侵犯。我国可以行使处罚权罚没公民财产的只能是国家机关，例如，我国2021年修订的《行政处罚法》第2条规定，行政处罚是指行政机关依法对违反行政管理秩序的公民、法人或者其他组织，以减损权益或者增加义务的方式予以惩戒的行为。第4条规定，公民、法人或者其他组织违反行政管理秩序的行为，应当给予行政处罚的，依照本法由法律、法规、规章规定，并由行政机关依照本法规定的程序实施。而《刑法》中罚没财产的犯罪也仅限于危害国家安全罪、经济类和贪利性的犯罪。由此可见，私法主体不能自我赋予剥夺其他私法主体合法财产的权利。在私法领域，即使国家为了公共利益的需要，也只能依照法律规定对公民的私有财产实行征收或者征用并给予补偿。除了征收之外，任何人或组织不得任意剥夺网络用户的合法财产，包括虚拟财产。因此，以上网络服务协议的约定因违反《民法典》中有关格式条款的效力规定而应认定为无效。

第五节 网络打赏的"钱"可以要回吗

网络打赏引发的纠纷层出不穷，但打赏行为的法律性质却仍未明晰。面对司法实务中出现的对打赏定性不一甚至矛盾的实践，学界也将目光聚焦于此，仅在2020年至2021年两年间，就涌现了与之相关的21篇硕士毕业论文、40篇期刊论文。① 对打赏行为予以法律定性的不同学说纷纷登

---

① 截至2022年3月11日，笔者以"网络打赏""直播打赏"为关键词在知网搜索，仅在2020年至2021年两年间就涌现了与之相关的21篇硕士毕业论文、40篇期刊论文。

场，将其认定为对主播赠与的"赠与说"[①]与将其认定为对主播提供直播服务对价的"服务对价说"[②]各执一词，另有批判继承了前两种学说，主张应根据不同打赏情形予以分别定性的"区别说"[③]，以及另辟蹊径切割用户与主播法律关系，认为用户仅与平台发生法律关系的"切割说"[④]。不同的学说观点直接导致对打赏行为法律定性的不同，而不同的法律定性又直接决定了截然不同的对网络打赏法律规制的结果。

一、网络打赏的法律性质争议

1. 服务对价说

持服务对价说的学者认为，直播表演是主播对网络用户作出的特定劳务（如音乐舞蹈表演、游戏体育解说等），网络用户在享受主播服务的同时对劳务提供者（主播）负有债务，其打赏行为是对主播劳务服务的一种购买对价，双方成立服务合同关系。服务对价说体现了网络直播产业的商业性质，但却难以解释具体个案中网络用户打赏有无清偿债务的意思、是否打赏以及打赏金额全凭用户自愿等问题。同时，将网络打赏视为网络用户为获取网络服务而支出的服务对价还面临着一定的道德风险和法律障碍。当前，有不少网络用户为主播一掷千金，天价打赏可能涉及婚外性行为、无权处分夫妻共同财产、挪用公私财产等违背公序良俗和法律法规的违法行为，若认定主播与打赏者之间成立服务合同关系，则主播可依据善意取得的相关规定排除真正权利人的返还请求，甚至排除刑事追缴取得打

[①] 任文岱、周頔:《网络文化消费之困》,《民主与法制时报》2018年6月21日第6版；程啸、樊竟合:《网络直播中未成年人充值打赏行为的法律分析》,《经贸法律评论》2019年第3期。

[②] 潘红艳、罗团:《网络直播打赏的法律性质认定及撤销权行使》,《湖北警官学院学报》2018年第4期；任文岱、周頔:《网络文化消费之困》,《民主与法制时报》2018年6月21日第6版。

[③] 任文岱、周頔:《网络文化消费之困》,《民主与法制时报》2018年6月21日第6版；曹钰:《网络直播中"打赏"行为法律性质的认定》,《法治论坛》2020年第1期。

[④] 罗敏、苏敏:《对网络直播打赏加强管理势在必行》,《人民法院报》2020年10月29日第5版；赵振:《网络视频直播法律关系构造》,《互联网天地》2017年第8期。

赏款。这不仅与公众朴素的正义观严重不符，而且具有诱发洗钱等犯罪活动的风险。

2. 赠与说

根据《民法典》第 657 条的规定，赠与合同是赠与人将自己的财产无偿给予受赠人，受赠人表示接受赠与的合同。有学者认为，网络直播是把传统的打把式卖艺搬到了网上，与传统的卖艺没有本质的区别。打赏者在观看主播的表演后，出于自愿对主播的表演进行打赏，无偿处分自己的财产，符合赠与合同的单务、无偿的特征，应认定为赠与行为。赠与说较为符合打赏者的主观意思，且一般打赏的自愿性、非对价性也符合赠与单务、无偿的特点。但赠与说并不能很好地涵盖打赏的全部情形，其缺陷在于忽视了网络直播的商业本质。主播通过以互联网为载体的表演劳动获得利益，这一行为具有情感消费的浓重商业色彩[1]，一般情形下认定为赠与仅是由于其选择了用户可以免费观看的商业模式。但在双方明确约定定制服务的情形下，仍将主播所得劳务报酬认定为接受服务方的赠与，既不符合这一商业本质，亦难以保障市场交易安全与国家税收利益，不利于直播行业长远发展。

3. 区别说

区别说批判继承了服务对价说与赠与说，认为打赏行为在不同的情境下定性不同，既可以成立服务合同又可以成立赠与合同，应结合打赏的具体情景，根据打赏用户的不同打赏目的、是否与主播明确协商、相关合同义务是否明确、打赏金额与主播直播服务价值是否相当及不同直播模式等因素具体问题具体分析。但具体如何区分服务对价与无偿赠与的标准，该说尚未统一，总体而言共有以下三种观点。

第一种观点认为，应以打赏金额与主播直播服务价值是否相当为标

---

[1] 文慧：《论未成年人的网络直播打赏行为》，《西部学刊》2019 年第 1 期。

准。若大致相当，应认定成立服务合同；若打赏金额明显高于主播直播服务的价值，则溢出的高于其价值的打赏金额视为对主播的赠与，其余部分仍成立服务合同。第二种观点认为，一般情况下打赏者与主播成立赠与合同，除非有证据证明主播接受"打赏"前后需履行具体、明确的合同义务。① 该观点在主播明确提出打赏专项服务的情形中自然无异议，但却未在理论层面阐明为何一般情况下成立赠与合同，以及依情况区别定性的原因。同时，该观点在网络用户通过打赏的方式向主播提出定制服务的情形下存在缺陷。受限于网络直播的特点，网络用户打赏虚拟礼物之时，平台自动将礼物转移到主播的账户下，主播对网络用户的打赏无法拒绝，仅能对网络用户发出的定制服务要约予以承诺。若在此类情形下仍以服务合同法律关系约束主播，不作出网络用户所要求的表演就视为违约的话，则对在此合同中无拒绝要约可能、仅能作出承诺的主播并不公平。此外，若网络用户定制的表演不合理，主播未对其作出回应，仍认定双方成立服务合同法律关系的话，赋予网络用户撤回打赏的权利将严重冲击打赏法律关系的稳定性。第三种观点认为，应以网络用户打赏目的为标准。如果打赏者确实出于对主播的喜欢与欣赏而进行纯粹的打赏，则成立赠与合同；若是打赏后期待获得主播与其互动，满足其定制的特殊服务，则应成立服务合同。② 但当打赏者的打赏目的不明确时，如何证明其打赏行为是期待主播满足其定制服务还是发自内心地体现对主播的欣赏成为司法实践难题。

应当肯定的是，区别说相较于单一地将打赏行为定性为赠与合同或服务合同已有较大进步，初具类型化思想，且说理论述也更为符合公众认知，但其内部就区分赠与合同与服务合同的标准、二者区分的理论原因等尚未形成统一的观点，仍需进一步完善。

---

① 曹钰：《网络直播中"打赏"行为法律性质的认定》，《法治论坛》2020年第1期。
② 任文岱、周頔：《网络文化消费之困》，《民主与法制时报》2018年6月21日第6版。

4. 切割说

持切割说的学者认为，打赏用户与网络主播之间并不直接形成法律关系，打赏行为实则是包含在网络用户与平台之间的服务合同之中的互动服务。首先，网络用户在平台上充值购买虚拟礼物，是向平台购买了一种参与互动的权利，即"打赏权"，本质是向平台购买了一种向主播赠送虚拟礼物的服务，这与付费向平台购买消除广告的服务并无差别。[①] 其次，主播与平台之间满足人格从属性、组织从属性、经济从属性的特征，两者成立劳动关系，主播对网络用户的直播表演系平台的职务行为，网络用户打赏的对象是平台而非主播。例如，在李某方与王某彤网络服务合同纠纷案中，法院认为，王某彤系抖音平台直播服务提供方，平台对直播方进行的解说直播相关事宜拥有最终决定权，依据结算要求及规则向直播方结算相应的服务费用，故主播依附于平台。牛某华与王某彤之间并未形成合同关系，其打赏行为亦仅是将虚拟道具发送给王某彤。牛某华并未且不能占有虚拟道具，王某彤也未获得真实的货币，真实的货币由北京微播公司获取。王某彤对其所收到的虚拟道具无法占有、使用和处分。虚拟道具仅作为一个记分符号用以评价主播流量带动能力进而向抖音平台索取报酬，与一般性财产权益存在明显的区别，不构建新的法律关系。[②]

切割说看似精妙，但仍有两个问题无法解释。第一，网络用户与平台并没有事先约定其打赏是向平台购买服务，网络用户的主观心态仍是向主播打赏，切割说与平台成立服务合同的说法缺乏当事人主观意思表示基础。第二，切割说建立在主播与平台成立劳动关系，其直播服务系平台职务行为的前提之上，但这一前提并不当然成立。当前主播可简单分为签约主播与认证主播两类，直播平台对这两类主播均有不构成任何劳动层面法律关系的约定。对于签约主播而言，其直播时间、地点、内容可自由安排的特

[①] 赵振：《网络视频直播法律关系构造》，《互联网天地》2017年第8期。
[②] 参见（2021）鲁0481民初701号民事判决书。

性，使得法院更倾向于认定双方主体地位平等，双方基于共同利益签订协议，成立合作关系而非劳动关系。[①]既然与平台联系更为紧密的签约主播是否与平台成立劳动关系尚且存疑，那么与平台联系更为松散的认证主播更不会当然与平台成立劳动关系，而其直播也不能被认定为平台的职务行为。

二、本书观点

本书认为，结合网络打赏的目的、环境、对象、实施方式等因素，网络打赏应定性为打赏人与被打赏人之间的赠与合同，对网络打赏的法律规制必须要以此法律定性为基本前提。具体理由如下：

第一，网络打赏的环境是网络社交而非商业服务。网络打赏当前主要发生在微信公众号文章中和网络直播中。在微信公众号中，发布者在发布文章的同时还往往在文章后面附有打赏入口，读者在阅读完后可以自愿选择以数字货币打赏给文章发布者，因此，在这一打赏模式下网络打赏的赠与性质是非常明显的，具有单务、无偿、自愿的特征。在网络直播环境中，一般而言，网络用户接受网络直播并不以支付对价为前提，网络用户是否打赏以及打赏多少全凭自愿。而且，就当前我国网络直播的内容来看，其大部分具有娱乐、社交、休闲性质，网络主播大部分是非专业出身的"草根"群体，其直播行为（如唱歌、跳舞、搞笑等）也与专业演员的表演水准相去甚远。就此而言，观看者在直播间中对主播打赏并不是基于主播的专业能力，而是基于对主播自身的一种喜欢或激励，进而通过赠与虚拟财产的方式表达自己的喜欢。

第二，网络打赏的对象是主播而非网络平台。持切割说的学者认为，打赏用户与网络主播之间并不直接形成法律关系，打赏行为实则是包含在网络用户与平台之间的服务合同之中的互动服务，进而认为网络打赏本身是网络平台所提供的服务的一部分，而打赏人与被打赏人之间并不成立赠

---

① 参见（2017）沪 02 民终 11631 号民事判决书。

与关系。但是，只要我们仔细观察网络打赏的真实发生场景就会发现，网络打赏的对象为同样作为网络用户的主播，而非网络平台。网络用户进行打赏之前必须要从平台的充值入口用法定货币充值获得虚拟货币，该虚拟货币并不会因网络用户接受网络平台的媒介服务而自动消耗。该虚拟货币只能因网络用户自发选择的行为而予以消耗，如将虚拟货币兑换打赏物，并将该打赏物赠与网络主播。

第三，网络打赏的具体方式也表明其法律性质为赠与。其中一个有利的证据是，网络直播打赏的标的大部分是小额的虚拟财产，例如，抖音直播中一个"小心心"价值1抖币（约0.1元），"大啤酒"价值2抖币（约0.2元）。那些引发社会轰动的巨额网络打赏往往是打赏人在一定时间内打赏额的累计。同时，我们还可以从打赏物的自身名称来洞悉网络打赏的法律性质，如价值520抖币的"真的爱你"，价值1999抖币的"浪漫恋人"，价值13140抖币的"云中秘境"。从虚拟物品的名称和价值设计也可以看出，网络用户打赏虚拟财产并不是支付对价，而仅是基于对主播以及直播内容的喜爱而进行的赠与。

三、未成年人网络打赏的法律规制与救济

司法实践中网络打赏引发了大量的法律纠纷，其中包括未成年人打赏引发的纠纷，已婚夫妻一方利用夫妻共同财产打赏而引发的纠纷，打赏人打赏后要求返还引发的纠纷，等等。在网络打赏法律纠纷中，原告一方的主要诉求是要求主播或平台退款，由此引发的法律问题是，在网络打赏法律纠纷中被告是否应当予以退款，应当由何方主体退款，退款金额该如何计算。以下将结合法学理论和司法实践经验，对以上问题予以分析、解答。

未成年人认知能力还不足，且意志力较为薄弱，因此容易被网络上的不良事物吸引，并作出不理智的行为。近年来，随着网络直播的兴起，部分未成年人受到直播内容的引诱而在直播中进行打赏，引发了大量的法律

纠纷。对此,《中央文明办、文化和旅游部、国家广播电视总局、国家互联网信息办公室关于规范网络直播打赏 加强未成年人保护的意见》(简称《未成年人保护意见》)对未成年人打赏进行了完善的法律规制。基于对该意见的分析我们可以看出,对未成年人网络打赏的法律规制是一个系统性工程,而不仅是一个事后法律救济的问题,就此而言,我们所着眼建设的应该是一个体系完备的法律保障性制度。

(一)未成年人网络打赏的预防性保障机制

1. 严格落实网络实名制

严格实施网络实名制能够有效地预防未成年人的网络打赏行为,就此而言,网络平台负有不可替代的法律责任。网络平台应通过手机验证码、身份证上传、面部识别等方式确保注册用户为成年人。督促网络运营者提高识别未实名认证未成年人用户账号的能力,通过对用户观看的内容进行分析或对其行为特征进行研判等方法,强化对未成年用户的识别、引导和管理。[①] 要求网络文化服务提供者不得为未满十六周岁的未成年人提供网络直播发布者账号注册服务,对年满十六周岁的未成年人提供注册服务应当依法认证身份信息并征得监护人同意。同时,为了防止未成年人通过网络租号规避平台的实名认证,网络平台应该严厉打击租号、卖号行为。

2. 优化升级"青少年模式"

《未成年人保护意见》规定:"'青少年模式'是经过严格内容遴选、适合未成年人观看使用的有益方式。网站平台应在现有'青少年模式'基础上,进一步优化产品模式和内容呈现方式,持续增加适合未成年人的直播内容供给。严格内容审核把关流程,配备与业务规模相适应的专门审核

[①] 郑晨峰:《论互联网时代儿童个人信息法律保护的完善》,《海南师范大学学报(社会科学版)》2022年第4期,第137页。

团队，既选优选精又杜绝'三俗'，让家长放心、孩子满意、社会叫好。要优化模式功能配置，在首页显著位置呈现，便于青少年查找和家长监督，严禁提供或变相提供各类'追星'服务及充值打赏功能。"在青少年模式下，可以直接把打赏功能屏蔽掉，从而能够有效地阻止未成年人进行网络打赏。因此，网络社交平台提供者应依法升级"未成年人保护模式"，针对未成年人使用其服务设置密码锁、时间锁、消费限制、行为追踪以及卸载重装继承（防绕开）等保护机制，及时防堵盗用、冒用、借用账号等漏洞。开发利用"监护人独立授权"等功能，更好地支持家长及平台共同管理和保障未成年人健康上网。

3. 规范与网络打赏有关功能的应用

《未成年人保护意见》规定："榜单、'礼物'是吸引青少年'围观'互动的重要功能应用。网站平台应在本意见发布1个月内全部取消打赏榜单，禁止以打赏额度为唯一依据对网络主播排名、引流、推荐，禁止以打赏额度为标准对用户进行排名。加强对'礼物'名称、外观的规范设计，不得通过夸大展示、渲染特效等诱导用户。加强新技术新应用上线的安全评估，不得上线运行以打赏金额作为唯一评判标准的各类功能应用。"未成年人往往具有争强好胜的特点，网络平台对网络主播进行排名，并以打赏额的高低作为排名依据的做法在很大程度上会激起未成年人的胜负欲，并刺激未成年人进行网络打赏。因此，禁止以打赏额度为唯一依据对网络主播进行排名、引流、推荐，禁止以打赏额度为标准对用户进行排名，对预防未成年人网络打赏具有重要现实意义。

4. 加强对未成年人的网络素养教育

未成年人具有强烈的好奇心和求知欲，因此网络空间中大量的信息内容和潜在的交友机会对未成年人具有强大的吸引力。就此而言，网络环境之于未成年人犹如一把双刃剑，我们既要让未成年人充分利用网络技术获取知识、开阔眼界，又要防止未成年人沉迷网络，致使其身心健康和财产利益受到损害。[①]我国2020年修订的《未成年人保护法》第64条明确规定，国家、社会、学校和家庭应当加强未成年人网络素养宣传教育，培养和提高未成年人的网络素养，增强未成年人科学、文明、安全、合理使用网络的意识和能力，保障未成年人在网络空间的合法权益。具体到网络打赏这一特定法律主题，需要家庭、学校、社会联合开展各种形式的网络素养宣传教育活动，让未成年人意识到打赏物的财产价值，以及财产的来之不易，使其自己能够自觉地克制自己的网络行为，远离网络打赏，拒绝网络打赏。

5. 加强对网络主播的法制宣传教育

作为网络打赏的对象，网络主播往往会采取各种方式（如连麦PK、做任务）来刺激、引诱网络用户进行打赏，而未成年人的性格特点决定了其很容易受到主播的影响。对此，《未成年人保护意见》规定，对于违规为未成年用户提供打赏服务的网站平台，以及明知用户为未成年人仍诱导打赏的经纪机构和网络主播，从严采取处置措施。因此，为了预防未成年人进行网络打赏，有必要加强对网络主播的法制宣传教育。具体而言，应由网络平台和多频道网络（multi-channel network，MCN）机构担负起对网络主播进行法制教育的责任。

（二）未成年人网络打赏纠纷的法律救济

1. 未成年人网络打赏的法律效力

网络打赏属于赠与行为，属于民事法律行为的范畴。因此，对网络打赏法律效力的判决必须遵守《民法典》对民事法律行为效力的相关规定。关于未成年人实施民事法律行为的效力问题，我国《民法典》第144条明

[①] 王贞会、蔡沐铃：《美国治理网络性侵害未成年人犯罪的联邦立法及对我国的启示》，《中国青年社会科学》2022年第5期，第132页。

确规定："无民事行为能力人实施的民事法律行为无效。"第 145 条第 1 款规定："限制民事行为能力人实施的纯获利益的民事法律行为或者与其年龄、智力、精神健康状况相适应的民事法律行为有效；实施的其他民事法律行为经法定代理人同意或者追认后有效。"同时，《最高人民法院关于依法妥善审理涉新冠肺炎疫情民事案件若干问题的指导意见（二）》（简称《疫情意见二》）第 9 条也规定："限制民事行为能力人未经其监护人同意，参与网络付费游戏或者网络直播平台'打赏'等方式支出与其年龄、智力不相适应的款项，监护人请求网络服务提供者返还该款项的，人民法院应予支持。"

从以上可以看出，未成年人网络打赏的法律效力应结合未成年人的年龄、打赏的额度、监护人是否追认予以判断。首先，八周岁以下的未成年人实施的网络打赏一律无效。其次，八周岁以上的未成年人实施的小额打赏有效。网络打赏当前已经成为网络社交中一种极为普遍的现象，甚至可以说网络打赏本身就属于网络社交的一部分。因此，如果未成年人实施的仅是小额的网络打赏，应原则上认定为有效，否则不仅会导致网络打赏纠纷多如牛毛，也会增加司法实践中法院难以承受的诉讼成本。对于该额度的认定，可以由地方法院结合当地的经济发展水平、居民可支配收入、网络打赏的额度等因素予以综合设定，但本书建议其最高的金额设定不应超过 500 元。同时，即使未成年人的打赏额较小，但若被打赏的主播明知打赏人是未成年人抑或主播采取违背法律或公序良俗的方式引诱未成年人打赏，如以挑逗的言语引诱未成年人打赏，则该小额打赏仍属无效。最后，八周岁以上的未成年人实施的大额打赏效力待定。此时，其法律效力的认定取决于监护人是否追认，若监护人追认则打赏行为有效，若监护人不予追认则打赏行为无效。

2. 未成年人网络打赏纠纷的责任主体

司法实践对未成年人网络打赏纠纷的责任主体存在一定异议，虽然未成年人打赏的对象是特定的网络主播，但未成年人往往需要在网络平台上充值获得虚拟货币，然后再用虚拟货币购买虚拟物品进行打赏，网络平台在网络打赏中起到了重要的中介作用。由此所导致的问题是，在网络打赏纠纷中应该由谁承担相关的法律责任，网络主播还是网络平台。对于该问题我们首先可以从当前有关部门出台的法律文件中得到一定的答案。例如，《疫情意见二》第9条规定，限制民事行为能力人未经其监护人同意，参与网络付费游戏或者网络直播平台"打赏"等方式支出与其年龄、智力不相适应的款项，监护人请求网络服务提供者返还该款项的，人民法院应予支持。《未成年人保护意见》也规定：对未成年人冒用成年人账号打赏的，网站平台应当在保护隐私的前提下及时查核，属实的须按规定办理退款。对于违规为未成年用户提供打赏服务的网站平台，以及明知用户为未成年人仍诱导打赏的经纪机构和网络主播，从严采取处置措施。就此而言，似乎当前国家有关部门是将网络平台作为未成年人网络打赏纠纷的主要责任人，经纪机构和网络主播仅在明知网络用户为未成年人时才承担法律责任。同时，就近年来我国司法实践中发生的未成年人网络打赏典型案例而言（见表4-1），网络平台也往往作为被告承担相应的法律责任。

表4-1 未成年人网络打赏典型案例

案件名称	案号	案由	原告	被告	裁判结果	裁判理由
李某与王某、广州华多网络科技有限公司确认合同效力纠纷案	(2017)粤0113民初3284号	合同纠纷	未成年人监护人	未成年人、网络直播公司	原告败诉	原告主体不适格、举证不能、未成年人未被识别为交易主体
陈某南与广州虎牙信息科技有限公司合同纠纷案	(2017)粤0113民初10494号	合同纠纷	未成年人监护人	网络直播公司	原告败诉	原告主体不适格、举证不能、未成年人未被识别为交易主体

续表

案件名称	案号	案由	原告	被告	裁判结果	裁判理由
袁某金、北京快手科技有限公司合同纠纷案	(2018)黔04民终710号	合同纠纷	未成年人监护人	网络直播公司	原告败诉	原告主体不适格、举证不能、未成年人未被识别为交易主体
戴某翔与广州酷狗计算机科技有限公司网络购物合同纠纷案	(2020)苏0891民初981号	网络服务合同纠纷	未成年人	网络直播公司	原告败诉	举证不能、未成年人未被识别为交易主体
齐某杰与北京快手科技有限公司服务合同纠纷案	(2018)黑0603民初1241号	服务合同纠纷	未成年人	网络直播公司	原告败诉	举证不能、未成年人未被识别为交易主体
吴某1与广州虎牙信息科技有限公司网络服务合同纠纷案	(2019)粤0192民初1601号	网络服务合同纠纷	未成年人	网络直播公司	原告部分胜诉	未成年人监护人未尽到监护义务
佘某与广州虎牙信息科技有限公司网络服务合同纠纷案	(2019)粤0192民初30976号	网络服务合同纠纷	未成年人	网络直播公司	原告部分胜诉	未成年人监护人未尽到监护义务
马某1、胡某1等与北京快手科技有限公司网络购物合同纠纷案	(2020)皖1221民初5016号	网络服务合同纠纷	未成年人	网络直播公司	原告部分胜诉	未成年人监护人未尽到监护义务

续表

案件名称	案号	案由	原告	被告	裁判结果	裁判理由
郑某涵与北京蜜莱坞网络科技有限公司合同纠纷案	(2018)京03民终539号	合同纠纷	未成年人	网络直播公司	原告部分胜诉	未成年人监护人未尽到监护义务
吴某洁与北京快手科技有限公司网络购物合同纠纷案	(2019)苏04民终550号	网络服务合同纠纷	未成年人	网络直播公司	原告部分胜诉	未成年人监护人未尽到监护义务
胡某1与宁波枭谷信息技术有限公司确认合同无效纠纷案	(2020)川0121民初2681号	确认合同无效纠纷	未成年人	网络直播公司	原告部分胜诉	打赏款项统计有出入

司法实务似乎确凿无疑地表明了网络平台是网络打赏纠纷的责任人而不是网络主播，该结论似乎与本书所力证的网络打赏关系发生于打赏人与网络主播之间的观点存在冲突。因为，若将网络打赏视为赠与，其结论似乎应该是由受赠人（主播）承担返还责任，而非网络平台。但是，在未成年人打赏纠纷中由平台承担法律责任与网络打赏自身的赠与性质并不矛盾。在未成年人打赏纠纷中，网络打赏的直接发生场景是直播间，是由未成年人打赏给主播的，该行为符合赠与行为的法律构成。但是，当前法律法规都明确规定，网络平台负有防止未成年人网络打赏的法定义务，应采取多种方式预防、制止未成年人进行网络打赏。就网络平台而言，其承担的首要法律责任就是采取各种方法识别出未成年人用户，不得为未成年人提供账户充值和打赏服务。因此，一旦发生未成年人网络打赏就足以说明网络平台未充分履行其法定职责，正是网络平台在源头上未履行职责，才导致了侵害未成年人合法权益的结果，因此由网络平台承担相关法律责任是毋庸置疑的。而且，在网络社交环境中，网络主播也仅仅是网络服务

的使用者，其往往并不具有识别网络用户年龄的技术手段和特别措施。因此，接受打赏的网络主播只有在明知或应知打赏人是未成年人时才承担相应的法律责任。对于被害人来讲（未成年人及其监护人），要求被打赏人承担赔偿责任所要承担的举证难度显然大于要求网络平台承担赔偿责任的难度。

3. 未成年人网络打赏纠纷的举证责任

在未成年人网络打赏纠纷中，未成年人一方败诉概率比较大，即使胜诉也难以获得全部赔偿。在表4-1中原告败诉的案件共5件，在败诉的5个案例中，均有"原告提供证据不足，未成年人未被识别为交易主体"这一败诉原因。无论是立法还是司法领域，我国都存在着混淆使用"举证责任""举证证明责任""证明责任"的问题，但该概念其实包含两层含义。一是程序法上的行为责任，即"提供证据责任"，指的是当事人在诉讼中，为避免其诉讼主张被法官否定而承担的向法官提出证据的行为责任；二是实体法上的结果责任，即"证明责任"，指当案件事实真伪不明时，承担提供证据责任的一方当事人承担败诉的法律后果。根据《电子商务法》第2条，用户在平台充值、消费属于购买相关产品和服务的行为，属于该条所称的"通过互联网等信息网络销售商品或者提供服务的经营活动"，即未成年人在直播平台充值、消费的行为仍可以适用《电子商务法》。《电子商务法》第48条第2款规定："在电子商务中推定当事人具有相应的民事行为能力。但是，有相反证据足以推翻的除外。"该条从维护电子合同有效性和稳定性出发，将行为能力不足的提供证据证明责任施加给未成年人一方，即未成年人从平台购买虚拟货币打赏先推定其具有完全行为能力，未成年人一方可通过提供交易发生时的视听资料、账号使用情况等证据予以推翻。同时，该条也与2022年修正的《最高人民法院关于适用〈中华人民共和国民事诉讼法〉的解释》第90条的规定相吻合。故原告方以未成年人不具有完全行为能力为由主张打赏款项返还，需对"实际由未成年人充值、打赏"提供证据,并承担不能证明该事实的不利法律后果。

结合司法实践,原告一方可提供以下证据证明是由未成年人实施了充值和打赏行为。其一,未成年人是账号的实际控制者。原告可以提供未成年人直播打赏时的视频资料以及观看直播时使用的账号是否为未成年人进行打赏的账号,也可以提供证据证明在网络打赏发生时,未成年人是案涉账号的实际控制人。在吴某洁与北京快手科技有限公司网络购物合同纠纷案[1]中,法院对吴某洁观看的直播内容进行了综合考量,发现案涉快币的充值时间段与吴某洁可支配手机的时间段相吻合,且充值频率较高,在2017年10月3日,仅半小时左右就充值46次,金额高达32 108元,且所观看内容为校园生活等,法院据此推定交易主体为未成年人。其二,打赏符合未成年人的行为特点。未成年人的生活习惯决定了其网络打赏具有一些个性化特点,例如,未成年人往往对游戏、交友、体育类的直播内容感兴趣;并且,未成年人的休息时间主要集中在期末和寒暑假,每天上网的时间集中于晚上8点至10点。因此,原告可提供以上事实予以证明。当原告一方提供以上证据后,法院应该认定未成年人完成了初步举证,进而要求网络平台进行举证,证明打赏人不可能是未成年人。网络平台可以通过证明该平台已经建立了完善的未成年人保护系统、该账号有连续的网络打赏行为等证据证明网络打赏的主体并非未成年人。法院应在综合考虑原被告举证证据的基础上,作出未成年人是否进行了网络打赏的判断。

4. 未成年人网络打赏的救济方式

如果法院最终认定未成年人网络打赏成立,则接下来涉及的问题便是如何赔偿的问题,即网络平台是否要对未成年人打赏的虚拟财产予以全部返还。对于该问题当前法律法规并未给出明确答案,司法实践也尚未形成一致的裁判规则。本书认为,在未成年人网络打赏案件中,网络平台应当返还财产的具体金额要结合未成年人的年龄、监护人是否尽到监护职责、

---

[1] 参见(2019)苏04民终550号民事判决书。

网络平台是否存在过错等因素予以综合判断。例如，在苏某、花街互娱（北京）科技有限公司等网络购物合同纠纷案①中，法院判决，原告在履行与被告签订的网络服务合同中，在一年半的时间里充值 1 200 余次，充值金额达 320 000 余元，主要在于原告监护人对自己账户资金疏于管理，没有对原告的智能终端安装未成年人保护软件，没有选择适合未成年人的服务模式和管理功能，同时也与被告没有在"音对语聊"App 上对未成年人上网时间、充值消费作出切实的限制性设置有关，故认定被告存在一定过错，承担过错赔偿责任，酌定由被告赔偿原告 50 000 元。在深圳有咖互动科技有限公司（简称"有咖互动公司"）、孙某确认合同效力纠纷案中，法院也认为，有咖互动公司作为平台的经营人和管理人，且从工作人员的收益中分享部分利益，应就孙某的消费行为无效承担相应的责任。孙某的监护人未尽到监护职责及管理义务，也应承担相应的责任。根据孙某已进行消费及本案相关事实，法院酌定应由有咖互动公司与孙某按七、三的比例分担损失，有咖互动公司应向孙某返还充值款 328 790 元（469 700 元 × 70%）。②必须看到的是，对未成年人网络打赏的规制必须要从监护人和网络平台两个方面同时入手，监护人是未成年人的守护者，对未成年人有法定的监管义务，在未成年人网络打赏的案件中，大部分未成年人是通过成年人的账号进行打赏的，该行为与监护人疏于对未成年人的教育和管理有直接关系，因此，规制和预防未成年人网络打赏必须加强监护人的监护意识和责任，这样才能有效防止未成年人进行网络打赏。同时，网络平台应该与时俱进地采取技术措施保护未成年人的合法权益，要及时对符合未成年人打赏特征的行为进行识别并联系用户使用人进行确认，在与账户使用人取得联系之前应该暂时停止该账户的使用。在具体的案件中，应该综合监护人和网络平台的举证情况及双方过错程度对双方的法律责任予以认定。

从当前的司法实践可以看出，未成年人网络打赏纠纷往往因未成年

---

① 参见（2021）苏 0582 民初 12048 号民事判决书。
② 参见（2020）粤 03 民终 22507 号民事判决书。

一方举证不能而面临败诉风险,那未成年人是否还有其他救济路径?本书认为,网络被打赏人作为未成年人打赏的直接对象是打赏行为的实际获益人,因此,当其明知或应知打赏人是未成年人时,应当承担打赏物返还责任。所以,对未成年人网络打赏的法律保护应当按照以下两个步骤具体实施。第一步,由未成年人追究网络平台的赔偿责任,关键是由未成年人一方提供证据证明打赏行为由未成年人实施且监护人不予追认,如果不能证明或待证事实真伪不明则由未成年人承担败诉风险;第二步,当网络平台不承担法律责任时,未成年人一方可以以被打赏人明知或应知其为未成年人为由主张返还财产。同时,未成年人一方应当承担相应的举证证明责任。一旦未成年人提供的证据足以证明被打赏人明知或应知其为未成年人仍然引诱并接受其打赏,则被打赏人应该对打赏财产承担返还义务。

四、成年人网络打赏的法律规制与救济

除了智力存在缺陷或精神状态有问题的成年人,大部分成年人具有成熟的意识和理性行为能力。因此,成年人在网络社交空间中进行打赏是行为人自由行使虚拟财产处分权的体现,法律对此无须干涉。但是,随着网络直播的兴起以及网络打赏的愈加普遍,不仅未成年人沉迷其中,而且大量的成年人也陷入网络世界不能自拔,并且引发了一系列的法律纠纷。在司法实践中,产生成年人网络打赏法律纠纷的一个主要原因就是夫妻一方利用夫妻共同财产打赏网络主播,由此涉及的问题便是,在这类纠纷中网络打赏是否有效,夫妻一方能否以未经许可为由主张虚拟财产返还。同时,如果需要返还的话,那返还的责任主体是谁?对于以上问题,我们首先对司法实践予以观察,并归纳出当前法院的主要裁判观点。

1. 司法争议

通过分析归纳司法案例,笔者发现当前法院对夫妻一方利用共同财产

打赏法律纠纷的处理存在较大差异。

一种观点认为，网络用户在社交平台上基于互动的需要打赏虚拟财产的行为不属于赠与，并且，网络服务提供者也没有能力知悉打赏人的婚姻状况，网络打赏有效，网络平台不承担返还义务。例如，在贾某燕、广州如翼信息技术有限公司等赠与合同纠纷案[①]中，法院判决，赠与合同是赠与人将自己的财产无偿赠与受赠人，受赠人表示接受赠与的合同，它是单务、无偿的合同。就本案而言，被告吴某海注册为寻你平台用户，继而使用真实货币在平台进行充值，兑换成虚拟道具"钻石"，在与曾某钊互动过程中，使用道具获得与其发送短信及语音的权限，并发送以"钻石"数量标定价格的虚拟礼物。吴某海的行为并非无所获得，其使用虚拟道具的行为是为加强互动，目的是获取精神上的满足感，其行为并不符合赠与合同的单务性、无偿性。故原告主张以赠与合同无效为由要求被告如翼公司、曾某钊返还款项，法院不予支持。其次，被告吴某海系具有完全民事行为能力的成年人，网络服务提供者在接受服务购买人支付的充值款时并无义务和能力对购买者的婚姻状况进行审查及取得其配偶同意，且被告吴某海充值的金额从几十元、几百元到几千元不等，系多次充值而成，持续时间长达半年左右，不应以总金额对该行为进行累计评价，故网络服务提供者也无从判断被告吴某海有侵害他人财产处分权的可能。被告吴某海作为原告贾某燕的配偶，在婚姻存续期间享有对夫妻家庭财产共同管理、使用的权利，故原告主张被告吴某海上述充值行为侵犯其对夫妻财产的处分权，亦不能成立。最后，被告吴某海与曾某钊除了在寻你平台聊天互动外，两人在现实中并未接触，在虚拟空间的聊天内容也仅限于亲密的言辞，也未违反相关的法律法规，故对该行为进行法律的负面评价实无必要，原告亦未提供证据证实两人存在不正当关系，故原告主张确认赠与合同无效并要求曾某钊、如翼公司返还充值金额的诉讼请求，法院不予支持。而且，当原告要求主播返还财产时，主播也会以自己非网络服务合同

---

① 参见（2021）浙0381民初13860号民事判决书。

当事人为由进行抗辩，例如，在李某、寻某等确认合同无效纠纷案中，法院认为，被告孟某为快手注册用户，快手公司是提供网络直播服务的平台，孟某通过快手公司提供的直播平台观看直播、进行充值和"打赏"，孟某与快手公司之间成立网络服务合同关系。被告寻某为快手直播平台主播，虽然被告孟某对寻某的直播存在"打赏""送礼"行为，但均是通过快手平台以虚拟道具（礼物）的形式进行的，两被告并不发生直接的资金往来，因此孟某给寻某"打赏""送礼"，涉及不同的法律关系，故所涉款项本案不予认定。[1]

另一种观点则认为，夫妻一方未经另一方许可利用共同财产大额打赏属于无权处分，该打赏行为无效。在张某、李某等赠与合同纠纷案中，法院认为，打赏主播是用户自愿将通过视频平台购买的货币或礼物的所有权给付主播，并未设定主播的义务，符合赠与合同的特点，本案中，罗某通过快手平台对李某的打赏行为应当认定为赠与行为。考虑到罗某赠与的目的是希望与李某长期保持不正当男女关系，且李某知晓罗某的婚姻状况，在此情况下，其仍与罗某保持不正当男女关系，罗某的上述赠与行为不仅侵犯了张某的合法财产权益，也有违我国传统的道德观念和社会主义和谐社会的精神，违背了公序良俗，违背公序良俗的民事法律行为无效，因此罗某的上述赠与行为无效。[2]

以上两种观点之所以存在差别，是因为对网络打赏的法律属性以及所涉及法律关系存在完全不同的认知。依据第一种观点，网络打赏不属于赠与，而是网络用户获取网络平台服务的对价，正如法院所言"网络直播服务行业的主要盈利模式是通过用户打赏获取服务报酬，用户自行打赏属于一种非强制性对价支付，用户进行打赏后，可以从中获得某种精神满足，效果上获得精神利益"[3]。而根据这一观点，夫妻一方未经对方同意利用夫

---

[1] 参见（2022）鲁0811民初1234号民事一审民事判决书。
[2] 参见（2022）鲁1083民初674号民事一审民事判决书。
[3] 参见（2021）京0491民初23901号判决书。

妻共同财产进行大额打赏时，网络平台难以发现打赏人的行为构成无权处分。因为网络打赏具有长期、小额、高频特点，对网络平台而言，其作为网络服务提供者在接受服务购买人支付的对价时，并无法定义务也无能力对其每一笔资金的来源进行审查。原告也很难举证证明网络平台知道或应当知道打赏人无权处分夫妻共同财产。因此，在司法实务中，网络用户以网络平台为起诉对象要求返还打赏财产的往往以败诉结束。而依据第二种观点，网络打赏的法律性质是赠与，而赠与的对象则是网络主播。尤其是在大额打赏中，打赏人与网络主播往往存在密切交往，网络主播对打赏人的个人信息了解得更为全面，包括打赏人的婚姻状况。因此，当被侵权夫妻一方以网络主播为被告提起诉讼时，原告结合双方打赏频率、通信内容等证据较为容易地证明被告知悉打赏人的婚姻状况和无权处分行为，进而主张打赏无效。

因此，对于成年人网络打赏法律规制的前提便是要认定网络打赏的法律性质，对于这一问题，我们在网络打赏这一部分一开始便进行了深入分析，并得出结论——网络打赏实为打赏人将其虚拟财产无偿赠与网络主播的行为，此处不再赘述。因此，对成年人网络打赏法律纠纷的规制都要以此为根本立足点。

2. 成年人网络打赏纠纷的责任主体

对成年人网络打赏的法律规制必须要涉及的问题便是应由谁承担法律责任。在成年人网络打赏纠纷中，成年人的年龄、认知能力，网络打赏的动机和目的与未成年人存在显著差别，由此决定了成年人网络打赏纠纷的责任主体与未成年人网络打赏纠纷的责任主体存在不同，成年人网络打赏纠纷涉及的利益主体有以下几个：

第一，网络平台。当前我国法律法规都规定了网络平台对未成人的网络安全保护义务，并明确规定了网络平台未尽义务或有证据证明确系未成年人打赏时网络平台返还打赏财产的法律责任。就成年人打赏而言，成年人往往拥有一定的财产，其网络社交活动也更为频繁，是当前社会网络打赏的主要群体。同时，成年人具有完全行为能力，网络平台对成年人并不负有特殊的安全保护义务，相反，网络平台负有保护用户隐私和信息（数据）安全的义务，因此，网络平台一般情况下不能对成年网络用户的打赏行为进行干预或限制。网络平台对成年人网络打赏是否侵权的事实往往是不知道的，网络平台一般不承担法律责任。只有在网络平台知道或应当知道网络主播侵害他人合法权益的情况下，网络平台才承担相应的法律责任。

第二，被打赏人。基于未成年人的年龄和心理特质，其打赏的目的往往不是与被打赏人增强感情关系，而是满足其某种心理需求。未成年人的网络打赏额度一般较小，不会受到被打赏人的特别关注，被打赏人也难以知悉打赏人是未成年人。因此，在未成年人网络打赏案件中，被打赏人往往不作为责任主体承担法律责任。但在某些成年人网络打赏纠纷中，尤其是在网络打赏金额巨大的案件中，打赏的目的往往是想与被打赏人发生更进一步的感情关系。而且，有些被打赏人也往往会默认打赏人对自己的追求，甚至直接以线下见面为由引诱打赏人打赏。更有甚者，有些被打赏人知道打赏人为已婚状态，在这些场景中，被打赏人应承担无权处分夫妻共同财产的法律责任。

第三，MCN机构。随着网络直播经济风起云涌，当前逐渐出现了一种新的组织——MCN机构，主要是为内容创作者（网络主播）提供优化、包装、营销等服务，保障内容的持续输出，并通过平台等多渠道实现流量变现。这是一种新的网红经纪运作模式，因此MCN机构又被称为网红孵化机构。网红孵化机构直接参与网红的打赏收益，由此涉及的问题便是，在网络打赏纠纷中MCN机构是否应承担相应的法律责任。回答该问题的关键是对MCN机构与网红之间的法律关系予以定性。当前学界和实务界对该问题存在两种不同的观点。一种观点认为，双方主体之间属于合作关系。一般情况下，MCN机构与网络主播签订《经纪合同》《经纪服务协议》等字样的合同，对双方的权利义务进行约定，包括合作范围、分成比例、是否独家、违约责任等等。这是最主流、也是最常见的 MCN 机构与网络主播的关系，这些合同本质是新型的无名合同、非典型合同。从合同成立的目的来看，该类合同突出网络主播与 MCN 机构为"商业合作"的关系。从合同的内容来看，网络主播具有一定的自由度，没有出现不合理的人身依附关系，如有"完成机构分配的一切工作""按时打卡，不得迟到早退"等内容。从合同履行的方式来看，网络主播的主要收益为直播间人气、礼物的分成，不存在固定工资的表述，MCN 机构也不用为网络主播缴纳社保以及公积金。MCN 机构支付给网络主播的分成为含税金额，由网络主播自行负责税费清缴事宜。[1] 从合同解除的方式来看，双方均享有解除权以终止合作关系。此种情况应当适用《民法典》合同编的相关规定，将该法律关系看作平等民事主体之间的合同关系更为准确、合理。

另一种观点则认为，双方主体之间存在劳动关系。在司法实践中，法院一般是根据《劳动和社会保障部关于确立劳动关系有关事项的通知》第 1 条和第 2 条的规定，通过考察双方协议约定和具体履行情况来判断双方是否成立劳动关系。《劳动和社会保障部关于确立劳动关系有关事项的通知》第 1 条规定，用人单位招用劳动者未订立书面劳动合同，但同时具备下列情形的，劳动关系成立：（1）用人单位和劳动者符合法律、法规规定的主体资格；（2）用人单位依法制定的各项劳动规章制度适用于劳动者，劳动者受用人单位的劳动管理，从事用人单位安排的有报酬的劳动；（3）劳动者提供的劳动是用人单位业务的组成部分。第 2 条规定，用人单位未与劳动者签订劳动合同，认定双方存在劳动关系时可参照下列凭证：（1）工资支付凭证或记录（职工工资发放花名册）、缴纳各项社会保险费的记录；（2）用人单位向劳动者发放的"工作证""服务证"等能够证明身份的证件；（3）劳动者填写的用人单位招工招聘"登记表""报名表"等招用记录；

---

[1] 蒋一可：《网络游戏直播著作权问题研究——以主播法律身份与直播行为之合理性为对象》，《法学杂志》2019 年第 7 期，第 129 页。

（4）考勤记录；（5）其他劳动者的证言等。如果协议明确约定网络主播的上下班时间、固定薪资、打卡要求，由MCN机构安排网络主播的直播时间、直播内容、时长、地点，那么在此情形下，网络主播作为MCN机构的员工，需要遵守机构的规章制度，服从机构的管理，完成机构安排的工作任务，双方之间的人身、经济存在高度从属性，应认定为劳动关系。

因此可知，对MCN机构与网络主播法律关系的判断不可一概而论，而应以二者是否存在人身、经济依赖为判断标准，进而判断其二者是合作关系还是劳动关系。[①] 就本书而言，所涉及的问题是，网络主播与MCN机构之间法律关系的认定是否会影响成年人网络打赏纠纷中法律责任的承担。从当前我国网络直播行业的运营模式来看，网络主播与MCN机构之间一般是一种合作关系，二者并不存在人身或经济的从属性。这也是为什么他们之间签订的合同为《经纪合同》或《经纪服务协议》，即为网络主播提供粉丝管理、形象维护、宣传推广等服务，并获取一定的服务费。即使认定网络主播与MCN机构存在劳动关系，也仅仅是基于对网络主播的保护而对其二者关系的一种法律"拟制"，而不能以该劳动关系作为处理主播与第三人之间法律纠纷的依据。

3. 成年人网络打赏的法律救济

基于以上分析我们可以对成年人网络打赏的法律救济予以讨论，按照本书的观点，网络打赏是打赏人将虚拟财产赠与网络主播的行为，在成年人利用夫妻共同财产打赏的纠纷中网络主播是直接责任人，应当承担第一责任。具体而言，网络主播知道或者应当知道打赏人已婚并接受大额打赏，在接受打赏的过程中，出现与打赏人同居以及其他违背公序良俗的行为，都应认定网络主播存在主观恶意，网络打赏行为无效，网络主播获得的财产应当返还。例如，在赵某、左某玲等赠与合同纠纷案中，法院

[①] 刘海安：《论网络直播用户与主播之间的法律关系属性》，《政治与法律》2023年第1期，第124页。

判决，赵某琳在其与赵某夫妻关系存续期间，与左某玲保持不正当男女关系，擅自将夫妻共同财产进行处分，即赠与左某玲现金，给其微信转账，在直播平台打赏，未征得赵某的同意，该赠与行为侵害了赵某的共同财产权益，且违背公序良俗，应属无效，左某玲依法负有返还的义务。[①] 同时，网络主播返还财产时还涉及的一个问题是该返还多少财产。在当前的直播打赏商业模式中，网络主播不能占有全部打赏财产，而是要按比例与网络平台、MCN 机构共享收益。从司法实践来看，网络主播的获益占全部打赏财产的 30%~60% 不等，网络主播是否仅在获益范围内负返还责任呢？对此，在赵某、左某玲等赠与合同纠纷案中，法院认为，"打赏"费用中平台收取的 40% 系赵某琳与直播平台的合同行为，不应由左某玲返还；左某玲提成 60% 即 1 198 645.20 元，构成不当得利，应予返还。笔者认为，这一裁判观点值得商榷。在夫妻一方利用夫妻共同财产打赏的法律纠纷中，原告财产的损失主要是由被打赏人导致的，被打赏人的过错与夫妻财产损失之间存在直接因果关系，应由被打赏人承担全部的赔偿责任。对被打赏人获益之后的利益分配机制，原告往往是难以知悉的，以被打赏人的实际获益作为损害赔偿的依据对原告极为不利。笔者还认为，被打赏人知道或者应当知道打赏人无权处分夫妻共同财产的法律后果是打赏行为无效，即赠与合同无效。合同无效的法律后果要按照《民法典》关于合同无效的规定处理，即行为人因该行为取得的财产，应当予以返还，且应当全部返还。

综上所述，笔者认为，网络平台在大部分情况下都不知道打赏人无权处分夫妻共同财产，因此其不应成为该类型纠纷中的责任主体。例如，在林某、廖某等网络服务合同纠纷案中，法院认为，抖音平台以视频、音频、图文等形式向公众提供互联网直播服务，为用户提供差异化的虚拟货币消费等各项产品或服务，必然会产生一定的人力物力支出，故抖音平台应当享有因提供互联网直播服务而获取经济利益的权利。平台通过用户的

---

① 参见（2020）辽 0102 民初 17658 号民事判决书。

打赏行为，以及通过与主播约定的虚拟礼物收益的分成，获取一定的经济利益，这是微播公司自主选择的商业经营模式，而非林某所主张的"超额收益"。微播公司系具有互联网直播资质的平台公司，尚无证据证明其对于廖某在抖音平台进行的直播行为存在监管漏洞，廖某违反社会公序良俗的不当行为主要发生在抖音平台之外，微播公司对此并无过错，故无需对廖某的返还责任承担连带责任。[①] 但是，在特殊情形下，如果网络平台知道或应当知道打赏人无权处分夫妻共同财产而未采取必要措施，导致夫妻共同财产受到损失，则网络平台的过错与损害结果之间存在直接因果关系，网络平台应当承担相应的法律责任。同时，国家广播电视总局、文化和旅游部颁布的《网络主播行为规范》第14条规定，网络主播在提供网络表演及视听节目服务过程中不得暗示、诱惑、鼓励用户大额"打赏"。第17条规定："网络表演、网络视听平台和经纪机构要严格履行法定职责义务，落实主体责任。根据本行为规范，加强对网络主播的教育培训、日常管理和规范引导。建立健全网络主播入驻、培训、日常管理、业务评分档案和'红黄牌'管理等内部制度规范……对出现违规行为的网络主播，要强化警示和约束；对问题性质严重、多次出现问题且屡教不改的网络主播，应当封禁账号，将相关网络主播纳入'黑名单'或'警示名单'，不允许以更换账号或更换平台等形式再度开播。"因此，若网络主播暗示、诱惑、鼓励用户大额"打赏"，但网络平台未尽到其法定责任，则必然导致网络平台承担法律责任。存在疑问的是，网络平台该承担何种法律责任。本书认为，在成年人网络打赏法律纠纷中，网络平台应依据其过错程度和受益范围承担相应的补充责任。也就是说，当夫妻一方进行网络打赏侵害夫妻共同财产时，应首先由被打赏人承担全部财产返还责任，只有在无法查询被打赏人或被打赏人无力赔偿的情况下，才由网络平台在其过错范围内承担相应的赔偿责任，且其赔偿额不能超过其在案涉打赏中所获得的利益。而且，当网络平台赔偿之后，还可以向案涉网络主播进行追偿。

[①] 参见（2022）粤19民终7122号民事判决书。

第六节　虚拟财产可以继承吗

当前国内外对网络社交平台上虚拟财产研究的一个重要方面就是其继承问题。在社会现实中，几乎每天都在发生网络用户因病或意外事故而突然离世的情形，由此产生的一个问题是，当网络用户离世时该用户名下的网络虚拟财产能否作为遗产被继承人继承。[①] 当前网络社交平台的服务协议一致约定，网络用户死亡后平台将注销网络账号，并将账户中的数据删除，这似乎排除了网络虚拟财产继承的可能性。同时，网络社交平台上存在大量的个人隐私信息，网络平台对用户的个人信息和隐私负有法定保护义务，允许虚拟财产继承有可能导致网络用户隐私泄露，这是网络虚拟财产继承面临的重大障碍。[②] 即使存在上述困境，网络虚拟财产也是网络用户的合法财产，若"一刀切"地禁止继承虚拟财产或将有悖于社会道德伦理和法律的公平正义。因此，网络虚拟财产继承问题是当前国内外学术界广泛讨论的对象。网络虚拟财产权人在网络信息社会或许可以"死去元知万事空"，而法律作为一种"从摇篮到坟墓"的社会保护性规范，对于该问题不能坐视不管。网络社交平台上虚拟财产的继承涉及被继承人、继承人、平台运营商三方主体利益，三方对网络虚拟财产能否继承以及如何继承存在不同的利益诉求，所以必然会发生相应的法律纠纷。

一、网络服务协议的约定

关于网络社交平台上的虚拟财产能否继承这一问题，由于不同的法律主体对其享有不同的利益，因此，不同法律主体给出的回答也当然就有所不

[①] 人死后，微信、支付宝账号等数字遗产怎么办？. https://new.qq.com/rain/a/20230406 AO1Z9COO；如果人突然离世了，那微信、QQ、支付宝怎么处理？. https://www.sohu.com/a/209547895_100002809.

[②] 钱明星、张帆：《网络虚拟财产民法问题探析》，《福建师范大学学报（哲学社会科学版）》2008年第5期，第7页。

同。例如,《"抖音"用户服务协议》第 3.12 条约定:"根据相关法律法规要求,如您在注册后连续超过六个月未登录账号并使用,我们有权冻结或收回您的账号。如您的抖音账号被冻结或收回,您可能无法通过该账号及密码登录并使用抖音;如您的抖音账号被收回,账号下保存的信息和使用记录将无法恢复。在冻结或收回您的抖音账号前,我们将以适当的方式向您作出提示,如您在收到相关提示后仍未按提示进行操作,我们将冻结或收回账号。"《腾讯微信软件许可及服务协议》第 7.1.2 条约定,微信账号的所有权归腾讯公司所有,用户完成申请注册手续后,仅获得微信账号的使用权,且该使用权仅属于初始申请注册人。非初始申请注册人不得通过受赠、继承、承租、受让或者其他任何方式使用微信账号。第 7.2.4.3 条约定,如果你停止使用本软件及服务或服务被终止或取消,腾讯可以从服务器上永久地删除你的数据。服务停止、终止或取消后,腾讯没有义务向你返还任何数据。

综上可以看出,我国网络社交平台提供者单方制定的网络服务协议都禁止网络账号的继承,并且一旦网络账号在一段时期内未登录使用,网络平台就可以从服务器上删除该账号中的所有数据,包括其中的网络虚拟财产,并将该网络账号收回。由此可知,依据网络服务协议的约定,网络用户死亡后其网络虚拟财产将被删除,其网络账号将被收回,网络虚拟财产不存在继承的可能性。但是,本书认为,以上规定涉及对公民合法财产权利的处分,其合法性和有效性值得怀疑,我们必须要依据当前立法和相关主体的正当利益需求对以上约定的法律效力作出判断,对网络虚拟财产是否可以继承作出回答。

二、网络虚拟财产继承的法律依据

1. 网络账户不等于网络虚拟财产

经过充分的论证,本书已经得出结论:作为网络用户在网络世界的身份凭证，网络账号的法律性质为个人信息，其与网络虚拟财产属于完全不同的范畴。从当前网络平台上的服务协议来看，该协议未明确约定网络虚拟财产是否可以继承，仅约定当网络用户死亡时将网络账号收回并将其中的数据（包括网络虚拟财产）全部删除。而这一做法无疑是将网络账号与网络虚拟财产混为一谈。因此，我们必须意识到，网络账号不等于网络虚拟财产，网络平台对网络账号的处分不能当然及于网络虚拟财产。

2. 网络虚拟财产是死者的合法遗产

我国《民法典》第1122条规定，遗产是自然人死亡时遗留的个人合法财产。依照法律规定或者根据其性质不得继承的遗产，不得继承。我国《民法典》并未明确规定遗产的具体类型，从社会实践来看，遗产的种类主要包括死者生前所享有的房子、车子、金钱、首饰、生活用品等。正如上文所述，法律意义上的财产并不等于实体物，而是权利人所享有的具有财产价值的权利，就此而言，财产（遗产）是指法律主体享有的具有财产价值的一系列权利的总和。从本书的研究来看，网络社交平台上的虚拟财产（虚拟货币、虚拟物品、数字货币）的财产价值是非常明显的，网络用户对其享有占有、使用和处分的权利。因此，当网络用户死亡时，其享有的网络虚拟财产应作为合法遗产被其继承人继承。

3. 禁止网络虚拟财产继承的协议无效

在本书的双重网络虚拟财产权法律模式构建中，网络平台对网络虚拟财产享有处分权，但网络用户对网络虚拟财产也享有占有权、使用权、处分权。而且，网络平台行使网络虚拟财产处分权仅限于法律规定和协议约定的特殊情形，不能随意扩大其适用范围。按照当前网络服务协议的约定，当网络用户死亡时，网络平台就可将网络用户的虚拟财产删除而不需要支付任何对价，其结果是排除了网络用户所享有的主要权利——网络虚拟财产权。按照《民法典》第497条第3款的规定，该格式条款应作无效处理。

三、网络社交环境中的虚拟财产如何继承

作为死者的合法遗产,网络虚拟财产应该被死者的继承人继承。但是,网络社交空间的私密性和网络虚拟财产的数据构成又决定了网络社交平台上虚拟财产的继承必须兼顾被继承人的隐私安全,且需要网络平台的技术支持。我国现行法律规范在网络虚拟财产继承问题上存在滞后,不能为网络虚拟财产继承提供法律依据。因此,有必要借鉴域外法的先进立法经验,结合我国的社会发展阶段和实际需求,构建适合我国的网络虚拟财产继承法律制度。

(一) 网络虚拟财产继承的域外经验借鉴

1. 美国《统一受托人访问数字资产法案》

为了解决网络社交空间中虚拟财产继承与被继承人隐私保护之间存在的矛盾,美国统一州法委员会于2014年出台了《统一受托人访问数字资产法案》(Uniform Fiduciary Access to Digital Assets Act,UFADAA)[①],该法案总共15个条文,对受托人(个人代表、监护人、代理人、受托人)访问和管理数字资产进行了详尽的规定。虽然该立法所针对的是数字资产,但从对数字资产的定义来看,其所指的范围应包括网络虚拟财产[②],因此该立法对本书研究具有一定的借鉴意义。该法案第2条是对主要术语的定义,第3条规定了法案的适用范围,第4条、第5条、第6条、第7条、第8条分别规定了被继承人的个人代表、监护人、代理人、受托人访问其数字资产的范围与权限,第9条、第10条对合规和管理人豁免权予以规

---

① 该法案已经在2015年被我国黄忠教授翻译,并登载于《私法研究》2015年第17卷。
② 该法案第2条第9项规定,"数字资产"是指电子化的记录。

定，第 11 条至第 15 条主要涉及法案的解释和适用问题。UFADAA 存在三大亮点：亮点一，规定了可以访问和管理用户数字资产的受托人类型，即个人代表、监护人、代理人、受托人，可以有效应对司法实践中发生的数字资产继承和管理需求。亮点二，立法确认受托人是授权用户（authorized user），以此实现与《计算机欺诈和滥用法案》（Computer Fraud and Abuse Act，CFAA）的对接，从而使受托人免除受到刑事法律处罚的潜在风险。亮点三，默认受托访问数字资产获得了网络用户的合法同意。该法案第 8 条 b 款规定，除非账户持有人在本法生效之后，同意在服务条款协议中以独立于账户持有人对协议中其他条款之同意的确认行为的方式，规定对受托人访问账户持有人之数字资产予以限制，否则该条款因违反重要的国家公共政策而无效。因此，除非账户持有人在服务协议中以独立条款明确表示禁止或限制受托人对数字资产的访问，否则可视为受托人获得了用户的"合法同意"。

通过对 UFADAA 文本的分析我们可以看出，该法案旨在破除美国个人隐私保护立法对受托人访问数字资产的法律阻碍，采取的主要实现路径是对受托人访问死者的数字资产进行了默示授权——除非账户持有人在死前独立于网络服务协议明确表明不允许他人访问数字资产，否则可默示认为受托人获得了访问死者数字账户和资产的"合法同意"，此时受托人的法律地位等同于账户持有人，网络服务提供者不得拒绝受托人的访问请求，否则就要受到法律的制裁。该法案的立法者在利益衡量上明显地偏向受托人一方，但数字资产的存在场域决定了其强烈的隐私属性，如果受托人对数字资产的访问权限过大，则死者的隐私利益将受到侵犯。同时，UFADAA 在数字资产的访问和继承问题上无视网络用户和网络服务提供者之间网络服务协议的存在，置网络平台的正当利益诉求于不顾，直接触动了互联网公司的利益。因此不难想象，UFADAA 的出台遭到了公民隐私保护组织和网络公司巨头的联合抵制。

2.《统一受托人访问数字资产法案》之修订版

面对以上滔滔民意和互联网公司巨头的抵制，统一州法委员会不得不举办开门会议，经过多次讨论、妥协，最终形成了修订版的《统一受托人访问数字资产法案》，该法案较好地缓和了受托人访问数字资产需求与死者隐私利益保护的冲突，在很大程度上实现了其立法的初衷，已经在多个州颁布，其变化主要体现在以下几个方面：

第一，基于用户指示的"三层优先访问体系"（three-tier priority system）设计。UFADAA 规定阻止受托人访问数字资产的网络服务协议应被视为无效，因此激起了网络公司的强烈反对，RUFADAA 第 4 条为受托人访问数字资产的权限范围提供了"三层优先访问体系"设计。

第一层次——第 4 条（a）款规定：用户可以使用在线工具指示管理人向指定接收人披露或者不予披露部分或全部数字资产，包括电子通信内容。如果在线工具允许用户在任何时候修改或删除指示，那么使用在线工具作出的披露指示在效力上优先于用户在遗嘱、信托、授权委托书或其他记录中作出的相反指示——确立了网络用户利用网络技术作出数字资产处理决策的优先地位。脸书公司的"遗产联系人"（legacy contact）、谷歌公司的"不活跃账户管理人"（inactive account manager）以及"密码保险箱"（password box）等网络工具允许用户在网络服务协议之外与服务提供者达成单项协议，使用户决定在其死后是否允许向第三方披露其数字资产。例如，脸书公司允许美国用户指定一个脸书好友作为其账户的遗产联系人，这位脸书好友可以在用户死后访问账户内容。遗产联系人不能查看死者的个人信息或利用死者的账户发帖子，但是可以下载死者的照片并在用户的个人资料页张贴纪念标签（memorial note）。与之类似，谷歌启动了不活跃账户管理人项目，让用户告诉谷歌公司当他们死亡之后对账户作如何处理，用户可以选择当其账户连续数月未登录时授权谷歌将其账户删除，或者用户可以选择一个信任的朋友接收他的数据。而"密码保险箱"则允许用户将其数字资产储存在网上,并允许在其死后将数字资产转让给其指定的人。

第二层次——第4条(b)款规定:如果用户未使用(a)款中的在线工具作出指示或管理人没有提供在线工具,用户可以通过遗嘱、信托、授权委托书或其他记录将其数字资产,包括用户发送或接收的电子通信的内容部分或全部披露给受托人。用户在生前作出的处理数字遗产的有效意思表示的法律效力大于网络服务协议中对数字资产处理条款的法律效力。法案的这一规定极大地拓展了用户对数字资产的自主安排路径,通过遗嘱、授权委托书和信托证书的形式选派信任的受托人对其数字资产的处理计划予以执行。

第三层次——第4条(c)款规定:用户根据(a)款或(b)款作出的指示具有优先于用户默示同意的服务协议中相反条款的法律效力。根据该款的字面意思解释,如果用户对数字资产的处理没有提供任何指示,则要按照网络服务协议的约定对其数字资产予以处理,这在一定程度上构成了用户对网络服务协议中数字资产处理条款的默认。

第二,电子通信内容的默示隐私(default privacy)设定。RUFADAA对民众的隐私担忧予以了充分的回应,该法案第7条规定了对已故用户电子通信内容的披露。如果已故用户同意或法院指示披露用户电子通信内容,管理人应当将用户发送或接收的电子通信内容披露给用户遗产的个人代表,个人代表应当向管理人提供相应文件。(1)书面或电子形式的披露申请一份。(2)经认证的用户死亡证明书副本一份。(3)经认证的个人代表任命书、小额遗产遗嘱或法院命令的副本一份。(4)除非用户使用在线工具,否则还应另外提供遗嘱、信托证书、授权委托书或其他能够证明用户同意披露其电子通信内容的记录。(5)如果管理人要求,还要提供:a.管理人分配的号码、用户名、地址,或其他用来识别用户身份的唯一的用户或账户标识符;b.将账户与用户联系起来的证据。第9条规定了委托人披露电子通信内容的范围。在授权委托书明确赋予代理人对委托人发送或接

• 210 •

收的电子通信内容进行披露的权限范围内,除非委托人或法院另有指示,管理人应当向受托人披露有关内容,代理人应当向管理人提供相应文件。(1)书面或电子形式的披露申请一份。(2)明确赋予代理人对委托人电子通信内容权限的授权委托书原件或副本一份。(3)代理人在伪证处罚法下作出的授权委托书有效的保证一份。(4)如果管理人要求,还要提供:a.管理人分配的号码、用户名、地址,或其他用来识别委托人身份的唯一的用户或账户标识符;b.将账户与委托人联系起来的证据。第11条对在受托人是原始用户时,托管的数字资产的披露作出了规定。除非法院另有规定或信托另有规定,管理人应当向作为原始用户的受托人披露信托账户中的全部数字资产,包括受托人的电子通信目录和电子通信内容。第12条对在受托人不是原始用户时,托管的电子通信内容的披露作出了规定。除非法院另有要求、用户另有指示或信托另有规定,管理人应当向非原始用户的受托人披露原始用户或继承用户发送或接收的,被管理人携带、维持、处理、接收或存储的信托账户中的电子通信内容,受托人应当向管理人提供相应文件。(1)书面或电子形式的披露申请一份。(2)同意向受托人披露电子通信内容的经认证的信托证书副本一份(或根据信托认证法规,如《统一法定信托实体法案》第1013条作出的信托证明一份)。(3)在伪证处罚法下受托人作出的信托存在且其是现任受托人的保证一份。(4)如果管理人要求,还应提供:a.管理人分配的号码、用户名、地址,或其他用来识别信托账户的唯一的用户或账户标识符;b.将账户与信托联系起来的证据。

RUFADAA对受托人访问用户电子通信内容的权限进行了小心翼翼的设计,在尊重用户个人意愿的基础之上,最大程度地保护用户电子通信内容中所包含的个人隐私信息。该隐私风险防控主要是依靠严格的书面证明材料予以实现的,即充分反映用户对电子通信内容披露意愿和受托人访问权限的证明材料,并严守电子通信内容的默示隐私设定,除非用户明确表明电子通信内容的披露意愿和范围。

第三，对管理人数字资产披露义务的必要限制。UFADAA 对数字资产披露的范围几乎是没有限制的，对网络服务提供者课加了过于沉重的义务，因此受到了网络公司与公民团体的抵制，RUFADAA 对数字资产的披露尤为关注管理人披露义务的必要性和适当性。例如 RUFADAA 第 6 条（a）款规定，根据本法规定披露用户的数字资产时，管理人可以自行决定。(1) 授予受托人或指定接收方访问用户账户的权限；(2) 在受托人或指定接收方足以完成所承担任务的限度内，授予受托人或指定接收方部分访问用户账户的权限；(3) 在管理人收到信息披露申请时，向受托人或指定接收人提供如果用户活着且具有完全行为能力时可访问的账户中全部数字资产记录的拷贝。同时，第 6 条（b）款规定，管理人可以根据本法对披露数字资产的成本进行合理的管理性收费。这一规定主要是通过激励措施促使网络管理人能够更加积极地向受托人披露死者的数字资产。第 6 条（c）款规定，根据本法案管理人无须披露被用户删除的数字资产；（d）款规定，当用户指示或受托人要求管理人根据本法案披露用户数字资产的一部分，并且数字资产的分离会给管理人带来过重的负担时，则管理人不必披露该数字资产。这一规定限制了管理人披露数字资产的范围，降低了管理人的执行成本。

可见，RUFADAA 充分意识到了管理人在数字资产继承中的技术中立地位，对管理人的立法规制更加符合网络公司的业务内容和营利本性，尽量使管理人积极而主动地参与数字资产披露，而非将其置于用户与公众利益的对立面。因此，该法案对管理人义务、权利与免责的规定在一定程度上起到了消除、降低管理人面临的法律风险与企业经营成本的双重顾虑。

（二）我国社交环境中虚拟财产继承的实现机制

1. 妥当处理相关法律主体的正当利益诉求

《统一受托人访问数字资产法案》之所以在颁布之后广受诟病，就在于立法者一味偏向继承人一方的利益保护，忽略了网络服务者和被继承人的正当利益诉求。网络社交空间中储存了网络用户大量的隐私信息，包括电子照片、通信记录、人际关系，如果默认网络用户死后继承人有访问其网络社交空间的不受限制的权利，则不仅会使社会公众产生隐私焦虑，而且会使网络社交平台提供者承受巨大的法律风险。《网络安全法》第42条规定，网络运营者不得泄露、篡改、毁损其收集的个人信息；未经被收集者同意，不得向他人提供个人信息。但是，经过处理无法识别特定个人且不能复原的除外。我国《个人信息保护法》第10条也规定，任何组织、个人不得非法收集、使用、加工、传输他人个人信息，不得非法买卖、提供或者公开他人个人信息；不得从事危害国家安全、公共利益的个人信息处理活动。而且，《全国人民代表大会常务委员会关于加强网络信息保护的决定》第3条也规定，网络服务提供者和其他企业事业单位及其工作人员对在业务活动中收集的公民个人电子信息必须严格保密，不得泄露、篡改、毁损，不得出售或者非法向他人提供。同时，我国《刑法》第285条第1、2款还规定了非法侵入计算机信息系统罪，非法获取计算机信息系统数据、非法控制计算机信息系统罪——违反国家规定，侵入国家事务、国防建设、尖端科学技术领域的计算机信息系统的，处三年以下有期徒刑或者拘役。违反国家规定，侵入前款规定以外的计算机信息系统或者采用其他技术手段，获取该计算机信息系统中存储、处理或者传输的数据，或者对该计算机信息系统实施非法控制，情节严重的，处三年以下有期徒刑或者拘役，并处或者单处罚金；情节特别严重的，处三年以上七年以下有期徒刑，并处罚金。

　　由此可见，在当前立法框架下，网络社交平台提供者对网络用户的个人信息、隐私、数据负有不可推卸的保护义务，网络平台可以此为由拒绝网络用户以外的其他人对用户网络空间进行访问。因此，在网络用户意外死亡的情况下，其继承人难以获取被继承人网络账户中虚拟财产的相关信息，网络虚拟财产的继承也难以实现。网络虚拟财产继承必须要解决被继承人隐私保护、网络社交平台提供者履行信息安全保护义务与继承人继利益之间的潜在冲突。

2. 基于技术工具实现网络虚拟财产继承

网络虚拟财产是网络用户的合法财产，网络用户对其享有处分权，既可以选择死后将网络虚拟财产作为遗产由继承人继承，也可以选择由网络平台删除处理。关键的问题是，该如何获知网络用户对网络虚拟财产处理的真实意愿。对此，美国《统一受托人访问数字资产法案》为我们提供了一种可能的解决思路，由网络平台提供"线上工具"（online tools），网络用户凭此在主网络服务协议之外对其死后网络虚拟财产的处理作出指示。在实践中，苹果公司已于2021年6月在全球开发者大会上宣布其iOS 15.2 Beta 2版本系统将推出"数字遗产"功能（digital legacy），用户以自己iCloud云储存的虚拟财产为范围，在其死后，由其选任的"遗产联系人"持其死亡证明获取访问其云储存数据的权限。[①] 本书建议，基于保护网络用户合法财产的需要，应责令提供网络虚拟财产的网络平台提供网络虚拟财产在线管理工具，并获取网络用户的以下信息：（1）你当前拥有的网络虚拟财产类型。（2）你是否允许他人在你失去行为能力或死亡时管理你的虚拟财产。（4）你希望管理人如何管理你的虚拟财产。（5）如果你想要继承人继承你的虚拟财产，请写明继承方案。（6）请填写你指定的虚拟财产管理人的姓名和联系方式，本公司将在收到你的死亡证明文件以及连续六个月未登录本平台的情况下联系你的虚拟财产管理人，并向其披露你在本网络平台的虚拟财产信息。（7）请你了解：在你使用本平台提供网络服务期间，你可以随时利用该工具修改你的相关信息，并视最后修改的版本为你的真实意愿。（8）请你填写网络虚拟财产所在账户及其密码，本公司将在收到你的死亡证明文件以及当你连续六个月未登录本平台的情况下将其告知你指定的管理人。本书建议，该网络虚拟财产线上管理工具应被设计在社交网站或社交App的显要位置，并且通过技术设置该工具以弹窗方式

---

① 《苹果推出"数字遗产"功能，心爱的账号有人继承了》，网易网，2023年2月1日访问。

定期提醒用户填写、修改、更新。

以上网络虚拟财产线上管理工具能够真实表达网络用户在其死亡后的网络虚拟财产处理方案，并且，更为重要的是，引入网络虚拟财产线上管理工具能够较好地解决网络虚拟财产继承面临的一系列难题。首先，消除了网络用户的隐私担忧。网络账户中含有大量的用户个人隐私，如果任由继承人访问被继承人的账户内容可能会违背网络用户的真实意愿。而引入网络虚拟财产线上管理工具后，网络用户可以指定信任的网络虚拟财产管理人，并由该管理人执行其死亡后的网络虚拟财产处理、继承方案，由此便避免了继承人直接访问其网络账户可能面临的隐私风险。其次，消除了网络社交平台提供者的法律风险。网络社交平台提供者对网络用户负有隐私、信息、数据安全保护义务，除非存在法定事由，未经网络用户授权，任何人不能进入其账户。这也是司法实践中网络服务提供者禁止继承人访问被继承人网络账户的主要理由。但是，通过线上工具，由网络用户指定特定人管理其网络虚拟财产，就相当于用户明示授权管理人在将来对其遗产进行访问和管理。此时，网络服务提供者就无须承担他人访问用户网络账户可能存在的法律责任。最后，有利于确保继承人的利益实现。对于继承人而言，其核心利益是获得被继承人的网络虚拟财产，而非访问死者的网络账户。因此，死者指定的管理人应被视为死者的代理人，尤其要按照死者生前意愿对网络虚拟财产予以处理，实现继承人的合法财产利益。

3. 通过遗产管理人制度实现网络虚拟财产继承

线上网络虚拟财产管理工具使网络虚拟财产继承变得非常便利，但从我国网络平台建设的现状来看，关于网络虚拟财产管理工具的描述仍处于构想阶段。因此，面对网络虚拟财产继承面临的迫在眉睫的难题，我们必须要采取一种更为务实的方法或机制。对此，我们就要把目光投向我国的继承立法，检视当前继承法律制度是否能为网络虚拟财产继承面临的难题提供有效的解决方案。我国《民法典》第1123条规定，继承开始后，按照法定继承办理；有遗嘱的，按照遗嘱继承或者遗赠办理；有遗赠扶养协议的，按照协议办理。由此可见，遗嘱在遗产继承中具有优先效力，网络用户可以通过立遗嘱的方式对网络虚拟遗产的处理予以提前规划，一旦遗嘱人死亡则按照遗嘱对其网络虚拟财产进行处分。由于该遗嘱是网络用户的真实意思表示，当遗嘱执行人持该遗嘱对死者的网络虚拟财产管理或处分时，网络服务提供者不得拒绝或阻碍，同时网络服务提供者也无须负担法律责任。当网络用户立有遗嘱的时候，其遗产的继承就有赖于遗嘱执行人正确履行职责。而对于网络社交平台上虚拟财产的继承，则更需要一个值得信赖且严格履职的执行人来确保被继承人继承意愿的实现。我国《民法典》第1145条至1149条规定了遗产管理人制度，借助遗产管理人管理被继承人遗产，实现财产继承。本书认为，遗产管理人制度可以为网络社交平台上的虚拟财产继承提供急需的制度参考，但也需要结合网络虚拟财产继承的特殊利益需求予以个性化设计。

（1）网络虚拟遗产管理人的选任不能违背被继承人的意愿。《民法典》第1145条规定，继承开始后，遗嘱执行人为遗产管理人；没有遗嘱执行人的，继承人应当及时推选遗产管理人；继承人未推选的，由继承人共同担任遗产管理人；没有继承人或者继承人均放弃继承的，由被继承人生前住所地的民政部门或者村民委员会担任遗产管理人。从遗产管理人的选任我们可以看出，被继承人可以通过立遗嘱的方式选择信任的人作为遗产管理人，由此可确保管理人按照被继承人的意愿管理网络虚拟遗产。网络社交环境中虚拟财产继承面临的最大问题是，如何处理遗产继承与被继承人隐私保护的内在冲突。而遗产管理人经由被继承人选任，并按照被继承人意愿管理其网络虚拟财产，可以兼顾被继承人的利益和继承人的利益。如果被继承人没有指定遗产管理人，选任网络虚拟遗产管理人不能违背可推知的被继承人的意愿。

（2）遗产管理人应严格按照遗嘱管理网络虚拟遗产。《民法典》第1147条规定遗产管理人的职责包括：1）清理遗产并制作遗产清单；2）向继承人报告遗产情况；3）采取必要措施防止遗产毁损、灭失；4）处理被继承人的债权债务；5）按照遗嘱或者依照法律规定分割遗产；6）实施与管理遗产有关的其他必要行为。以上对遗产管理人职责的规定主要针对的是对实体财产的继承，该规定未对网络虚拟遗产继承面临的一系列紧迫问题予以回应。因此，本书建议，遗产管理人在网络虚拟遗产继承中应担负以下具体职责：1）及时告知网络服务提供者网络用户死亡的信息，同时提供死亡证明书、死者账户信息；2）向网络服务提供者提供死者遗嘱中关于网络虚拟财产管理的规定；3）向网络服务提供者提供网络虚拟遗产管理人身份证明文件；4）按照死者遗嘱规定处理网络虚拟遗产。在这一过程中，网络服务提供者应该配合遗产管理人完成网络虚拟遗产的管理。具体而言，网络服务提供者应协助遗产管理人进入死者账户；在遗产管理人管理虚拟遗产期间不得删除用户数据、不得收回账号；网络服务提供者应协助遗产管理人将死者未消费的数字货币和虚拟货币提现、兑换为法定货币，并协助遗产管理人将法定货币转移到指定账户。按照网络服务协议的约定，网络服务提供者本不应承担以上协助义务，并且网络服务提供者履行协助义务必然会产生一定的履行成本，但是，为了平衡各方主体利益，本书建议，应允许网络服务提供者收取一定的服务费作为履行协助义务的补偿，并且该服务费可以在死者虚拟财产兑换的法定货币中优先扣除。

（3）网络遗产管理人的法律责任。我国《民法典》第1148条规定，遗产管理人应当依法履行职责，因故意或者重大过失造成继承人、受遗赠人、债权人损害的，应当承担民事责任。就网络遗产管理人而言，其必须在被继承人遗嘱的范围内管理虚拟财产，并对其获知的死者的隐私信息和非隐私信息予以保密。若网络服务提供者发现管理人下载、复制、转发非属网络虚拟财产的用户数据，则可限制管理人对死者账户的访问。并且，若管理人非法复制、泄露、传播死者的隐私信息，死者的继承人也可以人格利益受损为由主张停止侵害、排除妨碍、消除影响和赔偿损害。

通过遗产管理人管理死者网络虚拟遗产还面临的一个问题是，若死者生前未订立遗嘱或遗嘱未涉及网络虚拟财产的处分，是否允许遗产管理人管理死者的网络虚拟遗产。在这一点上，RUFADAA第4条（c）款规定："用户根据（a）款或（b）款作出的指示具有优先于用户默示同意的服务协议中相反条款的法律效力。"该条文的意思是，如果用户没有通过线上工具、遗嘱、信托、委托书等形式指定管理人或受托人管理数字资产，则此时数字资产的处理应遵循网络服务协议的约定。当死者没有通过遗嘱指定虚拟财产管理人时，继承人获取网络虚拟财产面临着法律障碍，即网络服务提供者可以用户隐私保护或未经授权为由拒绝非用户主体访问死者账户。但是，在死者未订立遗嘱的情况下，如果一概否定网络虚拟财产的访问和继承可能会严重违背死者可推知的意愿并将严重损害继承人的继承利益。尤其是当死者账户中存有数字货币时，不允许网络虚拟财产的访问和继承将严重侵害继承人的利益。

因此，本书建议，对于数字货币，不管死者是否留有遗嘱，只要遗产管理人向网络服务提供者提供用户死亡证明和遗产管理人身份证明，网络服务提供者就应协助遗产管理人完成数字货币的提现，并将其转移到遗产管理人指定的账户，而不能以网络服务协议约定为依据在注销用户账号的同时一并删除数字货币。[①]

而对于虚拟货币和虚拟物品，当死者未订立遗嘱或订立遗嘱但未涉及对虚拟货币和虚拟物品的处分时，是否允许遗产管理人访问、管理虚拟财

---

① 微信平台上《财付通账户注销协议》第5条约定："如果您的财付通账户在连续三年内没有任何账户操作行为或资金变动，且满足本协议规定的其他注销条件时，本公司有权依照本协议的规定或国家相关法律法规的要求主动进行注销，由此引发的一切后果由您本人承担。"第2条约定："财付通账户注销将导致本公司终止为您提供本服务，本协议约定的双方的权利义务终止（依本协议其他条款另行约定不得终止的或依其性质不能终止的除外），同时还可能对于该账户产生如下结果：A.您的账户余额将被清空无法恢复；B.所有历史交易信息将被清空并无法恢复；C.优惠券、彩贝积分、打折密码等资料将被删除无法恢复；D.所有与您的财付通账户相关的其他账户将无法继续使用。"

产？网络服务提供者是否负有协助义务？在这一情形中，由于遗产管理人没有死者的授权，网络服务提供者并不负有协助义务，遗产管理人未经许可访问死者网络账户的行为直接涉及非法侵害用户个人信息权益，网络服务提供者阻止遗产管理人的访问具有充分的法律依据。本书认为，网络用户对虚拟财产享有虚拟财产权，当用户意外死亡时，该虚拟财产权应作为遗产被继承人继承，网络服务提供者不能以个人信息保护为由排除继承人的继承利益。但为了保护死者的隐私，缓解网络平台数据、信息、隐私安全保护义务与继承人继承利益之间的冲突，应由遗产管理人或继承人提供死者的准确账户信息，如账号、密码、绑定手机、用户名等，然后由网络服务提供者查询虚拟财产余额并告知遗产管理人或继承人。而且，网络服务提供者应当按照法定货币与虚拟货币之间的兑换比例将虚拟货币折合成法定货币转给遗产管理人指定的账户。在这一过程中，网络服务提供者承担了额外的义务，因此，应允许网络服务提供者收取一定的服务费。在这里还需注意的是，网络账户中网络虚拟货币余额的认定与网络用户的身份直接相关，网络用户身份不同，其账户中虚拟货币余额的计算方法也不同。若死者是一般用户，其余额就是尚未消费的虚拟货币；若死者是主播用户，其账户中的虚拟货币并非属于账户使用人自己所有的财产，而往往需要按照一定比例在用户、平台、公会之间分配。因此，主播用户拥有的虚拟货币数量就应结合用户、平台、公会之间的约定予以计算，在此基础上予以返还。

但是，如果遗产管理人不能提供死者的账户密码信息，则应视为死者不同意他人在其死后访问其社交网络账户，并自动放弃了其网络虚拟财产的继承。此时，应该遵守网络服务协议对用户虚拟财产处分的相关约定。

第五章
网店经营者享有什么权利

互联网技术作为一种极富创造性的生产工具，对传统生活领域势如破竹般进行解构的同时也逐渐形塑出前所未有的新生事物，网络店铺（简称"网店"）便是其中最为典型的一种新生事物。在社会实践中，网店的财产价值已经得到了市场的普遍承认，以网店为客体的交易活动也愈发活跃。2017年我国颁布的《民法总则》（已失效）第127条明确规定网络虚拟财产受法律保护，但该条文并没有明确列举网络虚拟财产的具体范围，因此给人们留下了无限遐想的空间。布莱克斯通曾言："没有任何东西像财产所有权那样如此普遍地焕发起人类的想象力，并煽动起人类的激情。"[①] 在网络信息社会，或许没有任何东西像网络虚拟财产那样能够让人萌生财产权占有的冲动，但是，网店是否属于网络虚拟财产？如果是，谁享有该网络虚拟财产？网店是否可以转让？网店该如何转让？对以上问题进行问答必须要首先探寻网店的实质内涵，遵循一种从经验到理论的实证主义分析路径。因此，本章试图结合网店的实质内涵和司法实践中面临的主要问题对以上疑问予以解答。

---

① 罗伯特·霍恩、海因·科茨、汉斯·G.莱塞：《德国民商法导论》，楚建译，中国大百科全书出版社，1996，第189页。

第五章　网店经营者享有什么权利

第一节　网店的实质

一、网店的类型与获取方式

当前我国的网络店铺依据经营主体的不同可以分为两种不同的类型——个人店铺与企业店铺。个人店铺主要存在于以 C2C 为经营模式的网络交易平台上，以淘宝交易平台最为典型；企业店铺主要存在于以 B2C 为经营模式的网络交易平台上，以京东平台和天猫平台最为典型。网店是网络用户申请注册获得的，网络用户在淘宝平台上注册网店，首先要选择我是"卖家"，然后选择注册主体是"个人"或者"企业"，在个人的情况下只需要实名信息认证，而在企业注册时则需要同时上传营业执照、税务登记证、特殊业务许可证以及真实的实体经营地址和联系方式。因为淘宝平台属于典型的 C2C 交易模式，网店注册用户主要是个人，在具体操作程序上，个人用户需要上传自己的身份证，绑定手机号码和支付宝，然后设置自己的用户名和密码。以上材料经过淘宝后台认证之后，网络用户就可以通过账户和密码登录进淘宝平台。网络用户可以为自己的网络店铺设计商号，通过付费对自己的店铺进行"装修"，上传物品的图片。同时，还可以在淘宝网一级域名之下申请与自己店铺相连接的二级域名，在网上点击该域名可以直接进入自己的网络店铺。企业店铺的技术生成大致与个人网店相同，不同的是，企业店铺往往有自己的实体店铺和经营场所，网店只是企业拓展其销售渠道的一种手段。[①] 值得说明的是，自 2017 年 6 月 1 日《网络安全法》生效实施以后，网络店铺统一进行实名认证，各个网络交易平台都在网页上明确声明之前未实名认证的网店应在一定期间内予以实名认证，否则作注销处理。

经过以上注册程序，网店经营者就获得了在网络交易平台上开展商业

[①] 林旭霞、蔡健晖：《网上商店的物权客体属性及物权规则研究》，《法律科学》2016 年第 3 期，第 194 页。

经营活动的资格,但与实体店铺不同的是,网店的经营活动在很大程度上依赖于网络交易平台提供者的技术支持,主要体现为以下几个方面:首先,网店的经营离不开经营者对网店账号和密码的有效控制。网店账号和密码相当于经营者在网络空间中的电子ID,只有掌控了网店账号和密码,网店才能被网络交易平台视为适格的服务对象,进而为其提供网络技术服务。其次,网店经营活动的展开依赖于网络交易平台提供的搜索服务、域名服务、云计算服务、物流服务。网络交易平台上的商家数量庞大,京东和淘宝服务的商家都达到百万家,在"双十一"期间,消费者的网站访问量多达亿次,正是基于网络交易平台提供的搜索服务和交易服务,消费者和经营者之间的交易才能达成。除此之外,网络交易平台提供者还为网店经营提供必不可少的云计算服务,例如计算消费者对网店经营的好评度、网店收藏人数、关注人数、访问人数,网店发货速度等项目指标。个别的网络交易平台还为网店经营者提供物流服务,例如京东平台就利用"京东物流"为网店经营者提供货运服务,但更多的是通过商业合作利用专门的物流公司(中通、申通、圆通、韵达,简称"三通一达")提供物流服务。此外,网络交易平台为网店经营者提供信用评价体系。网络交易平台通过整合与网店相关的信誉评价指标(如产品质量、发货速度、售后服务、产品评价、关注人数、收藏人数、访问人数、交易数量)对网店的信用进行打分并评级(钻石、皇冠),将那些信誉度高的店铺放置于引擎搜索结果的前列,使其获得更多的销售机会。最后,网络交易平台通过提供线上支付工具(如支付宝、微信、京东支付)为网店经营提供信用支付渠道。除了以上基本服务内容,网络交易平台还针对网店经营的特殊需求开通了相应的增值收费服务,例如在"双十一"期间,淘宝平台为网店提供促销宣传服务和链接推广服务。当前,在淘宝网开设个人网店是不收费的,但企业店铺则按照营业额的一定比例上交服务费。

二、网店的实质构成

虽然网店存在于网络空间中，但网店的财产价值绝不容忽视，经营者开设网店的目的就是盈利，一家信誉良好、信用等级较高、关注收藏人数众多的网店的商业价值是巨大的，这也是为什么"刷单炒信"案件受到社会广泛关注。网店的信用直接决定了其市场价值，恶意刷单、信用炒作的行为不仅损害了其他经营者的利益，也损害了消费者的知情权，扰乱了网络交易市场交易秩序，因此必须予以打击。[1]网店转让的动因多种多样，其中不乏经营者分身乏力想转让他人经营或试图通过转让获取急需的资金，但更多的情形是潜在的经营者想凭借网店经营者已经建立的良好信誉、客户资源、销售网络、经营方式、进货渠道、信用等级等现成条件实现"借壳开店"，省去注册网店开展经营的时间成本和营销推广成本，这是司法实践中网店转让的主要动因。在网络交易平台上申请网店成本并不高，而网店买受人购买他人网店，主要看中的是目标网店的商业信誉、客户群、销售渠道等无形财产。因此，我们可以清晰地看到，网店转让的客体并不是网店经营者对网络交易平台享有的债权债务关系那么简单，网店转让的实际客体是其经营者长期集聚形成的以客户资源、商业信誉、销售渠道、经营方式、商业秘密等为内容的无形财产。

网店转让的客体在很大程度上异于我国民事立法中物的定义[2]，但在民法体系以外，以商业信誉、客户资源、品牌影响力为代表的无形财产的价值早已在市场交易中得到了承认。[3]尤其是在公司合并和业务收购中，除了公司负债表中列明的资产，如工业产权、不动产、动产之外，其品牌影响力、客户资源、商业秘密、销售渠道、商品信誉都是公司或业务估值的

---

[1]《全国首例"刷单入刑"案宣判》，央广网，2021年11月19日访问。

[2] 冉昊：《论两大法系财产法结构的共通性——英美法系双重所有权与大陆法系物权债权二元划分的功能类比》，《环球法律评论》2006年第1期，第38页。

[3] 吴汉东：《无形财产权基本问题研究（第三版）》，中国人民大学出版社，2013，第31页。

• 223 •

重要考量因素。① 由动产、不动产、工业产权、商业信誉、客户资源、销售渠道、商业秘密组成的营业资产被作为有机整体转让已经在商事交易中获得了普遍的认可，并以此为中心构建了一套完整的法律制度。② 中外学者对营业资产的定义不尽相同，法国学者认为营业资产是指由用于商业经营的有体动产（设备和工具、商品等）和无体动产（商号和招牌、租赁权、工业产权等）组成的，旨在吸引客户群的财产整体。③ 而美国联邦法院则将经营资产界定为，除了厂房、设备以及建筑物等有形物体之外，还包括商标、专利、销售指标、租借权等财产。④ 日本学者认为，营业资产包含要素与常素两部分，要素是指营业积累的商业信用，主要体现为商标、专利、商号、商业招牌、产品或服务质量等信息载体，而常素指的主要是营业场所和动产。日本学者之所以将商业信用作为要素，实际上是格外强调了经营资信之于经营资产价值的重要意义。德国法没有直接对应营业资产的法律概念，卡纳里斯认为，《德国民法典》没有提供可以直接适用于企业买卖的准用条款，企业买卖不是一种物的买卖，而是对一系列标的物和一系列活动的集合的买卖。⑤ 鲍尔和施蒂尔纳教授也认为，企业的转让不仅包括企业动产、不动产债权和无形财产权的转让，还应该包括"企业核心"的转让，如商业秘密、客户关系、广告材料、业务关系。⑥ 因此，从企业转让的实质内容来看，网店转让的客体与法国法上营业资产的内容是一致的。我国学者也对营业资产的概念和特征进行了深入的探讨。叶林教授认为，财产无论采取有形物或者无形物形式，也无论属于支配性

---

① 赵敏：《无形资产行业特征、内部结构与公司绩效关系研究》，《财经论丛》2012年第6期，第57页。
② 例如，2004年联想公司收购IBM个人电脑业务的收购客体包括以下内容：客户、分销、经销和直销渠道；IBM公司深圳合资公司；位于美国北卡罗来纳州和日本横滨的研发中心；五年内有权根据协议使用IBM的品牌，并且完全获得"THINK"商标和相关技术。
③ 伊夫·居荣：《法国商法（第一卷）》，罗结珍、赵海峰译，法律出版社，2004，第706页。
④ 王为农：《企业集中规制基本法理：美国、日本及欧盟的反垄断法比较研究》，法律出版社，2001，第16页。
⑤ C.W.卡纳里斯：《德国商法》，杨继译，法律出版社，2006，第225页。
⑥ 鲍尔、施蒂尔纳：《德国物权法》，张双根译，法律出版社，2004，第622页。

或相对性财产，只要能够用来从事营业，即可纳入营业资产范畴。①罗结珍教授则主要从法国法的视角出发认为，营业资产是商人用于从事经营活动的全部动产，包括有形动产和无形动产两部分，无形动产主要是指客户群体、经营场地的租约权、商业名称、招牌等。②

　　营业资产这一概念作为舶来品在我国现行立法找不到相对应的概念，但其作为一种具有重要商业价值的无形财产在商业交易中是现实存在的，主要体现为传统商事习惯中的铺底权和现代商事交易中的商铺转让费。所谓铺底权，是指铺东（店铺承租人）对房东支付租金，得以永久使用铺房的物权。我国铺底权最早出现在商业繁盛的地区，如北京、广州、南昌，并以商业习惯的形式予以存续。铺底权是店铺承租人享有的一项物权，承租人可以按照自己的主观意愿将铺底权予以出让，而受让人则需要支付给转让人"铺位之顶手费"。何谓"铺位之顶手费"？其实际上就是铺底权受让人支付给出让人的除了动产之外的费用，用来补偿出让人经过多年经营在铺底上集聚的客户资源和商业信誉。因此，此处的顶费实际上为店铺受让对出让人无形资产的购买。但是，铺底权对出租人的房屋所有权和财产权的行使构成了极大的阻碍，因此铺底权被民国时期制定的"六法全书"所舍弃。新中国成立之后的民事法律未对铺底权这一物权类型予以继受，但在商事交易中还是以新的形式对商事主体的营业资产予以保护，这一形式就是店铺转让费。所谓店铺转让费，是指在店铺转让合同中，店铺经营人（转租人）将一定期限的商铺经营权转让给承租人一次性收取的营业补偿费。③在司法实践中，法官对店铺转让费的法律性质感到非常困惑，因为店铺转让人作为店铺的承租人对店铺并不享有所有权，但其在转让店铺的时候依然会收取受让人（次承租人）远超过有形铺底（主要是库存产品、

---

① 叶林：《营业资产法律制度研究》，《甘肃政法学院学报》2007年第1期，第9页。
② 罗结珍：《概说"营业资产"——法国商法的特色理论与实践》，《法学杂志》2013年第2期，第10页。
③ 周维德：《商法视野中商铺转让费问题探讨》，《法学论坛》2016年第1期，第105页。

装修器具、生产设备）的价金。① 对于商铺转让费的法律性质，有学者认为："店铺转让费是转让人基于店铺资源的稀缺性和对店铺的现实占有，经店铺所有人同意，在转让营业时向受让人收取的包括四项费用的有形资产和顾客群体、商号、店铺招牌、商标等无形资产在内的各项费用的总和。"② 事实上，商业旺铺之所以价值不菲，主要原因就在于商铺长期经营所积累的人气和信誉，店铺转让费实际上是店铺受让人对转让人经过多年经营形成的营业资产的购买。因此，从铺底权和商铺转让费的实质构成来看，我国的商事交易中也存在营业资产这一特殊的财产类型。

对于营业资产法律属性的认定，《俄罗斯联邦民法典》第132条规定："作为权利客体的企业是从事经营活动的财产综合体。作为财产综合体的企业在整体上是不动产。"因此，俄罗斯法将企业营业资产作为一个整体，视其为不动产。《德国商法典》并没有对营业资产的法律性质予以明确的规定，但卡纳里斯教授认为，《德国民法典》第433条下那些直接适用于物和权利的买卖的条款也应该适用于"对标的物的有偿出让的其他合同"。鲍尔教授也认为，法律没有特别规定企业可以作为转让的客体，因此可以适用民法的基本原则，对该企业财产设定质权、抵押权或用益物权。在两位德国学者眼中，营业资产作为一个整体应该归为特殊动产的范畴。罗结珍教授也认为，营业资产作为一个整体属于无形动产，但在财产转让方式上与普通的一般动产存在差别。③ 在法国法中，人们将从事经营活动的建筑物或场地称为"四壁"。商人一般只是"四壁"的承租人而不是所有权人，即使在自家房产中从事经营活动"四壁"，也是与营业资产相区分的。因此，在法国法中，营业资产的范围并不包括不动产所有权。我国的商事实践也是如此，商事主体对其营业活动开展的场所往往没有所有权，只

---

① 韩正元：《商铺门面转让费的法律探析》，《人民法院报》，2009年7月16日。
② 徐海勇：《商铺转让费法律性质辨析》，《人民司法》2014年第15期，第40页。
③ 差别主要体现为，首先，营业资产作为动产不适用《法国民法典》有关取得实效的规定；又因其是无形动产，不适用"对于动产，占有即等于所有权证书"之规则。同时，在营业资产上设立无形动产质权时，这种"物的担保"不需要转移占有，因此不影响企业的正常经营活动。

是通过租赁合同获取的使用权，营业资产的构成并不包括不动产。本书认为，当营业资产作为一个整体予以出让时应该将其视为特殊动产，营业资产的范围仅包括动产、工业产权、租约权和相关的经营事实。

基于以上论述可知，网店转让的客体并不是网店经营者与网络交易平台之间的一组权利义务关系，而是网店经营者经过长期经营获得的以商誉、商号、客户资源、经营方法、商业秘密、进货渠道等经营事实为内容的营业资产。营业资产作为无形财产的一种具体类型并非什么前无古人的创造，而是商业习惯中一直存在的一项司空见惯的交易客体。网店是互联网技术催生的网络虚拟财产，其存在的场域决定了其表现形态的特殊性，但其实质内涵仍属于营业资产的范畴。但与传统的营业资产相比，网店的财产价值并不依附于有形的铺底，而是依附于网络空间和数字记录。因此，在互联网的新生场景中，网店又与传统的营业资产存在一定的差异，并且营业资产本来就不属于传统民法的概念，甚至在我国商法中，营业资产的概念也仅是存在于学术研究当中，因此，我们必须要以网店的实质内涵为基本出发点，进而对网店在民法中的法律性质作出判断。

第二节　网店是不是虚拟财产

一、网络服务协议的约定

当前几大主要网络交易平台制定的网络服务协议没有对网店的法律属性作出明确约定，但通过分析网络服务协议中的相关条款，我们可以得出网络交易平台对网络店铺法律性质的基本观点。以淘宝平台为例，《淘宝平台服务协议》第3.2条的"账户使用"条款约定："由于您的淘宝平台账户关联您的个人信息及淘宝平台商业信息，您的淘宝平台账户仅限您本人使用。未经淘宝平台同意，您直接或间接授权第三方使用您淘宝平台账户或获取您账户项下信息的行为无效。如淘宝根据淘宝平台规则中约定的违约认定程序及标准判断您淘宝平台账户的使用可能危及您的账户安全及/或淘宝平台信息安全的，淘宝平台可拒绝提供相应服务或终止本协议。""账户转让"条款约定："由于用户账户关联用户信用信息，仅当有法律明文规定、司法裁定或经淘宝同意，并符合淘宝平台规则规定的用户账户转让流程的情况下，您可进行账户的转让。您的账户一经转让，该账户项下权利义务一并转移。除此外，您的账户不得以任何方式转让，否则淘宝平台有权追究您的违约责任，且由此产生的责任及后果均由您自行承担。""不活跃账户回收"条款约定："如您的账户同时符合以下条件，则淘宝可回收您的账户，您的账户将不能再登录任一阿里平台，相应服务同时终止：（一）未绑定通过实名认证的支付宝账户；（二）连续六个月未用于登录任一阿里平台；（三）不存在未到期的有效业务。"

《微店店长服务协议》的"注册与使用"条款也明确约定："您的登录名和密码不得以任何方式买卖、转让、赠与或继承，除非有法律明确规定或司法裁定，并经微店店长同意，且需提供微店店长要求的合格的文件材料并根据微店店长制定的操作流程办理。"抖音平台上的《抖店用户协议》第 2.1 条也约定："您的登录账号可以是您本人的手机号、邮箱账号或平台增加的其他可登录账号。您应维持密码及账号的安全，不得将账号转让、出借、出租或售卖。如您未保管好自己的账号和密码而对您、本公司或第三方造成伤害，您将负全部责任。您同意若发生任何非法使用账户或安全漏洞的情况，有义务立即告知本公司。"以上条款中透露的信息是，网络用户对网络账号仅享有使用权，除此之外不享有任何权利，并且网络交易平台经营者还有权在一定条件下将该账号收回。上述规定则意味着网络店铺本身并没有独立的法律地位，甚至根本不存在所谓的网络店铺，网店经营者在网络交易平台上所享有的仅是平台经营者提供的一系列技术服务，网店经营者仅能被动地接受该服务，网络平台可以随时决定终止提供服务而不需要给予网店经营者任何赔偿，因为网络经营者本身就对该服务不享有任何权利。

二、当前立法的规定

当前我国立法并未对网络店铺作专门的规定，但我国电子商务交易体量庞大，并且呈极具扩展之势，针对这一趋势我国政府因势利导出台了一系列的法律文件对电子商务平台经营者和平台内经营者的行为予以规制，通过解读、分析这些规范性文件，我们可以窥探出立法者对网络店铺法律性质的基本观点。在这些法律文件中，最为重要的一个文件便是2018年颁布的《电子商务法》，该法颁布的主要目的是"保障电子商务各方主体的合法权益"，该法为我们观察网络店铺的法律性质提供了一个极佳的观察视角。该法第9条第2款规定："本法所称电子商务平台经营者，是指在电子商务中为交易双方或者多方提供网络经营场所、交易撮合、信息发布等服务，供交易双方或者多方独立开展交易活动的法人或者非法人组织。"从该条文规定来看，其似乎是将网络交易平台类比成现实世界的百货商场，电子商务平台经营者就相当于百货商场的所有权人，而网络店铺则类似于百货商场中具体开展经营的店铺。就此而言，《电子商务法》立法者是将网络店铺视为"无形物"的，并将电子商务平台经营者视为网络经营场所的提供者。《电子商务法》的这一立法规定直接被2021年颁布的《网络交易监督管理办法》采纳，该办法第7条第2款规定，本办法所称网络交易平台经营者，是指在网络交易活动中为交易双方或者多方提供网络经营场所、交易撮合、信息发布等服务，供交易双方或者多方独立开展网络交易活动的法人或者非法人组织。该款中所指的网络经营场所就是网络店铺。

2022年3月1日，最高人民法院颁布了《最高人民法院关于审理网络消费纠纷案件适用法律若干问题的规定（一）》，该法旨在为网络交易中的消费者权利保护提供急需的法律保障，其实现的具体法律路径是基于不同的网络交易纠纷场景，在电子商务平台经营者与平台内经营者之间均衡地配置权利和义务。该法第6条规定，注册网络经营账号开设网络店铺的平台内经营者，通过协议等方式将网络账号及店铺转让给其他经营者，但未依法进行相关经营主体信息变更公示，实际经营者的经营活动给消费者造成损害，消费者主张注册经营者、实际经营者承担赔偿责任的，人民法院应予支持。该条规定乍看似乎根本不涉及网络店铺的法律性质，但是认真分析就会发现该条文非常值得琢磨。该条文的重大创新在于，并未将平台内经营者通过协议转让网络账号及店铺的行为认定为无效，而是规定注册经营者与实际经营者都要承担法律责任，由此给我们带来以下启示：其一，网络账号与网络店铺并不是同一事物。该法条中转让的客体是"网络账号及店铺"，可见网络账号与店铺不属于同一法律事物。该规定与网络服务协议将网络账号等同于网络店铺的做法存在明显差别，按照这一二分法，网络店铺本身构成了独立存在的利益形态，其本身就具有特殊的法律价值与意义，平台经营者不能当然地将其对网络账号享有的权利扩展至网络店铺上。其二，平台内经营者转让网络店铺的行为未必无效。在当前的司法实践中，法院往往判决网店经营者转让网店的行为无效，主要原因是，网店经营者转让的标的为网络账号和密码，而网络服务协议明确约定网络账号和密码归网络交易平台经营者所有，网店经营者根本无权转让网店。但是该条的含义似乎是，若网店经营者与买方达成网店买卖协议，并且"依法进行相关经营主体信息变更公示"，则应当由买方（实际经营者）承担相应的法律责任。因此，该规定在一定程度上承认了网店经营者对网络店铺的合法利益，网络经营者甚至享有转让网店的权利。

综上可见，当前我国立法并未明确规定网络店铺的法律性质和权利归属，但我们从当前规制网络交易的相关立法来看，似乎不同的立法对网络店铺法律性质的规定并不一致，而对网络店铺法律性质的认定将直接决定相关利益主体之间的权利义务配置。

三、司法实务中的认定

电子商务经济的迅猛发展使网络交易成为当前最为流行的交易方式,作为重要的网络交易媒介,网络店铺的财产价值得到了市场的充分肯定,以网络店铺为标的的交易行为大量出现并引发了众多的法律纠纷。这些法律纠纷中涉及的一个主要争议问题便是,网络店铺的法律性质到底是什么。当前司法实践对该问题存在两种完全不同的答案。

1.淘宝公司诉李某网店买卖合同纠纷案

发生于2015年的淘宝公司诉李某买卖合同纠纷案是我国最早发生的网络店铺转让法律纠纷之一。在该案中,李某(乙方)与姚某旻(甲方)签订《淘宝网店转让合同》,将甲方在淘宝网上的淘宝店铺——燕子浦东机场日上免税代购化妆品转让给乙方。2015年2月,淘宝公司根据《淘宝规则》,以姚某旻系淘宝工作人员为由,查封系争淘宝店铺账户。2015年5月,李某以淘宝公司关停系争淘宝店铺侵犯其合法权利为由诉至原审法院,请求判令:李某与姚某旻于2011年12月29日签订的《淘宝网店转让合同》合法有效;姚某旻与淘宝公司协助李某变更系争店铺的后台实名认证信息,停止关停系争店铺的行为。该案一审法院认为,虽然网店转让违反了淘宝服务协议,但是李某经营相同产品近3年多时间,交易记录良好,从4钻累计至1皇冠,系其通过自身的努力积累的,一定程度上可反映出李某自身的交易信用。可见,李某与姚某旻线下转让店铺之行为并未违背淘宝公司制定淘宝服务协议之目的,不存在双方恶意串通以损害淘宝公司利益之情况,亦无悖于相关法律规定,故确认李某与姚某旻所签订之转让合同合法有效,系争淘宝店铺归李某所有。进而判决,淘宝公司解除对案涉网店的查封,并应协助李某完成该网店后台实名认证信息的变更。

淘宝公司不服一审判决,提起上诉。二审法院认为,姚某旻通过签署《淘宝网店转让合同》,将系争淘宝店铺转让给李某,尽管双方之间的转让合同还涉及库存货、客户资料等其他内容，但实际上系姚某旻将其与淘宝公司间合同关系项下的权利义务一并转让给李某。根据2012年修正的《合同法》（已失效）之规定，当事人一方将自己在合同中的权利和义务一并转让给第三方的，须经对方当事人的同意。现姚某旻与李某未征得淘宝公司同意，私自转让系争淘宝店铺，该转让行为不发生法律效力。

由此可见，一审法院和二审法院对该案的裁判观点截然不同，主要原因就在于如何看待网店的构成和法律性质。二审法院认定网店转让无效的主要原因是，转让人转让的是其与淘宝公司之间的权利义务关系，而网络服务协议明令禁止网店转让，因此网店转让不发生效力。但是，该判决存在的问题是，并未分析网络店铺的实际构成和法律属性，以及网络交易平台经营者和网店经营者分别对网店享有什么样的权利，就直接依据网络服务协议的约定将网络交易平台提供者作为网店的权利人，进而否定网店实际经营者的转让权。

2. 舞泡公司诉汪某、周某网店转让纠纷案

舞泡公司诉汪某、周某网店转让纠纷案是引发社会普遍关注的互联网纠纷，是最高人民法院发布的第一批涉互联网典型案例。虽然该案的裁判依据和结论与淘宝公司诉李某网店买卖合同纠纷案如出一辙，但是该案在论证过程中对网络店铺的实质构成和法律属性进行了分析，对我们了解网络店铺的法律性质具有一定的启发意义。法院认为，网络店铺实质上是自然人于第三方网络交易平台之上，以二级域名的形式存在并经营的。从表现形式上看，网络店铺表现为电磁记录，即通过网店经营者与消费者的网上交易行为，产生相应的存储于平台服务器端的电磁记录，是以数字化形式存在的信息资源；从内容构成上看，网络店铺由店铺名称、虚拟空间、交易记录、信用记录、交易评价等要素组成。本案系争网络店铺依托淘宝网络交易平台设立，淘宝网络交易平台拥有一级域名，系争网络店铺得到的是淘宝网络交易平台分配的二级域名，性质上属于非独立网店。进而法

院认为，本案系争网络店铺作为非独立网店，其运营需要依托特定运营商的服务器，即权利人必须得到他人的协助才能行使权利，且权利的存续期间也取决于网络店铺经营者与特定运营商的约定，显然不具备法律上排他的支配可能性或管理可能性；而网络店铺在经营过程中累积的交易记录、信用记录、交易评价等信誉，具有较强的人身依附性。鉴于此，非独立网店难以成为物权客体，非独立网店的经营者对该网店不具有所有权。基于以上依据，法院最终判决："系争网店是由汪某与淘宝公司通过签订服务协议，取得淘宝公司分配的二级域名而设立的非独立网店。因此，系争合同实质上是将汪某与淘宝公司之间的债权债务概括转让，同时还转让了经营期间积累的依附于特定人身的信誉。根据法律规定，合同权利义务的概括转让应当征得相对人的同意，而淘宝公司在其服务协议中明文禁止淘宝网店的转让。因此，本案系争合同属于未发生法律效力的合同。"

我们暂且不论该案判决是否正确，就其事实层面而言，其还是正确地指出了网络店铺的实质，即是由店铺名称、虚拟空间、交易记录、信用记录、交易评价等要素组成的。就此而言，网络店铺并不等同于网络账号，也不等同于网络虚拟空间，因为网络账号和网络虚拟空间都不能涵盖交易记录、信用记录和交易评价。同时，法院还认为："店铺信誉是非独立网店的商业价值所在。目前，对于网络店铺的信誉尚未建立有效的公示方式和完善的管理制度，如果允许非独立网店自由转让，使得任何人可以利用金钱买到依附于特定人身的信誉，进而在市场竞争中抢占先机，但又难以保证继受人能够维护网络交易的安全与信誉，不仅侵害消费者的知情权，影响消费者对所购商品的判断，而且会冲击整个网络交易平台的信用，危及其他经营者的信誉，产生负面的社会效果。"就此而言，法院承认了网络店铺的真正价值是店铺信誉，同时认为店铺信誉转让存在若干负面后果，因此不应允许网店转让。但是，存在的疑问和潜在的冲突是，既然法院已经判断网络店铺是由店铺名称、虚拟空间、交易记录、信用记录、交易评价构成的，并且网店转让的实质是转让网店信誉，那最后怎么突然转移到"合同权利义务的概括转让应当征得相对人的同意"呢？这显然有悖于既有的法律事实和逻辑推理。

3. 深圳市昕鑫泉贸易有限公司诉罗某等物权保护纠纷案

2021年发生的有助于我们了解网络店铺法律属性的案件是深圳市昕鑫泉贸易有限公司诉罗某等物权保护纠纷案。法院认为，在没有相关法律规定将注册认证的主体信息作为判断权利归属依据的情况下，不应仅依据网络交易平台认证的主体信息判断权利归属，而应当依据财产价值的来源进行判断，即谁创造财产价值就应该由谁享有相应的财产权利；并认为，"网络店铺既具备网络技术意义上的虚拟性，又具有一定的经济利益，属于网络虚拟财产的范畴。案涉网络店铺的主要价值在于其在注册后的经营活动中积累的信誉度、客户资源等，而这些价值显然系由其实际经营主体创造的，故案涉网络店铺的经营权应归属于其实际经营主体"。

综上可知，我国司法实践对网络店铺法律属性的认识并不一致。在舞泡公司诉汪某、周某网店转让纠纷案中，法院认为网络店铺由店铺名称、虚拟空间、交易记录、信用记录、交易评价等要素组成，网络店铺转让的实质是转让经营者的商誉。而深圳市昕鑫泉贸易有限公司诉罗某等物权保护纠纷案中，法院则认为，网店的主要价值是其在注册后的经营活动中积累的信誉度、客户资源等，属于网络虚拟财产的范畴。

四、网店作为虚拟财产的理论与现实依据

1. 网店具有虚拟性

网店存在于网络世界中，其本质上是由电子商务经济和互联网技术共同促进而形成的经营实体。网络店铺具有虚拟性特征，主要表现为：其一，网络店铺在功能上模拟实体店铺。网络店铺和实体店铺的功能都是充

当商品（服务）买卖的交换场所，只不过网络店铺与实体店铺相比具有更强的消费数据分析功能和客户跟踪功能。其二，网络店铺在形象外观上模拟实体店铺。只要我们打开任意一个电子商务平台，都会看到一个个整理排列的店铺，该店铺有自己的名称、营业执照信息。在网络店铺中，各类商品的外观、价格、参数、交易量都被清楚地标识出来，消费者可以访问该店铺，可以与"店小二"或客服讨价还价。由此可见，网络店铺就是电子商务经济模式中模拟实体店铺的形象和功能而产生的一种新型虚拟事物。

2. 网店具有价值性

网络店铺具有使用价值和交换价值。网络店铺的使用价值是毋庸置疑的，与传统的实体店铺相比，网络店铺具有强大的数据信息收集功能和分析功能。通过设置"收藏"和"关注"，网店经营者可以精准地向其潜在客户推广店铺和商品信息。而一旦网络店铺获得了大量的客户群体和优良的信用评价，店铺中的商品就不乏销路，网络经营者可以此营利。除了网店的使用价值，网店的价值还集中体现在其交换价值，即财产价值。网店在电子商务经济中的财产价值是非常明显的，当前社会中已经涌现出了许多提供网店价值评估服务的网络平台，只要输入相关参数值，估值机构就可以给出市场报价。基于以上背景，网店转让已经成为当前电子商务经济中司空见惯的事情，网络经营者可以通过转让账号和密码的方式将网店转让给他人获得收益。

3. 网店具有可支配性

电子商务平台对网络店铺的支配性是不言而喻的，本书所言的可支配性主要针对的是网店经营者。关于网店经营者对网店是否享有支配权这一问题，网店经营者与网络交易平台提供者存在完全相反的观点。网店经营者认为，其是网店的实际经营人，掌握登录网店的账号和密码，负责网店的日常运用和管理，网店的每一笔交易自始至终都是在经营者的操控下才得以达成的。因此，网店经营者对网店享有无可辩驳的支配权。但网络交易平台提供者则认为，网店经营者对网店根本不具有支配权，网店的形成和运营无不依赖于网络交易平台的技术支持和服务。本书认为，在现代网络社会，随着网络资源作为一种新的生产要素变得越来越普遍，我们对网络中支配关系的认定不应过于狭隘，不应以为只要是存在于网站上的事物，该网站的创立者都享有支配权，除此之外的其他法律主体对此不享有支配权。如果按照这一法律逻辑，最终的推论将是，互联网的最初创立者（阿帕网设计团队）将对随后所有建立在互联网上的网站享有支配权。很明显，这一结论是极为荒谬的。在法律逻辑中，对主体与客体之间是否存在支配关系的判断从来都不是从微观角度（技术控制）或实然层面予以认定的，而往往是从宏观角度（直觉、共识）或应然层面作出的判断。例如，在动产所有权人对动产间接占有的情形中，直接占有人对动产具有事实上的支配力，但是该支配力却不能否定所有权人对该动产的支配力。在二者发生冲突时（如拾得人拾得该动产时），动产所有权人的支配力（原物返还请求权）要优于拾得人的基于占有的支配力（占有效力）。由此可见，占有人实际上占有、支配动产并不意味着其就该动产享有绝对的支配力，在法律意义上，主体对客体支配力的大小、优劣往往是价值和道德判断的结果，如主体的类型、客体的属性、主体与客体的法律关系等。

就网店而言，虽然网络交易平台提供的网络技术和服务构成了网店运营的基本逻辑基础，但我们从某一个具体的网店来看，其背后几乎都是由一个专门的团队在负责运营。营销团队负责制定营销策略并策划各种产品促销活动，生产团队则根据网店产品销量和用户反馈信息及时更新产品并生产适量的产品，售后团队则负责妥善处理好各种产品售后问题，使用户获得最大的购物满意度。可以说，网络交易平台仅仅是提供了一张白纸，而正是网店经营者的辛苦付出才使网店成为具有市场价值的经营实体。因此，网店经营者对网店享有事实的支配力，在道德价值层面也有权支配网络店铺，其真正决定着网店的日常经营和管理。

4. 网店具有稀缺性

有人认为，由于网络资源具有可复制性、不可消耗性的特点，所以网店根本不具有稀缺性，不应属于网络虚拟财产。但是，从电子商务经济的实际情况来看，网店的稀缺性是毋庸置疑的，否则就难以解释为何司法实践中网店交易屡禁不止，以及不同类型网店的价值相去甚远。本书认为，网店的稀缺性是毋庸置疑的，网店的稀缺性并不体现在网络资源的构成上，而是体现在经营资源的构成上。与网络资源的可复制性不同，作为营业资产的商誉、信用评价、关注人数、经营期限等都不是可以复制的，它们也从根本上决定着网店经营的好坏。

第三节　网店经营者有权转让网店吗

一、网店上的权利

在讨论网店的权利归属之前我们必须首先理清的一个问题是，网店上存在什么样的权利。该问题是回答网店权利归属的基本前提。结合网店的实质构成和当前网络平台上服务协议的约定，我们认为网络店铺上存在两个权利主体，即网络交易平台提供者和网店经营者，二者都对网店享有合法权利。

（一）网店管理权

网络交易平台为网络交易活动的开展提供了硬件和软件支持，是网络交易活动的组织者和管理者，当前各大网络交易平台的服务协议都约定了网络交易平台提供者对网店的管理权，并且当前规制网络交易的各项法律法规也规定了网络交易平台对网店有管理的权利和义务。

1. 网店账户管理

网店管理权首先就体现为网络交易平台提供者对网店账户的管理，例如《淘宝平台服务协议》第3.2条的"账户转让"条款约定："由于用户账户关联用户信用信息，仅当有法律明文规定、司法裁定或经淘宝同意，并符合淘宝平台规则规定的用户账户转让流程的情况下，您可进行账户的转让。您的账户一经转让，该账户项下权利义务一并转移。除此外，您的账户不得以任何方式转让，否则淘宝平台有权追究您的违约责任，且由此产生的责任及后果均由您自行承担。""实名认证"条款约定："作为淘宝平台经营者，为使您更好地使用淘宝平台的各项服务，保障您的账户安全，淘宝可要求您按支付宝公司要求及相关法律法规规定完成实名认证。""不活跃账户回收"条款约定："如您的账户同时符合以下条件，则淘宝可回收您的账户，您的账户将不能再登录任一阿里平台，相应服务同时终止：（一）未绑定通过实名认证的支付宝账户；（二）连续六个月未用于登录任一阿里平台；（三）不存在未到期的有效业务。"

2. 网店注册信息管理

在网络实名制的法律强制要求下，网络交易平台提供者必须要对网店的注册信息予以管理，确保注册信息真实、合法、有效。例如《淘宝平台服务协议》第3.3.1条的"会员名的合法性"条款约定："您设置的淘宝会员名不得违反国家法律法规及淘宝平台相关规则关于会员名的管理规定，否则淘宝可回收您的淘宝会员名。淘宝会员名的回收不影响您以邮箱、手机号码登录淘宝平台并使用淘宝平台服务。"第3.3.2条的"更新维护"条款约定："您应当及时更新您提供的信息，在法律有明确规定要求淘宝作为平台服务提供者必须对部分用户（如平台卖家等）的信息进行核实的情况下，淘宝将依法不时地对您的信息进行检查核实，您应当配合提供最新、真实、完整、有效的信息。""如淘宝按您最后一次提供的信息与您联系未果、您未按淘宝的要求及时提供信息、您提供的信息存在明显不实或行政司法机关核实您提供的信息无效的，您将承担因此对您自身、他人及淘宝造成的全部损失与不利后果。淘宝可向您发出询问或要求整改的通知，并要求您进行重新认证，直至中止、终止对您提供部分或全部淘宝平台服务，淘宝对此不承担责任。"

3. 网店内容管理

网店经营者依照服务协议约定的程序注册网络账号后就可以对其网店进行装修，并将其经营的产品或服务的图片或者说明文字上传至网络空间，但是网店内容的设计和安排并非完全由网店经营者自己决定，网络交易平台提供者对网店的内容也享有一定的管理权。例如《京东国际开放平台管理规则总则》第32条约定："'商品如实描述'及对其所售商品/服务质量承担保证责任是卖家的基本义务。'商品如实描述'是指卖家在商品描述页面、店铺页面、活动页面、咚咚等所有京东国际开放平台提供的渠道中，应当对商品的基本属性、成色、瑕疵等必须说明的信息进行真实、完整的描述。商家在京东国际开放平台发布的商品或信息应当严格遵守《京东开放平台商品信息发布规范》及相关国家、行业法律法规。"另外，网络交易平台还有权决定网店中展示的商品数量，以及网店商品长期没有售出时平台可以自动决定下架或删除。例如《京喜拼购店铺商品数量资源管理规则》约定，对于鞋靴类商品，自然人/个体工商户店在售商品数量不得超过1000个，企业店不得超过4000个；并且该规则第2.1条还约定，在售商品中90天无动销的商品将会被系统自动下架；第2.2条约定，待售商品中90天内无操作记录（上下架、修改商品）的商品将会被系统自动删除至回收站。

除了以上网络服务协议的约定，网络交易平台提供者对网店的管理权还得到了当前立法的承认与认可。《电子商务法》第10条规定："电子商务经营者应当依法办理市场主体登记。但是，个人销售自产农副产品、家庭手工业产品，个人利用自己的技能从事依法无须取得许可的便民劳务活动和零星小额交易活动，以及依照法律、行政法规不需要进行登记的除外。"第15条规定："电子商务经营者应当在其首页显著位置，持续公示营业执照信息、与其经营业务有关的行政许可信息、属于依照本法第十条规定的不需要办理市场主体登记情形等信息，或者上述信息的链接标识。""前款规定的信息发生变更的，电子商务经营者应当及时更新公示信息。"第27条第1款规定："电子商务平台经营者应当要求申请进入平台销售商品或者提供服务的经营者提交其身份、地址、联系方式、行政许可等真实信息，进行核验、登记，建立登记档案，并定期核验更新。"由此可知，网络交易平台提供者对网店享有约定和法定的管理权利，同时该管理行为也是网络交易平台不可推卸的法定义务。

（二）网店处罚权

网店管理权的有效行使需要以一定的惩罚措施为保障手段，因此，网络服务协议都约定网络交易平台提供者对网店享有处罚的权利。《淘宝平台服务协议》第6.2条的"行为限制"条款约定："您在淘宝平台上实施的行为，或虽未在淘宝平台上实施但对淘宝平台及其用户产生影响的行为构成违约的，淘宝可依据相应规则对您执行账户扣分、中止向您提供部分或全部服务、划扣违约金等处理措施。如您的行为构成根本违约的，淘宝可查封您的账户，终止向您提供服务。"而且，《天猫市场管理规范》还对网店经营者不同的违规行为制定了极为详细的市场管理处罚措施，包括：（1）扣分及节点处理；（2）公示警告；（3）账户权限管控；（4）经营权限管控；（5）违规商品或信息处置；（6）关联影响；（7）其他处理措施。

同时，当前立法也对网络交易平台提供者的处罚权予以认可。《网络交易监督管理办法》第29条规定："网络交易平台经营者应当对平台内经营者及其发布的商品或者服务信息建立检查监控制度。网络交易平台经营者发现平台内的商品或者服务信息有违反市场监督管理法律、法规、规章,损害国家利益和社会公共利益,违背公序良俗的,应当依法采取必要的处置措施,保存有关记录,并向平台住所地县级以上市场监督管理部门报告。"第30条规定:"网络交易平台经营者依据法律、法规、规章的规定或者平台服务协议和交易规则对平台内经营者违法行为采取警示、暂停或者终止服务等处理措施的,应当自决定作出处理措施之日起一个工作日内予以公示,载明平台内经营者的网店名称、违法行为、处理措施等信息。警示、暂停服务等短期处理措施的相关信息应当持续公示至处理措施实施期满之日止。"《电子商务法》第29条也规定:"电子商务平台经营者发现平台内的商品或者服务信息存在违反本法第十二条、第十三条规定情形的,应当依法采取必要的处置措施,并向有关主管部门报告。"第36条规定:"电子商务平台经营者依据平台服务协议和交易规则对平台内经营者违反法律、法规的行为实施警示、暂停或者终止服务等措施的,应当及时公示。"

正如本书所言,网络交易平台提供者作为特定网络交易的组织者和管理者,有义务维护网络交易的正常经营秩序,如此才能确保电子商务经济的健康发展。基于这一目的,网络交易平台就必须加大对网店经营的管理力度,并通过有力的处罚措施确保网店的守法经营。因此,网络交易平台提供者应对网店享有管理权和处罚权。

(三)网店经营权

商事主体设立网店的主要目的是获利,因此,商事主体就需要对网店享有经营权。具体而言,网店经营权的内容包括:首先,网店经营者有权占有并使用网店账号和密码。网店的账号和密码相当于网店经营者的身份凭证,网络交易平台提供者通过账号和密码完成对网店经营者的身份验证。网店经营者通过占有网店账号和密码,可以排除其他法律主体访问、修改网店内容和干扰网店正常经营。其次,网店经营者有权决定网店经营内容。

当前我国电子商务经济正如火如荼地开展，网店经营的内容多种多样，网店经营者有权自己决定网店的经营内容。最后，网店经营者有权决定网店经营活动的开展。我国电子商务经济竞争激烈，网店的成功经营有赖于持续地开展一系列的营销活动，因此网店经营者就需要结合网店的产品类型和目标客户群体，连续不断地采取一系列的营销活动来吸引潜在客户。

在司法实践中，围绕网店经营权的主要法律纠纷是，当网店的注册者与网店的实际经营者不一致而对网店经营权归属产生争议时，该由谁获得网店经营权。主张由网店注册者获得网店经营权的观点认为，网店是凭借注册人的个人实名信息（手机号码、身份证号）注册获得的，根据网络交易平台上服务协议的约定，网店注册不得借用他人信息，一旦发现将做封号处理。因此，网店的注册人是网店的经营权人，即使自始至终实际经营网店的并非注册人，实际经营者仍然不能成为该网店法律意义上的经营权人。而主张由网店实际经营者取得经营权的学者认为，网店的价值直接来源于网店经营，因此应从网店价值的来源判断网店经营权的归属。网店注册者仅是利用个人信息注册了网店的账号，与网店实际经营者相比，其对网店核心价值的形成并无直接贡献，因此应由网店的实际经营者取得网店经营权。该观点在司法实践中得到了法院的认可，在深圳市昕鑫泉贸易有限公司诉罗某等物权保护纠纷案中，法院认为，案涉网络店铺之所以具有财产价值，显然并非因为使用原告昕鑫泉贸易有限公司的主体信息进行了注册认证。原告昕鑫泉贸易有限公司除案涉网络店铺外并没有其他经营内容，使用原告主体信息进行注册与使用其他法人的主体信息进行注册相比，并未产生额外的价值。案涉网络店铺的主要价值在于其在注册后的经营活动中积累的信誉度、客户资源等，而这些价值显然系由实际经营主体创造的，故案涉网络店铺的经营权应归属于实际经营主体。在上海美询实业有限公司诉苏州美伊娜多化妆品有限公司等网络侵权责任纠纷案中，法院也认为，网络店铺属于广义上的网络虚拟财产，其财产使用价值应归于现实用户，即电子商务经营者，平台登记信息并非判断虚拟财产归属的标准。

本书认为,应当由网店的实际经营者获得网店经营权。首先,从网店的价值构成来看,网店实际经营者是网店价值的创造者。不管是网店信誉、客户资源、经营时间还是关注人数,网店实际经营者都起到重要作用,其应该对该价值成果享有权利。其次,由网店实际经营者获得网店经营权能够确保网店正常开展经营活动。网店实际经营者负责网店的一系列运营活动,特别是经常与其他经营者开展交易,如果网店实际经营者不享有经营权,则其对外的交易行为可能构成无权代理,不利于交易相对人的合法利益保护。最后,网店实际经营者享有网店经营权有利于保护消费者权益。在司法实践中,当网店注册者与网店实际经营者不一致时,消费者在维权时可能会面临现实的法律障碍,即网店的实际经营者并非网店的注册者,网店实际经营者可以自己并非消费合同的当事人为由对消费者的权利主张予以抗辩。而一旦承认网店实际经营者享有网店经营权,则其应当作为网络交易合同的当事人对消费者承担相应的法律责任。为此,《最高人民法院关于审理网络消费纠纷案件适用法律若干问题的规定(一)》第6条规定:"注册网络经营账号开设网络店铺的平台内经营者,通过协议等方式将网络账号及店铺转让给其他经营者,但未依法进行相关经营主体信息变更公示,实际经营者的经营活动给消费者造成损害,消费者主张注册经营者、实际经营者承担赔偿责任的,人民法院应予支持。"这一规定在实际上承认了网店实际经营者享有网店经营权。

二、网店经营者有权转让网店

网店经营者是网店的实际控制人,虽然网络交易平台基于技术优势在客观上可以随时对网店经营实施干预,但其对网店的干预仅限于必要的法定或约定情形。网店经营者对网店享有经营权,在日常经营中经营权的范围包括:管理网店商品,网店装修,制定网店经营策略,制作产品营销方案，处理售后争议，等等。作为网络虚拟财产，网络店铺的财产价值非常突出，当前电子商务市场对优质网店的需求量相当巨大，并已经出现了大量的提供网店转让服务的专业平台，如淘铺王、舞泡、易店无忧、店安家、风向区、鲸派网、推瓜网、店易多、永淘网、热铺网、麦淘网、淘店家等。然而，针对网店经营者是否有权转让网店这一问题，网店经营者与网络交易平台提供者存在截然相反的观点。网店经营者当然认为其是有权转让的，这样其就可以在不愿或不能继续经营网店时将网店卖出获利；然而网络交易平台提供者则认为网店经营者无权转让网店，主要理由是网络服务协议禁止网店转让，网店转让会扰乱健康的电子商务经济交易秩序，架空网络平台的信用体系，不利于保护消费者合法利益。双方对该问题存在矛盾，难以达成一致，因此导致司法实践中因网店转让引发的法律纠纷逐年增多，这不仅增加了法院的诉累，也不利于网店交易所引发的法律关系的稳定。本书认为，基于网店的实质构成、价值来源、网店交易的实际后果，并考虑到网店经营者的合法利益诉求，网店经营者有权转让网店。

1. 网店的价值主要来自网店经营者的劳动付出

网店经营者注册取得的网络店铺仅是一张"白纸"，网络店铺的财产价值直接依赖于网店经营者的劳动付出。网店经营者在电子商务平台中享受的技术服务几乎是一样的，但有的网店价值千万，有的则一文不值甚至面临关闭，原因就在于网店经营者的经营能力和投入的精力存在巨大差异。在当前的网店交易市场中，网店的价值主要来自网店商誉（好评率）、网店关注量、网店交易量、网店收藏量等。作为网络社会的"原居民"，我们都对网络交易活动比较熟悉，网店的商誉对网店的经营成败至关重要，而良好的网店商业信誉的形成与网店经营商品的质量和经营者的服务质量密切相关。良好的产品质量需要商家在商品的设计和制造环节投入大量的金钱与时间，而良好的服务评价更是需要商家提供优秀的售后服务。因此，网店的主要价值来源于网店经营者的经营行为，该经营行为最终凝聚为网络虚拟财产。

作为网店价值的主要创造者，网店经营者对网店享有网络虚拟财产权，这不仅符合洛克的财产权劳动理论，同时也是大数据时代充分发挥数据要素资源价值潜能的必然要求。2022年12月，《中共中央 国务院关于构建数据基础制度更好发挥数据要素作用的意见》（简称《数据要素作用意见》）对外发布，《数据要素作用意见》提出了20条政策举措，包括建立保障权益、合规使用的数据产权制度，建立合规高效、场内外结合的数据要素流通和交易制度，建立体现效率、促进公平的数据要素收益分配制度，建立安全可控、弹性包容的数据要素治理制度等。《数据要素作用意见》提出了数据要素上权利配置的一系列原则和规则，以此实现数据要素价值的深度开发、挖掘，进而促进大数据经济持续繁荣发展。《数据要素作用意见》第5条规定："推动建立企业数据确权授权机制。对各类市场主体在生产经营活动中采集加工的不涉及个人信息和公共利益的数据，市场主体享有依法依规持有、使用、获取收益的权益，保障其投入的劳动和其他要素贡献获得合理回报，加强数据要素供给激励。"第7条规定："建立健全数据要素各参与方合法权益保护制度。充分保护数据来源者合法权益，推动基于知情同意或存在法定事由的数据流通使用模式，保障数据来源者享有获取或复制转移由其促成产生数据的权益。合理保护数据处理者对依法依规持有的数据进行自主管控的权益。在保护公共利益、数据安全、数据来源者合法权益的前提下，承认和保护依照法律规定或合同约定获取的数据加工使用权，尊重数据采集、加工等数据处理者的劳动和其他要素贡献，充分保障数据处理者使用数据和获得收益的权利。保护经加工、分析等形成数据或数据衍生产品的经营权，依法依规规范数据处理者许可他人使用数据或数据衍生产品的权利，促进数据要素流通复用。建立健全基于法律规定或合同约定流转数据相关财产性权益的机制。在数据处理者发生合并、分立、解散、被宣告破产时，推动相关权利和义务依法依规同步转移。"第12条规定："健全数据要素由市场评价贡献、按贡献决定报酬机制。结合数据要素特征，优化分配结构，构建公平、高效、激励与规范相结合的数据价值分配机制。坚持'两个毫不动摇'，按照'谁投入、谁贡献、谁受益'原则，着重保护数据要素各参与方的投入产出收益，依法依规维护数据资源资产权益，探索个人、企业、公共数据分享价值收益的方式，建立健全更加合理的市场评价机制，促进劳动者贡献和劳动报酬相匹配。推动数据要素收益向数据价值和使用价值的创造者合理倾斜，确保在开发挖掘数据价值各环节的投入有相应回报，强化基于数据价值创造和价值实现的激励导向。通过分红、提成等多种收益共享方式，平衡兼顾数据内容采集、加工、流通、应用等不同环节相关主体之间的利益分配。"

  网络虚拟财产在物理层面是由数据构成的，就网店的核心构成要素来看，如收藏量、关注量、好评率等，都是基于网络统计技术对相关网络数据整合的结果，收藏量就是对收藏该网店的用户数据统计的结果，关注量就是对关注该网店的用户数据统计的结果，而好评率则是对用户评价数据统计分析的结果。网店经营者既是网店交易的从业人员，也是数据要素资源的处理者，正是基于网店经营者的经营行为，大量的客户资源才能被吸引到目标网店中，客户在该网店中消费并留下消费数据，而该消费数据又成为网络虚拟财产的一部分。因此，可以说网络虚拟财产本身就是数据产品的一种具体类型，网络虚拟财产上的权利配置应该符合数据资源配置的一般原则。通过分析《数据要素作用意见》，我们可以对数据产品上的权利配置规则予以总结：（1）价值创造者享有数据权益；（2）数据处理者对衍生数据享有经营权；（3）数据权人可以流转数据相关财产性权益。以上指导原则为网店经营者享有网络虚拟财产权提供了有力的支撑，网店经营者作为经营数据的处理者和营业资产的创造者，应该对该数据产品——网店——享有网络虚拟财产权。同时，网店经营者作为网络虚拟财产权利人应该有权流转网店，因为网店属于网店经营者的数据财产。

2. 禁止网店转让的约定属于无效的格式条款

正如传统店铺商业信誉的积累，网店商业信誉的积累离不开网店经营者的辛勤付出，从产品质量把关到客服沟通再到物流送货与售后服务，网店商业信誉的积累在很大程度上是网店经营质量的体现。[①]在淘宝交易平台上，网络用户注册网店必须要无条件地同意淘宝提供的《淘宝平台服务协议》《支付宝服务协议》等协议，网络用户只能选择接受或退出，对于协议的内容并没有充分协商的余地。在司法实践中，网络交易平台往往以其已经对该账号的不可转让进行明确约定并对相关条款予以加粗显示为由，证明其已经履行了告知说明义务，同时以消费者利益保护和交易秩序维护为由证明网店账号的禁止转让具有正当理由，因此不构成对网店经营者主要权利的排除和自身责任的免除。对此，我们必须意识到，网店账号与作为营业资产和数据产品的网店是两个完全不同的事物维度，网店账号是网络用户在网络交易平台上的电子ID，其仅作为网络用户接受特定网络服务的一种身份信息[②]，而网店则属于凝结了商号、客户资源、销售网络、进货渠道、商业信誉、售后服务等经营要素为一体的网络虚拟财产。

作为网店的价值创造者，网店经营者对网店应享有网络虚拟财产权，这一权利不得被任何法律主体以任何形式予以否定或排除，尤其是网络交易平台提供者不得以网络协议或凭借技术优势排除网店经营者的网络虚拟财产权。对此，《电子商务法》第35条规定："电子商务平台经营者不得利用服务协议、交易规则以及技术等手段，对平台内经营者在平台内的交易、交易价格以及与其他经营者的交易等进行不合理限制或者附加不合理条件，或者向平台内经营者收取不合理费用。"同时，《网络交易监督管理

[①] 在司法实践中，有法院认为，网店在经营期间形成的商业信誉应属网店本身以及其经营者所有。例如，在淄博梦卡露陶瓷有限公司诉张某美合同纠纷案中，法院认为，"优质网店"、"金牌卖家"、"平台信用等级9级"和"1号家装馆"网店及相应网销商品在订购平台的搜索权重等，均属于网店本身的商业信誉。参见（2017）鲁03民终54号民事裁定书。

[②] 杨立新：《网络交易平台提供者民法地位之展开》，《山东大学学报（哲学社会科学版）》2016年第1期，第26页。

办法》第32条也规定："网络交易平台经营者不得违反《中华人民共和国电子商务法》第三十五条的规定，对平台内经营者在平台内的交易、交易价格以及与其他经营者的交易等进行不合理限制或者附加不合理条件，干涉平台内经营者的自主经营。"

从以上内容可以看出，当前立法高度重视对网络交易平台内经营者的权利保护，并强调平台提供者不得以单方提供的网络服务协议排除平台内经营者的合法权益。因此，网络交易平台提供者以网络服务协议排除网店经营者转让网店的权利，已经构成对网店经营者与其他经营者的交易施加不合理限制或者附加不合理条件，且构成排除平台内经营者的合法权益。根据我国《民法典》第497条第2项和第3项的规定，"提供格式条款一方不合理地免除或者减轻其责任、加重对方责任、限制对方主要权利"，以及"提供格式条款一方排除对方主要权利"的格式条款都归于无效。因此，网络交易平台以网络服务协议禁止网店转让的约定都属于无效的格式条款，对网店经营者不发生任何法律效力。

3. 网店转让将导致网络交易失序的假设难以成立

网络交易平台禁止网店转让的另一个主要理由是消费者权益保护与网络交易秩序维护，但实际上该理由并不成立。

首先，网络交易平台提供者提出该理由的一个前提假设是，网店的受让人接手网店后提供的网络产品或服务品质必然不如转让人甚至会欺诈消费者。但是，网络交易平台提供者提出该种假设的依据何在？《淘宝平台服务协议》第2.1条的"主体信息"条款约定："本协议项下，淘宝平台经营者可能根据淘宝平台的业务调整而发生变更，变更后的淘宝平台经营者与您共同履行本协议并向您提供服务，淘宝平台经营者的变更不会影响您本协议项下的权益。"同为网络经营者，淘宝平台为何对自己经营变更的行为如此自信，而对网店受让人经营变更的行为如此悲观？网络交易平台提供者的这种双重认定标准实在难以令人信服！而且司法实践已经表明，网店受让人基于营利目的往往会对网店经营尽心尽力，使网店获取更好的信用评级。①

其次，电子商务经济的一个重要特征就在于信息的公开与透明，网络交易平台通过后台的信息整理与分析可以精准、快速地对网店经营的信用状况予以反映。即使网店转让给了经营资质较差的经营者，只要网络交易平台对该网店的经营状况予以实时评价，那么消费者自然会作出理性的消费选择。而市场经济优胜劣汰的规则自然会将落后的经营者淘汰。

最后，网络交易平台的规定存在自相矛盾。当前淘宝交易平台认可的网店过户情形包括结婚、离婚、继承以及亲属之间的转让，这就不禁让人心生疑惑，以上情形也会导致网店经营主体的实质变更，但淘宝交易平台是如何断定网店在亲属间的转让就必然不会导致网店经营质量的降低，而网店在陌生人之间的转让必然会导致网店信用的降低的。淘宝公司对以上两种网店转让情形作出截然不同价值判断的思维让人难以捉摸。

事实上，网店转让的双方当事人都是商事主体，商事主体与民事主体的主要区别就在于商事主体从事交易行为的专业性和营利性，人们对商事经营者的信任不是完全出于对商事主体的身份认同，而是更多地基于对其提供的商品或服务质量的认可。网店转让的客体往往包含了转让人的供货渠道、商业秘密、经营方式，在很多情形下转让网店的同时，转让人与其员工之间的合同关系也随之转移给新的受让人，以此保障营业资产的质量和营利能力。因此，网店转让必然会导致消费者权益受损以及交易秩序紊乱的观点存在太多的主观臆想成分，以至于使持该观点的学者对现实生活中发生的基本事实视而不见。

因此，网店转让导致网络交易秩序混乱或网络交易信用体系崩塌仅是一种可能性结果，只要我们科学地构建与网店转让相配套的保障性机制，

---

① 例如，在程某华与黄某、上海舞泡网络科技有限公司买卖合同纠纷案中，在双方《网店转让协议》签订之后，经过原告的苦心经营，并投入巨额宣传费用后，转让店铺的经营状况得到了明显改善，每月营业额达五万元，并于2015年3月评为3个皇冠。参见（2015）闵民一（民）初字第12884号民事判决书。

网店转让的不利后果就可以最大限度地避免或降低。其中一项便捷有效的保障性机制便是网店信息变更公开制度——及时将网店的转让信息公示，充分保障消费者在网络交易时的知情权和选择权。对此，《电子商务法》第15条规定："电子商务经营者应当在其首页显著位置，持续公示营业执照信息、与其经营业务有关的行政许可信息、属于依照本法第十条规定的不需要办理市场主体登记情形等信息，或者上述信息的链接标识。""前款规定的信息发生变更的，电子商务经营者应当及时更新公示信息。"第27条第1款规定："电子商务平台经营者应当要求申请进入平台销售商品或者提供服务的经营者提交其身份、地址、联系方式、行政许可等真实信息，进行核验、登记，建立登记档案，并定期核验更新。"基于以上规定，当有网店转让时，平台经营者应在显著位置公示新的受让人信息，消费者可以在第一时间了解该网店经营者的变更信息，进而作出消费选择。如果受让人提供的商品质量低劣或经营能力不足，消费者可以在消费后提交差评，网络交易平台经营者也可以实时降低该网店的各项信用评价，以此为其他消费者作出理性的消费选择提供指引。

4. 禁止网店转让不利于数据要素资源优化配置

网络店铺作为网络虚拟财产兼具使用价值和交换价值，因此在市场经济中存在巨大的交易需求。一方面，网店经营者可能基于自身原因迫切需要将网店价值变现，因此从网店经营中脱身。例如，在继承发生的网店转让中，继承人可能没有经营能力同时也缺乏经营兴趣，此时其就具有转让网店的现实需求，将网店转让给其他有实际需求的人，比如与被继承人一起经营网店的合伙人。另一方面，商事主体对优质的网店具有巨大的商业需求。在现实中，商事主体为了节约开设网店付出的时间成本、推广成本、客户集聚成本，迫切需要利用那些信誉度较好、客户群庞大、销售渠道健全的网络店铺。因此，在市场经济条件下，允许网店转让是实现数据资源优化配置的必然要求，否则就可能导致网络交易市场中集聚的交易需求无法得到满足,迫使商事主体冒险选择其他的网店获取方式。从目前司法实践中出现的案例来看,不允许网店转让往往导致市场交易主体两败俱伤,极不利于商事交易的效率和安全。

综上可知,网店经营者作为网店的价值创造者对网店应享有网络虚拟财产权,该网络虚拟财产权的权能包括经营权和转让权,除非基于法律规定或公平的协议约定,任何人或组织不得限制或者剥夺网店经营者的网络虚拟财产权。

三、网店转让的法律保障机制

通过前文的论述我们已经可以看出,网店转让的实质并不是简单的账号买卖,也不是网店转让人将其与网络交易平台之间的权利义务关系笼统地转让给他人,网店转让的实质是网店经营者将其长期积累的网络虚拟财产作为一个有机的财产集合转让给受让人,由受让人取代他继续从事网店经营活动。网店转让涉及的利益主体有网络交易服务平台提供者、网店转让人、网店受让人、网店的债权债务人、网店消费者。由于当前我国法律法规对网店的法律性质认识不清,网店转让缺乏科学、有效的法律规制,网店转让中存在大量的背信和投机行为,严重损害了相关法律主体的合法利益。为此,我们有必要在将网店界定为网络虚拟财产,并将各方法律主体科学界定在网络虚拟财产权的法律框架内对网店转让引发的法律关系予以调整、规制。同时,需要说明的是,本书对网店转让法律规范的设计主要针对的是个人网店而非企业网店,原因是,企业网店往往登记在公司的名下,网店转让可通过股份转让或公司合并的方式直接实现,企业网店转让在当前并不存在法律障碍。在当前司法实践中,因网店转让引发法律纠纷的主要是个人网店,个人网店是以自然人个人名义注册的,而当前网络服务协议禁止个人网店转让,个人网店转让难以完成注册信息的变更,因此转让个人网店就容易引发法律纠纷。接下来本书就主要以个人网店为研究对象，对个人网店转让涉及的法律关系予以调整，确保个人网店转让的法律实现与安全。

（一）网络交易平台提供者在网店转让中的法律义务

1. 经营资质审核义务

值得注意的是，考虑到有的网络经营事项需要特定的经营资质或行政许可，网络交易平台在为转让双方办理变更登记时应审核受让人的经营资质，否则就有可能导致部分不具有经营资质的受让人凭借网店转让而获得非法经营资格。对此，《电子商务法》第27条第1款规定："电子商务平台经营者应当要求申请进入平台销售商品或者提供服务的经营者提交其身份、地址、联系方式、行政许可等真实信息，进行核验、登记，建立登记档案，并定期核验更新。"由此可见，基于当前法律法规的规定，网络交易平台为网店转让提供信息变更服务时有义务审核受让人的经营资质，若受让人不具备相关经营资质，则可以拒绝为其提供变更服务。

2. 网店信息变更义务

网店转让的实质是网店经营者对合法取得的虚拟财产的转让，基于网店的虚拟性和数字化特征，网店转让的完成离不开网络交易平台提供者的技术服务，而这一技术服务属于电子商务经济中的一项基础性的公共服务，网络交易平台提供者不能凭借其技术垄断地位拒绝为网店转让提供协助。一旦网店受让人具备经营资质且双方达成了网店转让的合意，则网络交易平台应该积极协助网店转让人和受让人完成网店的转让，为转让双方完成交易系统后台备案信息的变更。对此，《电子商务法》第15条规定："电子商务经营者应当在其首页显著位置，持续公示营业执照信息、与其经营业务有关的行政许可信息、属于依照本法第十条规定的不需要办理市场主体登记情形等信息，或者上述信息的链接标识。""前款规定的信息发生变更的，电子商务经营者应当及时更新公示信息。"《网络交易监督管理办法》第 26 条也规定："网络交易平台经营者应当为平台内经营者依法履行信息公示义务提供技术支持。平台内经营者公示的信息发生变更的，应当在三个工作日内将变更情况报送平台，平台应当在七个工作日内进行核验，完成更新公示。"据此规定，网店转让人与受让人应将其身份信息、地址、联系方式、行政许可信息、网店转让合同、网店信息变更申请书等材料提交至网络交易平台，平台应在收到材料后 7 个工作日内完成网店信息变更，将网店受让人登记为网店的经营者。

3. 信息变更报告义务

《电子商务法》第 28 条第 1 款规定："电子商务平台经营者应当按照规定向市场监督管理部门报送平台内经营者的身份信息，提示未办理市场主体登记的经营者依法办理登记，并配合市场监督管理部门，针对电子商务的特点，为应当办理市场主体登记的经营者办理登记提供便利。"《网络交易监督管理办法》第 12 条第 4 款也规定："网络交易经营者公示的信息发生变更的，应当在十个工作日内完成更新公示。"在电子商务经济时代，网络交易已经成为当前社会中极为重要的商业构成部分，在发生网店转让时，网络交易平台依法履行信息变更报告义务能够使市场监督管理部门、税务部门了解网店的真实经营主体，进而对其采取有效的管理措施。

（二）网店转让中转让人与受让人的法律义务

1. 虚拟财产移转义务

网店转让的客体是虚拟财产，而该虚拟财产在实质上由客户数据、经营数据、商业秘密数据等内容构成。与实体财产的交付转移不同，网络虚拟财产的转移往往需要转让人的协助和配合。在转让网店时，转让人须如实向网络交易平台提交网店绑定的手机号码或身份证号码，平台应将网店与转让人的信息解除绑定,将该网店绑定在受让人名下。同时,网店转让人还应当承诺不得以任何方式对其转移的网络虚拟财产进行备份或储存,彻底实现网络虚拟财产权的移转。

2.客户信息保护义务

当前我国《民法典》和《个人信息保护法》对个人信息进行了严格保护,任何人不得非法利用或传播他人个人信息。在电子商务经济中,网店经营者基于经营需要往往会取得客户的消费信息,如网店经营者在与用户沟通过程中获得的用户个人信息或隐私信息,这些信息的用途应仅限于为用户提供服务,不得将该信息泄露给他人。我国《个人信息保护法》第10条明确规定:"任何组织、个人不得非法收集、使用、加工、传输他人个人信息,不得非法买卖、提供或者公开他人个人信息;不得从事危害国家安全、公共利益的个人信息处理活动。"在网店转让中,虽然会涉及客户信息的转移,但该信息往往以大数据信息的形态出现,如对用户关注量、收藏量统计的数据,这些数据并不存在个人信息泄露的风险。但对于用户个人信息或隐私信息,应遵循《个人信息保护法》的要求予以严格保护,在转移网店的同时应将涉及用户个人信息或隐私的数据做永久删除处理。①同时,若基于消费者权益保护的需要,需要转移部分个人信息的,则应当严格按照《个人信息保护法》第23条的规定处理——个人信息处理者向其他个人信息处理者提供其处理的个人信息的,应当向个人告知接收方的名称或者姓名、联系方式、处理目的、处理方式和个人信息的种类,并取得个人的单独同意。接收方应当在上述处理目的、处理方式和个人信息的种类等范围内处理个人信息。接收方变更原先的处理目的、处理方式的,应当依照本法规定重新取得个人同意。②

---

① 苗泽一:《数据交易市场构建背景下的个人信息保护研究》,《政法论坛》2022年第6期,第55页。

② 李炳辉:《〈个人信息保护法〉中同意的规则建构》,《湖北社会科学》2022年第8期,第129页。

3. 虚拟财产瑕疵担保义务

电子商务经济是典型的信用经济，网店转让价格在很大程度上是由网店的信用等级、客户关注量、收藏量决定的，因此网店转让人承担瑕疵担保义务的重要内容就是确保网店的信用等级和客户数量真实。网店转让人对网店信用或用户数量造假将直接影响网店的商业价值，进而导致受让人的合同利益难以实现，此时网店受让人可以被欺诈为由向法院主张解除合同。[①]

（三）网店转让中的消费者权益保护

网店转让会引发经营者的变更，而经营者的变更可能会让网店经营质量和信用状况产生一定的变化，因此，网店转让的一个重要问题是对消费者权益的保护。《电子商务法》第17条明确规定："电子商务经营者应当全面、真实、准确、及时地披露商品或者服务信息，保障消费者的知情权和选择权。电子商务经营者不得以虚构交易、编造用户评价等方式进行虚假或者引人误解的商业宣传，欺骗、误导消费者。"[②]网店转让涉及经营者的变更，网店的商业信誉在很大程度上来自经营者的商业诚信和服务质量，消费者对网店的信赖在一定程度上也直接源于对网店经营者的认可。虽然我国法律对自然人参与网络交易活动并未强制要求工商登记，但是网店转让双方和网络交易平台必须履行对消费者的信息告知义务，以确保消费者对网店真实信息的知情权。具体而言，在网店转让前转让人必须要在网店的首页公示网店转让信息，让消费者充分了解网店经营者的真实情况，以此作出真实、自主的消费选择。以网店经营者信息变更公示的时间为界限，信息变更前产生的商品或服务纠纷责任由转让人承担，公示之后

---

① 参见（2014）金牛民初字第6923号民事判决书。
② 对于电子商务平台的自营产品，《电子商务法》第37条明确规定："电子商务平台经营者在其平台上开展自营业务的，应当以显著方式区分标记自营业务和平台内经营者开展的业务，不得误导消费者。""电子商务平台经营者对其标记为自营的业务依法承担商品销售者或者服务提供者的民事责任。"

产生的纠纷责任由受让人承担,以此实现转让主体间责任的明确。[1] 如果网店转让人、受让人未在网店显著位置公示网店转让信息,那么消费者可能会在未获知网店经营真实信息的情况下作出非真实的消费决定,进而导致其合法权益受到损害。对此,《最高人民法院关于审理网络消费纠纷案件适用法律若干问题的规定(一)》第6条规定:"注册网络经营账号开设网络店铺的平台内经营者,通过协议等方式将网络账号及店铺转让给其他经营者,但未依法进行相关经营主体信息变更公示,实际经营者的经营活动给消费者造成损害,消费者主张注册经营者、实际经营者承担赔偿责任的,人民法院应予支持。"依据该法律的规定,此时应当由网店转让人和受让人向消费者承担连带法律责任。

第四节 行使网店处罚权的尺度与程序

网络交易平台提供者对网店享有管理权和处罚权,而行使处罚权必然会对网店经营者的自主经营权予以一定程度的限制,损害网店经营者的网络虚拟财产权,在网店经营者与网络交易平台提供者之间引发法律纠纷。因此,网店处罚权必须在法律的框架内合法、合规地行使,如此才能实现网店处罚权与网店经营权的和谐共生,为电子商务经济的健康长远发展保驾护航。

一、行使网店处罚权应符合比例原则

在电子商务经济中,网店违规违法经营的行为纷繁多样,该类行为的违法性和严重性各不相同,因此,对该违法违规行为的规制就应当符合比例原则,针对不同的行为采取不同的处罚手段。我国《电子商务法》第36

---

[1] 参见(2015)佛中法知民终字第42号民事判决书。

条规定："电子商务平台经营者依据平台服务协议和交易规则对平台内经营者违反法律、法规的行为实施警示、暂停或者终止服务等措施的,应当及时公示。"第45条规定："电子商务平台经营者知道或者应当知道平台内经营者侵犯知识产权的,应当采取删除、屏蔽、断开链接、终止交易和服务等必要措施;未采取必要措施的,与侵权人承担连带责任。"《网络交易监督管理办法》第30条也规定："网络交易平台经营者依据法律、法规、规章的规定或者平台服务协议和交易规则对平台内经营者违法行为采取警示、暂停或者终止服务等处理措施的,应当自决定作出处理措施之日起一个工作日内予以公示,载明平台内经营者的网店名称、违法行为、处理措施等信息。警示、暂停服务等短期处理措施的相关信息应当持续公示至处理措施实施期满之日止。"由此可见,《电子商务法》和《网络交易监督管理办法》都规定针对不同的违法违规经营行为,要分别实施不同级别的处罚措施,以此确保处罚权的比例行使。

确保行使网店处罚权符合比例原则的最为有效的方式就是联合国家主管机关、网络交易平台经营者、网店经营者等社会主体针对不同性质的违法违规行为共同制定科学、合理的处罚措施与实施制度,并将该处罚措施向网店经营者公示、宣传。由以上三方主体共同协商制定网店处罚措施和实施制度,可以确保处罚措施最大限度地凝聚三方共识并符合三方主体的正当利益需求,进而有利于电子商务经济的长远发展。而将该处罚措施和实施方式主动向网店经营者公示、宣传,可以确保网店经营者严于律己,防止其以不知道该处罚措施为由拒绝承担相应的后果。

就此而言,淘宝公司制定的网店处罚措施和实施制度值得我们学习,网店处罚措施和实施制度详细地规定在《淘宝平台服务协议》《淘宝网市场管理与违规处理规范》《淘宝网关于骗取他人财物实施细则》《淘宝网关于违规行为扣分及节点实施细则》《淘宝网出售假冒商品认定和处罚规则与实施细则》《淘宝平台争议处理规则》《天猫市场管理规范》《天猫关联店铺管理规则》等文件中,其中尤为重要的就是《淘宝网市场管理与违规处理规范》(简称《处理规范》)。①《处理规范》第8条规定了6项具体处罚措施,分别是:(1)公示警告;(2)账户权限管控;(3)经营权限管控;(4)违规商品或信息处置;(5)关联影响;(6)其他处理措施。第11条把违规行为分为三类:出售假冒商品(C类违规)、严重违规行为(B类违规)及一般违规行为(A类违规),三者独立扣分、分别累计、分别执行。(1)出售假冒商品,指出售假冒注册商标商品,或出售盗版商品的行为;(2)严重违规行为,指除出售假冒商品外,其他严重破坏淘宝平台经营秩序或涉嫌违反国家法律规定的行为;(3)一般违规行为,指除出售假冒商品与严重违规行为外的违规行为。同时,《处理规范》还规定对违规行为予以扣分处罚,并根据年度所扣分值分别作出不同的处罚措施。第12条第4项规定:"会员的违规扣分在每年的12月31日23时59分59秒清零。"但是,该扣分节点有例外规定:"会员因出售假冒商品扣分累计达24分及以上的,该年不清零,以24分计入次年;次年新增出售假冒商品扣分未达24分的,违规扣分于该年12月31日23时59分59秒清零,累计扣分达48分及以上的,查封账户。同时淘宝网会对出售假冒商品实行'三振出局'制。"因此,阿里巴巴公司所采取的违规行为类型化和违规处罚措施阶梯化的处罚权行使方式可以最大程度地维护健康的网络交易市场秩序,同时保护网店经营者的合法权益。

二、行使网店处罚权应符合正当法律程序

在司法实践中,网络交易平台提供者合法、合理地行使网店处罚权还必须符合正当程序的要求,以此避免行使处罚权不当损害网店经营者的合法权益,进而避免导致不可挽回的损失。网络交易平台提供者行使网店处罚权应遵守的正当程序依据违规违法的不同情形而有所不同,本书就以网店经营者侵害知识产权为例,探讨网络交易平台提供者行使处罚权的正当

---

① 《淘宝网市场管理与违规处理规范》,幕思城网,2022年12月3日访问。

法律程序，以此实现打击违法违规经营行为和保护网店经营者合法权益之间的平衡。

1. 网络交易平台提供者的通知转送义务

当前我国网络交易行为极为频繁，《2022年中国网络零售市场发展报告》显示，2022年全国网上零售额13.79万亿元，同比增长4%。其中，实物商品网上零售额11.96万亿元，同比增长6.2%，占社会消费品零售总额的比重为27.2%。基于上述现状，网络交易平台提供者不可能对网店经营者的所有违法违规行为都了如指掌，且基于网络数据安全的强制性要求，网络交易平台提供者也不能对网店经营者的经营行为主动开展调查。因此，对于网店经营者侵害他人知识产权的行为，只能寄希望于由知识产权人主动向网络交易平台通知网店经营者的侵权行为，与此同时，为了确保该侵权行为真实存在，应由知识产权人在发起通知时提交初步的侵权证据材料，以此为网络交易平台行使处罚权提供事实依据。为此，我国《电子商务法》第42条第1款规定："知识产权权利人认为其知识产权受到侵害的，有权通知电子商务平台经营者采取删除、屏蔽、断开链接、终止交易和服务等必要措施。通知应当包括构成侵权的初步证据。"同时，2020年印发的《最高人民法院关于审理涉电子商务平台知识产权民事案件的指导意见》第5条进一步规定："知识产权权利证明及权利人的真实身份信息；能够实现准确定位的被诉侵权商品或者服务信息；构成侵权的初步证据；通知真实性的书面保证等。通知应当采取书面形式。""通知涉及专利权的，电子商务平台经营者可以要求知识产权权利人提交技术特征或者设计特征对比的说明、实用新型或者外观设计专利权评价报告等材料。"

网络交易平台提供者收到知识产权人的侵权通知和初步证据后应当及时地将该通知转送给网店经营者，并根据收到的初步侵权证据对是否构成侵权作出认定，并采取必要的惩罚措施。对此，《电子商务法》第42条第2款规定："电子商务平台经营者接到通知后，应当及时采取必要措施，并将该通知转送平台内经营者；未及时采取必要措施的，对损害的扩大部分与平台内经营者承担连带责任。"《最高人民法院关于涉网络知识产权侵权纠纷几个法律适用问题的批复》第 2 条规定："网络服务提供者、电子商务平台经营者收到知识产权权利人依法发出的通知后，应当及时将权利人的通知转送相关网络用户、平台内经营者，并根据构成侵权的初步证据和服务类型采取必要措施；未依法采取必要措施，权利人主张网络服务提供者、电子商务平台经营者对损害的扩大部分与网络用户、平台内经营者承担连带责任的，人民法院可以依法予以支持。"在司法实践中，网络交易平台提供者采取必要措施面临的法律风险是，由于网络侵权的隐蔽性，网络交易平台提供者难以根据有限的证据及时作出必要且合理的惩罚措施，而一旦该惩罚措施实施过度或不足，网络交易平台将面临来自网店经营者或知识产权人的侵权之诉。对此，2020 年修正的《最高人民法院关于审理侵害信息网络传播权民事纠纷案件适用法律若干问题的规定》第 14 条规定："人民法院认定网络服务提供者转送通知、采取必要措施是否及时，应当根据权利人提交通知的形式，通知的准确程度，采取措施的难易程度，网络服务的性质，所涉作品、表演、录音录像制品的类型、知名度、数量等因素综合判断。"《最高人民法院关于审理涉电子商务平台知识产权民事案件的指导意见》第 10 条第 1 款也规定："人民法院判断电子商务平台经营者是否采取了合理的措施，可以考量下列因素：构成侵权的初步证据；侵权成立的可能性；侵权行为的影响范围；侵权行为的具体情节，包括是否存在恶意侵权、重复侵权情形；防止损害扩大的有效性；对平台内经营者利益可能的影响；电子商务平台的服务类型和技术条件等。"

同时，需要注意的是，网络服务平台提供者采取必要处罚措施的条件是根据知识产权人提供的初步证据认为网店经营者"可能构成侵权"，而基于网络交易纠纷的多样性和复杂性不应对初步证据的证明标准要求过高。例如，在上海美询公司与苏州美伊娜多公司等网络侵权责任纠纷案中，法院认为，对于初步证据的证明标准应采"一般可能性"标准，即排除明显不构成侵权的侵权通知,以一般判断能力相信有侵权可能即可。因此,尽管美伊娜多公司在诉讼中被发现投诉的材料存在瑕疵,但并不影响其满足初步证据的要求。淘宝公司据此采取临时性的必要措施并无不当。①

2. 网络交易平台提供者的声明转送义务

网店经营者收到来自网络平台的侵权通知后如果认为自己不构成侵权,可以向网络交易平台提交不存在侵权行为的声明,并同时提供不构成侵权的初步证据。《电子商务法》第 43 条第 1 款规定:"平台内经营者接到转送的通知后,可以向电子商务平台经营者提交不存在侵权行为的声明。声明应当包括不存在侵权行为的初步证据。"《最高人民法院关于审理涉电子商务平台知识产权民事案件的指导意见》第 7 条进一步规定了网店经营者提交初步证据的内容:"平台内经营者依据电子商务法第四十三条的规定,向电子商务平台经营者提交的不存在侵权行为的声明一般包括:平台内经营者的真实身份信息;能够实现准确定位、要求终止必要措施的商品或者服务信息;权属证明、授权证明等不存在侵权行为的初步证据;声明真实性的书面保证等。声明应当采取书面形式。""声明涉及专利权的,电子商务平台经营者可以要求平台内经营者提交技术特征或者设计特征对比的说明等材料。"法律作如此规定的原因是,网络侵权的认定具有一定的复杂性,为了避免网络交易平台错误行使处罚权损害网店经营者的合法权益,就应当给予网店经营者充分的申诉权利。网店经营者通过提供不侵权证据,可以为网络交易平台变更或解除处罚措施提供事实依据。

当网店经营者发出不侵权声明后,网络交易平台提供者有义务立刻将该声明转送给知识产权人。《电子商务法》第 43 条第 2 款规定:"电子商务平台经营者接到声明后,应当将该声明转送发出通知的知识产权权利人,并告知其可以向有关主管部门投诉或者向人民法院起诉。"值得注意的是,在我国当前的电子商务经济中,虽然网络服务提供者通常有权介入网

---

① 参见(2020)沪 01 民终 4923 号民事判决书。

店经营者在经营中与其他法律主体之间的纠纷，但是网络服务提供者本身并没有司法裁决的法定职能，因此当网店经营者与其他法律主体存在纠纷且各持己见时，网络服务提供者不能单方作出处罚决定，而只能要求纠纷主体向司法机关寻求法律救济。

3. 网络交易平台提供者终止处罚措施的义务

当网店经营者与知识产权人就是否存在侵权行为产生争议时，网络交易平台本身没有能力和权力作出责任认定，并且网络交易平台提供者采取的必要处罚措施也有可能因行使错误侵害网店经营者的虚拟财产权。对此，我国《民法典》第1196条第2款规定："网络服务提供者接到声明后，应当将该声明转送发出通知的权利人，并告知其可以向有关部门投诉或者向人民法院提起诉讼。网络服务提供者在转送声明到达权利人后的合理期限内，未收到权利人已经投诉或者提起诉讼通知的，应当及时终止所采取的措施。"《电子商务法》第43条第2款规定："电子商务平台经营者在转送声明到达知识产权权利人后十五日内，未收到权利人已经投诉或者起诉通知的，应当及时终止所采取的措施。"《最高人民法院关于涉网络知识产权侵权纠纷几个法律适用问题的批复》第3条也规定："在依法转送的不存在侵权行为的声明到达知识产权权利人后的合理期限内，网络服务提供者、电子商务平台经营者未收到权利人已经投诉或者提起诉讼通知的，应当及时终止所采取的删除、屏蔽、断开链接等下架措施。因办理公证、认证手续等权利人无法控制的特殊情况导致的延迟，不计入上述期限，但该期限最长不超过20个工作日。"可见，当网店经营者与知识产权人对网店经营者是否存在侵权行为产生争议时，知识产权人应当在规定期限内（转送声明到达知识产权权利人后15日内）向有关部门投诉或提起诉讼。否则，就应当认为网店经营者不构成侵权，网络交易平台提供者应及时解除对网店经营者实施的处罚措施。

第六章

加密货币是货币吗

本章想探讨的是以比特币为代表的加密货币（包括火星币、莱特币、泰达币等）的法律性质和规制问题，本章将比特币、火星币、莱特币、泰达币等称为加密货币，主要原因是想与前文涉及的虚拟货币（游戏货币、社交货币）予以区分。在当前的法律法规文件和学界研究中，立法者和学者往往以虚拟财产统摄比特币、游戏币、打赏币等货币型财产。然而，以比特币为代表的加密货币与游戏货币、社交货币在产生方式、技术构成、功能定位上存在本质不同。比特币具有匿名性、去中心化特征，并以"挖矿"的方式取得，总额有限（2 100万个），一旦发行完毕便不会新增。在功能上，比特币以法定货币替代者的身份自诩，比特币的信奉者认为比特币完美地继承了法定货币的流通功能、价值存储功能和记账功能，而脱离了法定货币在现代主权国家中被过度施加的货币政策的束缚。而游戏货币和社交货币是由中心化的游戏运营商或社交平台运营商发行的，在游戏环境或社交环境中充当一般等价物，在该环境之外几乎不具有任何的流通价值和存储价值。而且，游戏币和社交货币的发行数量受到国家主管机关的严格限制，但又没有发行数量上限。当前我国学界和实务界对加密货币的法律性质都存在争议，由此导致司法实践对加密货币法律纠纷的处理存在巨大差异，为此，作者决定在本书最后一章专门探讨加密货币的法律属性与规制问题。

第一节　作为非法定货币的虚拟财产

比特币是当前最具代表性的加密货币类型，以下就主要以比特币为例研究分析加密货币的法律属性。研究比特币法律属性的前提是搞清楚比特币到底是什么。虽然法学研究者往往欠缺深厚的科技知识，但幸运的是，比特币的技术构成、运行机理并不复杂，并且随着比特币的价值与日俱增，对比特币的研究已经成为密码学、经济学、政治学、法学等学科研究的热门问题。他山之石，可以攻玉。本章就以当前学界已经研究成熟的且形成共识的比特币知识作为分析比特币法律属性的事实基础。

当前的研究一致认为，中本聪发明比特币的动机是想创造一种"纯粹点对点的电子现金形式"，在交易中不需要信任第三方，并且货币供给不会被任何人改变。[1]换句话说，比特币将实物现金的理想特征（不需要中介，交易立达）带到了数字领域，比特币将这些优良的货币属性与铁的货币政策结合起来，没有外部力量可以通过操纵非预期的货币通胀为自己牟利，而牺牲持币者的利益。中本聪通过一系列重要但尚未被广泛理解的技术达成了目标，创造了一个没有单点故障的，以哈希、数字签名、工作量证明为显著特征的分布式点对点网络。就此而言，我们可以将比特币理解为一个自发形成的自治公司，它提供了一种新的货币形式和支付网络。这个公司没有管理或组织框架，所有的决策都是自动化的、预编程的。[2]公司的价值定位是：面对需求增加和价格上涨，完全不提供货币供

---

[1] 王倩、杜卓雅：《比特币与黄金避险功能的差异研究——基于VAR-BEKK-GARCH模型》，《管理科学》2022年第2期，第135页。

[2] 赛费迪安·阿莫斯：《货币未来——从金本位到区块链》，李志阔、张昕译，机械工业出版社，2021，第169页。

给弹性。通过这种技术设计，中本聪创造了数字稀缺性的概念。比特币是首个稀缺的、不能被无限复制的数字商品。在数字网络中，将电子对象发送到另一地轻而易举，就像发送电子邮件、文本消息或下载文件，但对这些过程更准确的描述是复制而不是发送，因为数字对象仍然在发送者手中并且可以被无限复制。比特币是首例转移时终止发送者权利的数字商品。

基于研究，本章可以总结出比特币的以下基本特征：其一，稀缺性。作为数字产品，比特币在程序上被设置了 2 100 万的最大发行量，一旦发行完毕则绝对不能增加。其二，价值性。比特币被设计为点对点的电子支付系统，具有即时、匿名、不可篡改的特征，满足了低信任环境中人们对交易安全的需要，因此具有使用价值。同时，当前社会有不少的人将比特币作为投资对象，比特币网站上每天都在发生大量的比特币交易。2023 年 10 月 28 日 21:30 一枚比特币价值为 244 846.27 元，这充分说明了比特币具有交换价值。其三，可支配性。每一个加入比特币网络的成员都会生成自己的地址和私钥，可以将地址和私钥类比为电子邮件地址及其密码。成员可以向其他成员的公开地址发送比特币，成员要使用私钥才能从自己的比特币余额中向外发送比特币。因此，比特币的持有者通过掌握私钥对比特币享有绝对的支配权。其四，虚拟性。虽然比特币在物理层面是由一组数据构成的，但其在功能上则完全是在模拟法定货币。

根据本章的研究，比特币应该属于典型的网络虚拟财产。但在司法实践中，有法院以当前法律法规禁止比特币开发、投资为由不认为比特币为网络虚拟财产。例如，在刘某祥、刘某佚借用合同纠纷案中，刘某佚借给刘某祥之妻万某洁两枚比特币，万某洁死后，刘某佚请求依法判令刘某祥偿还刘某佚比特币两枚或折价赔偿。二审法院认为："我国规范性文件已禁止比特币与法定货币的兑换业务，也禁止境外虚拟货币交易所通过互联网向我国境内居民提供服务，对违法比特币互联网站予以关闭，比特币作为所谓'虚拟货币'的货币两大属性——交换价值尺度和流通手段均被限制,即比特币作为一种虚拟财产缺乏合法经济评价标准,因此,案涉主张返还比特币的纠纷,不属于《中华人民共和国民事诉讼法》规定的人民法院受理民事诉讼的范围。"[①] 该法院之所以认为比特币不是网络虚拟财产,根本原因是对当前的法律法规存在一定的误读。我国政府从 2017 年陆续出台了一系列的法律法规,对加密货币的开发、融资、交易等问题作出规制,其中,2021 年发布的《关于进一步防范和处置虚拟货币交易炒作风险的通知》代表了我国政府对以比特币为代表的加密货币的核心观点和规制措施。该通知明确规定:"虚拟货币不具有与法定货币等同的法律地位。比特币、以太币、泰达币等虚拟货币具有非货币当局发行、使用加密技术及分布式账户或类似技术、以数字化形式存在等主要特点,不具有法偿性,不应且不能作为货币在市场上流通使用。"我们从该通知获知的信息是,相关部门仅仅否定了比特币等加密货币的货币属性,认为其不具有与法定货币等同的法律地位。但加密货币作为一种具有稀缺性、价值性、可支配性、虚拟性的数字产品,是客观存在的事实,这一客观事实决定了加密货币属于网络虚拟财产,其法律属性并不因当前法律法规否定加密货币的货币属性而予以否认。

第二节 "挖矿"取得加密货币

既然前文已得出加密货币是网络虚拟财产这一客观事实,那么接下来涉及的问题是,谁对加密货币享有虚拟财产权,以及该权利包括哪些具体的权能。本章认为,按照加密货币网络程序设定的规则付出算力的矿工应原始取得对加密货币的权利。

[①] 参见(2022)吉 06 民终 236 号民事裁定书。

一、矿工原始取得加密货币财产权

中本聪在非常彻底的证明和验证的基础上构建了比特币，免除了信任第三方的必要性。可以说，比特币运行的核心特征就是验证，因为只有充分的验证，才能完全消除对信任的依赖。网络中的每名成员都会记录每笔交易，以便他们可以共享一个相同的包含余额和交易的账本。当比特币网络上的某名成员向另一名成员转移资金时，所有成员都可以验证发送者是否有足够的金额。每隔 10 分钟，网络节点就会竞相提交新的区块，并更新交易账本。为了在交易账本上提交新区块，节点需要花费算力解决一个难以计算却易于验证的复杂数学问题，这就是工作量证明。只有算出正确解，新区块才能被提交给全体网络成员验证。这些数学问题与比特币交易无关，但必不可少，工作量证明驱使节点不断扩大算力，但是，如果提交的区块中包含不被网络认可的交易，花费的算力就会被浪费。[①]一旦有节点完成了工作量证明并向全网广播了新的区块，其他节点就会验证它的有效性，一旦大多数节点验证完毕，这个区块就会被添加到账本上，节点们会将未被打包的交易放到下一个区块中，并投入解决下一个工作量的竞争，争取获得比特币账本上提交下一个区块的权利。而提交了有效区块的节点将会获得区块奖励，区块奖励包括新币以及区块中包含的所有交易的交易手续费。区块奖励是对矿工消耗资源提交工作量证明的报酬，中本聪将比特币设定为约 10 分钟产生一个新区块，在比特币最初运行的 4 年中，每个区块包含 50 新币奖励，之后减半为 25 新币，并且每 4 年减半一次。第一次减半发生在 2012 年 11 月 28 日，之后新比特币的发行量至每块 25 比特币，根据这一发行计划，比特币供给增加的速度将继续递减，大约在 2140 年的某个时刻，比特币总量接近 2 100 万，届时将不再有新的比特币发行。

[①] 赛费迪安·阿莫斯：《货币未来——从金本位到区块链》，李志阔、张昕译，机械工业出版社，2021，第 164 页。

由于类似贵金属的开采，产生区块的过程又被称为"挖矿"，求解工作量证明的节点被称为"矿工"。区块链奖励是对矿工消耗资源提交工作量证明的报酬。现代中央银行的新币创造用于放贷和政府支出，而新发行的比特币只用于奖励消耗资源更新账本的矿工。同时，比特币的发行曲线是事先固定在程序里的，无论在工作量证明上付出多少努力，都改变不了比特币的发行速度。这种效果是通过难度调整机制实现的，这个机制可以说是比特币设计中最巧妙的部分。随着更多的人选择持有比特币，比特币的市场价值会被逐渐推高，这使挖矿更加有利可图，也促使更多的矿工将更多的资源投入到挖矿中。

矿工"挖矿"的这一过程极为类似洛克阐述的在共同共有背景下财产权的产生过程。洛克认为："土地和一切低等动物为一切人共有，但是每人对他自己享有一种所有权，除他以外任何人都没有这种权利。他的身体所从事的劳动和他的双手所进行的工作，我们可以说，是正当地属于他的。所以，只要他使任何东西脱离自然所提供的和那个东西所处的状态，他就已经掺进他的劳动，在这上面参加他自己所有的某些东西，因而使它成为他的财产。"[1]"既然是由他来使这件东西脱离自然所安排给它的一般状态，那么在这上面就由他的劳动加上了一些东西，从而排斥了其他人的共同权利。因此，既然劳动是劳动者的无可争议的所有物，那么对这一有所增益的东西，除他以外就没有人能够享有权利，至少在留有足够的同样好的东西给其他人所共同的情况下，事情就是如此。"[2]洛克的财产权劳动理论建立的前提是物质资源的共同共有，甚至是消极的共同共有，即劳动者基于劳动可以使属于共有的财产成为私人所有权的客体，而无需其他共有人的积极同意。对此，洛克明确表示："这样把属于全体共同的东西归属自己，是否是盗窃行为呢？如果这样的同意是必要的话，那么，尽管上帝已经给予了人们很丰富的东西，那么人们也早已饿死了。"[3]矿工在获取比特币的过

---

[1][2] 洛克:《政府论》(下篇)，商务印书馆，1964，第18页。
[3] 同[1]第19页。

程中付出了大量的算力，而这一算力的付出又伴随着矿工支出了大量的物力和财力。因此，矿工可依据财产权劳动理论取得加密货币上的财产权。

二、加密货币上虚拟财产权的内容

法律主体对加密货币享有虚拟财产权既是法律定分止争功能的必然要求，也是加密货币程序运行的客观事实。加密货币的自我定位是在未来扮演法定货币的角色，以此避免传统法定货币所具有的种种痼疾，尤其要作为"完美货币"在人类社会生活中承担价值流通、价值储存和价值衡量的功能。然而，加密货币自身并不是完美的，其具有的匿名性和去中心化特征使其往往成为犯罪分子实施犯罪行为的工具，如洗钱、贩卖人体器官、勒索、贩毒等，并对各国现有的货币政策和金融秩序造成了一定程度的威胁。我国政府近年来出台了一系列的法律法规，目的就是限制加密货币的利用范围、利用方式。因此，即使我们承认权利主体对加密货币享有虚拟财产权，该权利内容也应受到法律的严格限制，一旦超出合法范围，它的使用就应当受到法律的否定性评价，甚至应当受到法律的惩罚。

1. 占有权

公钥密码学是一种验证身份的方法，依赖于一组数学相关的数字：公钥、私钥、一个或多个签名。通过私钥可以生成公钥，但无法通过分析公钥来确定私钥的内容，因此私钥必须保密，公钥可以自由传播。比特币就是利用该方法进行身份验证的：某个人公开公钥后，可以对数据进行哈希，然后用私钥签署哈希以创建签名。之后，任何人都可以将签名与之前收到的公钥进行比较，如果发现它们是与数学相关的，就证明拥有私钥的人对数据哈希进行了签名。比特币利用公钥加密技术，实现了在开放的不安全网络中进行安全的价值交换。只有持有私钥，比特币持有者才能动用他的币，而与私钥相关的地址可以广泛传播，没有泄露风险。所有网络成员都可以验证交易中的币是否来自持有正确私钥的人,从而验证交易的有效性。对比特币来讲,唯一的所有权就在于对私钥的掌握。[①] 由此可知,加密货币权利人可以通过私钥实现对加密货币的占有和转移。

2. 受限的处分权

当前司法实践对民事主体是否有权转让加密货币存在激烈争议,本书认为,加密货币的合法取得者在法律范围内享有受限制的转让权。虽然当前我国出台了一系列的法律法规对加密货币予以规制,但通过分析相关法律法规的内容,领略其精神要义,笔者发现当前我国政府规制的重点是加密货币的发行、融资、投资等金融行为,而非绝对禁止加密货币的民事交易。《关于进一步防范和处置虚拟货币交易炒作风险的通知》规定:"虚拟货币相关业务活动属于非法金融活动。开展法定货币与虚拟货币兑换业务、虚拟货币之间的兑换业务、作为中央对手方买卖虚拟货币、为虚拟货币交易提供信息中介和定价服务、代币发行融资以及虚拟货币衍生品交易等虚拟货币相关业务活动涉嫌非法发售代币票券、擅自公开发行证券、非法经营期货业务、非法集资等非法金融活动,一律严格禁止,坚决依法取缔。对于开展相关非法金融活动构成犯罪的,依法追究刑事责任。"该通知的重点是"非法金融活动",就具体内容来看,其所指涉的法律主体并不是民事主体,而是专门从事加密货币金融活动的企业或公司。该通知还规定:"参与虚拟货币投资交易活动存在法律风险。任何法人、非法人组织和自然人投资虚拟货币及相关衍生品,违背公序良俗的,相关民事法律行为无效,由此引发的损失由其自行承担;涉嫌破坏金融秩序、危害金融安全的,由相关部门依法查处。"就该通知来看,规制的对象是投资虚拟货币及相关衍生品的行为,而投资行为则主要是指将金钱或实物投入到公司或某一事务(股票、证券、基金)上,并通过该公司或事务长期经营而

[①] 赛费迪安·阿莫斯:《货币未来:从金本位到区块链》,李志阔、张昕译,机械工业出版社,2021,第183页。

获得一定的收益。加密货币的所谓投资行为往往指的是法律主体将其金钱投给某些加密货币发行机构或基金组织，由其代为买入、卖出加密货币获得收益，以及通过投资矿机开采加密货币的行为。以上加密货币金融活动和参与加密货币投资交易的活动，会在一定程度上扰乱经济金融秩序，滋生赌博、非法集资、诈骗、传销、洗钱等违法犯罪活动，因此属于当前法律规制的重点。

然而，对于上述活动之外的加密货币的金融活动以及投资交易活动，当前的法律法规并未禁止，并且这些活动的处分行为并不存在社会负外部性，无损于社会公共利益。合法取得加密货币的权利人可以将其委托他人保管，借给他人使用，用加密货币交换他人的财产，或卖给其他民事主体，这些转让行为并不违反当前法律法规的禁止性规定，且不违背公序良俗，应得到法律的承认与保护。因此，本书认为，加密货币权利人享有处分权，但该处分权是一种在内容上受到限制的处分权。

3. 收益权

加密货币一定限度内的可转让性可以进一步推出权利人对加密货币享有收益权，既然权利人转让加密货币的行为受到法律保护，那么其当然有权获取转让加密货币所得的对价。同时，加密货币权利人享有收益权还意味着，当持有的加密货币价格上涨时，加密货币权利人有权获得该货币价格上涨的收益。

第三节　加密货币买卖合同有效吗

一、司法争议

当前司法实践中存在大量的以加密货币为标的的买卖合同，该类合同在履行过程中产生了大量的法律纠纷。就其纠纷原因而言，主要分为以下两种：一种是买卖合同订立后以及买受人支付价款后，因出卖人一方未履行加密货币交付义务引发纠纷；另一种是买卖合同订立后以及出卖人交付加密货币后，因买受人未支付合同价款引发纠纷。对加密货币买卖合同纠纷处理的前提是判断合同的法律效力，但是，司法实践对该类型买卖合同法律效力的认定并不一致，由此导致法院的裁判结果截然不同。

在胡某涛与王某杰买卖合同纠纷案中，原告胡某涛将其持有的比特币发送到被告王某杰指定的收币地址，但被告以种种理由拖延付款。法院认为，网络虚拟财产以数据形式存在，具有一定的价值，可以"生产"、持有和合法流转。虚拟财产的权利主体可基于虚拟财产交易，让渡虚拟财产的使用价值，从而获得相应的经济利益。根据《关于防范比特币风险的通知》和《关于防范代币发行融资风险的公告》，我国目前未认可比特币等"虚拟货币"的货币属性，并禁止其作为货币进行流通使用等金融活动，但并未否定虚拟货币可以作为一般法律意义上的财产受到法律的平等保护，也未禁止其作为普通虚拟商品进行交易流转。本案中，胡某涛与他人在境外平台上进行泰达币、比特币等虚拟货币的交易，不属于"代币发行和融资"活动，也不属于代币融资交易平台从事"法定货币与代币、'虚拟货币'相互之间的兑换业务"或"提供定价、信息中介等服务"，亦未违反金融机构和非银行支付机构关于代币发行融资的各项规定，故胡某涛的上述交易行为并未被我国法律所禁止，应属合法有效。最终法院判决，虚拟货币交易并不违反现行法律和政策的规定，权利主体将其合法持有的虚拟货币出售后，理应有权获得相应的交易对价。

但是，在司法实践中，大量以加密货币为标的的买卖合同是被作为无效处理的，核心理由就是加密货币并非真正意义上的货币，不具有法偿性与强制性等货币属性，不具有与货币等同的法律地位。而且，买卖加密货币违反了法律、行政法规的强制性规定，应属无效。因此，加密货币买卖合同纠纷处理的首要前提就是判断加密货币买卖合同的法律效力。

二、效力判断

本书认为，对加密货币买卖合同法律效力的判断应回到既有的法律范式上来，不能简单地以当前相关法律文件否定加密货币的货币属性为由认定加密货币买卖合同无效。当前的法律法规从未明确规定加密货币买卖合同一律无效。因此，对该买卖合同有效或无效的判断必须要服从于法律行为效力判断的一般法律范式。

我国《民法典》第153条规定："违反法律、行政法规的强制性规定的民事法律行为无效。但是，该强制性规定不导致该民事法律行为无效的除外。""违背公序良俗的民事法律行为无效。"该法条明确规定，只有违反法律、行政法规强制性规定的民事法律行为才无效。但是，当前规制比特币的相关规范文件都未达到法律或行政法规的等级，仅属于部门规章或司法解释，它们难以成为判断加密货币买卖合同法律效力的直接依据。

即使我们按照有关学者的观点，将违反法律行为效力判断的法律依据扩张到部门规章和司法解释，但违反法律、行政法规强制性规定的民事法律行为也并非绝对无效。对此，《全国法院民商事审判工作会议纪要》第30条第2款规定："人民法院在审理合同纠纷案件时，要依据《民法总则》第153条第1款和合同法司法解释（二）第14条的规定慎重判断'强制性规定'的性质，特别是要在考量强制性规定所保护的法益类型、违法行为的法律后果以及交易安全保护等因素的基础上认定其性质，并在裁判文书中充分说明理由。下列强制性规定，应当认定为'效力性强制性规定'：强制性规定涉及金融安全、市场秩序、国家宏观政策等公序良俗的；交易标的禁止买卖的，如禁止人体器官、毒品、枪支等买卖；违反特许经营规定的，如场外配资合同；交易方式严重违法的，如违反招投标等竞争性缔约方式订立的合同；交易场所违法的，如在批准的交易场所之外进行期货交易。关于经营范围、交易时间、交易数量等行政管理性质的强制性规定，一般应当认定为'管理性强制性规定'。"第31条"违反规章的合同效力"规定："违反规章一般情况下不影响合同效力，但该规章的内容涉及金融安全、市场秩序、国家宏观政策等公序良俗的，应当认定合同无效。人民法院在认定规章是否涉及公序良俗时，要在考察规范对象基础上，兼顾监管强度、交易安全保护以及社会影响等方面进行慎重考量，并在裁判文书中进行充分说理。"同时，《关于进一步防范和处置虚拟货币交易炒作风险的通知》明确规定，违背公序良俗的加密货币交易活动无效，即任何法人、非法人组织和自然人投资虚拟货币及相关衍生品，违背公序良俗的，相关民事法律行为无效，由此引发的损失由其自行承担。

刘贵祥专委2023年1月10日在全国法院金融审判工作会议上作出了《关于金融民商事审判工作中的理念、机制和法律适用问题》（简称《金融民商事审判适用》）的讲话，对金融案件裁判以及违法合同效力的判断都给出了具体的指导意见，对于我们判断加密货币合同的法律效力具有重要参考意义。他在《金融民商事审判适用》中专门讲到了金融监管规章在金融民商事审判中的适用问题。

金融民商事审判中对金融监管规章的适用问题，一直有争议，实践中把握尺度不一。对这一问题的解决要根据我国立法体例、立法法所规定的法律适用规则，结合金融监管的实际情况进行判断。全国人大常委会在对民法典草案说明时已经明确，"我国民事法律制度建设一直秉持民商合一的传统，把许多商事法律规范纳入民法之中"。据此，民法典等民法规范应当适用于包括金融纠纷在内的各类商事纠纷。同时，要注意到，我国又属于不完全民商合一立法体例，在民法典之外有大量的包括金融法律在内的商事法律规范。正因为如此，《民法典》第11条规定："其他法律对民事关系有特别规定的，依照其规定。"结合《民法典》第11条及立法法有关法律适用规则的规定，可以认为，在民法典、金融行政法律、行政法规没有规定的情况下，人民法院审理金融民商事案件，原则上可以适用或参考金融监管规章的规定。但在适用或参考金融规章时要区别情况，精准把握。大体可以分为两种情况。

第一，金融规章一般不能作为认定金融合同无效的直接依据，但可以作为判断是否违背公序良俗的重要依据或裁判理由。我国民事法律对合同因违法而无效的规定，有一个历史演变的过程，这种演变是随着我国社会主义市场经济的日益完善而日趋审慎和严格。由经济合同法时期的无论违反什么层级、什么性质的法律规范，甚至违反指令性计划都会导致合同无效，到统一合同法限缩为只有违反法律、行政法规的强制性规定才导致合同无效，再到《民法典》第153条即使是违反法律、行政法规的强制性规定也有合同有效的例外情形，是对我国市场经济实践、民事审判实践总结与反思的立法产物。自合同法实施以来，不能以地方法规和规章作为认定合同无效的依据是基本共识，不应改弦易辙。但是，应当充分注意到，金融监管规章可以作为判断金融合同是否违背公序良俗的重要依据或裁判理由。公序良俗是一个极度抽象、弹性的条款，法官判断和适用时理应充分阐明理由，规章中关于维护金融市场基本秩序、维护金融安全、防控系统性金融风险的禁止性规定，可以用来识别是否违背公序良俗。在金融监管规章有关条款构成公序良俗的情况下，可以适用《民法典》第153条第2款的规定认定合同效力。应当强调的是，对公序良俗条款的应用，既要避免"公序良俗"条款泛化，成为滥用裁量权、司法恣意妄为的"挡箭牌"，也要避免对监管规章中有关公共利益的禁止性规定熟视无睹，甚至机械执法，以规章不能作为认定合同无效依据为由，否定对"公序良俗"条款的适用。实践中，对某一金融监管规章的违反是否构成违背公序良俗产生争议，应当向上级法院请示，必要时可层报最高人民法院予以指导，由最高人民法院按一定程序征求有关监管部门的意见，以达成共识。

还应当充分注意到，一些金融监管规章的强制性规定是根据上位法的授权或者是为了落实法律、行政法规的强制性规定而制定的具体规定。也就是说，金融监管规章的强制性规定有上位法的明确依据，只不过该上位法的规定较为原则，其在结合实践经验的基础上，将原则性的规定予以具体化，使原则性的规定具有可操作性。在这种情况下，合同违反的是法律、行政法规的强制性规定，人民法院可依据《民法典》第153条第1款认定合同效力。

第二，虽然金融监管规章不能作为认定合同效力的直接依据，但可以作为认定民事权利义务及相应民事责任的重要参考或依据。金融法律、行政法规无法完全适应金融行业日新月异的快速变化，金融监管规章可以及时补位，填补监管制度漏洞。尤为重要的是，向社会公开发布的金融监管规章，是金融交易的行为规范，交易主体应当遵守，人民法院依此裁判符合社会，特别是金融市场交易主体的预期。诸如售后返租在具备什么条件下构成融资租赁关系，信托通道业务如何定性，上市公司、金融机构关联交易及披露义务的认定，证券欺诈、中介机构责任、金融借贷利率、罚息、高风险理财产品卖方适当性义务的认定等，法院多数情况下要借助监管规章、规范性意见、业务规则进行判断。

结合以上规定，我们可以得出以下结论：违反强制性规定合同效力的最终判断依据是是否违背公序良俗，但公序良俗这一概念的抽象性决定了在具体案件中应结合合同涉及的法益类型、违法行为的法律后果以及交易安全保护等因素综合判断违法合同的法律效力。就加密货币而言，法律保护的公序良俗直接体现为国家金融秩序和安全，基于这一目的，法律规制的行为应当主要是非法金融活动，如开展法定货币与虚拟货币兑换业务、虚拟货币之间的兑换业务、作为中央对手方买卖虚拟货币、为虚拟货币交易提供信息中介和定价服务、代币发行融资以及虚拟货币衍生品交易等虚拟货币相关业务活动涉嫌非法发售代币票券、擅自公开发行证券、非法经营期货业务、非法集资等非法金融活动。因此，在加密货币买卖合同中，如果出卖人或买受人是专门从事虚拟货币发行、买卖或汇兑业务的公司，则其进行的买卖行为构成非法金融活动，此类行为因有害于社会金融秩序安全而无效。但自然人之间买卖加密货币的行为不属于非法金融活动，此类活动并不会对社会公共秩序和善良风俗造成损害，买卖合同并非绝对无效。

三、加密货币买卖合同纠纷的法律规制

从上述内容可知，加密货币买卖合同可能存在有效和无效两种情形，对于有效的买卖合同，双方当事人发生纠纷时应按照合同约定的纠纷处理条款予以救济，如果当事人对违约救济没有约定或者约定不明，则可以采用《民法典》中关于合同违约救济的法律条款予以救济。但是，若加密货币买卖合同无效，此时合同无效的法律后果将如何处理？

司法实践对该问题存在不同的处理方法，而不同的处理方法对当事人利益影响巨大。例如，在李某江、黄某敏买卖合同纠纷案[1]中，法院认为："案涉买卖合同无效，依据《中华人民共和国合同法》第五十八条的规定，合同无效或者被撤销后，因该合同取得的财产，应当予以返还，不能返还或者没必要返还的，应当折价补偿。有过错的一方应当赔偿对方因此所受的损失，双方都有过错的，应当各自承担相应的损失。鉴于李某江与黄某敏作为该CCASH平台的合伙人，对此等数字代币投资风险应当知晓，其双方对合同无效均有同等过错。李某江因该合同而取得的CC币因其非法性而无法也无必要返还黄某敏，在此前提下，其要求黄某敏返还款项，理据不足。"

但是，在彭某与王某平买卖合同纠纷案中，法院则认为，依据《合同法》（已失效）第58条"合同无效或者被撤销后，因该合同取得的财产，应当予以返还；不能返还或者没有必要返还的，应当折价补偿。有过错的一方应当赔偿对方因此所受到的损失，双方都有过错的，应当各自承担相应的责任"之规定，被告应当返还原告购买虚拟货币的本金141 000元；关于资金

---

[1] 参见（2021）粤04民终2401号民事判决书。

占用利息，因合同无效，本院不予支持。

我国《民法典》第157条规定，民事法律行为无效、被撤销或者确定不发生效力后，行为人因该行为取得的财产，应当予以返还；不能返还或者没有必要返还的，应当折价补偿。有过错的一方应当赔偿对方由此所受到的损失；各方都有过错的，应当各自承担相应的责任。法律另有规定的，依照其规定。可见，我国《民法典》对无效合同的处理与原《合同法》的规定基本一致。但是，当前我国政府正在加大对加密货币的打击力度，导致很多加密货币交易平台被关闭，进而导致加密货币的簇拥者一哄而散，其市场价值也随之下降。若按照法律对无效合同的规定，加密货币的购买者可以向出卖人主张返还购买费用，以此全身而退；在加密货币价值上涨的时候，出卖人也可以通过主张买卖合同无效，要求买家返还加密货币。由此可见，在上述情形中，若允许加密货币或合同价金返还，则可能诱发合同主体的背信行为，且不利于保护交易安全。

《全国法院民商事审判工作会议纪要》对合同无效时的财产返还问题作出了最新规定，代表了基于司法实践经验的最新智慧总结，对我们具有重要的启发意义。该纪要第32条第2款规定："在确定合同不成立、无效或者被撤销后财产返还或者折价补偿范围时，要根据诚实信用原则的要求，在当事人之间合理分配，不能使不诚信的当事人因合同不成立、无效或者被撤销而获益。"可见，合同无效后是否应当返还财产以及如何返还财产应坚守诚信原则，任何人不得因不诚信的行为获益。具体而言，加密货币买卖合同无效主要是因当事人进行非法金融活动所致，则此时当事人的主观过错是非常明显的，属于明知行为违法而故意为之。根据《关于进一步防范和处置虚拟货币交易炒作风险的通知》的规定，任何法人、非法人组织和自然人投资虚拟货币及相关衍生品，违背公序良俗的，相关民事法律行为无效，由此引发的损失由其自行承担。此时，合同无效不发生财产返还效果，违法主体不享有财产返还请求权，合同无效导致的结果应由当事人自己承担，不受法律调整、保护。

第四节　违反加密货币委托合同如何救济

一、加密货币委托合同的法律效力

我国《民法典》第919条规定："委托合同是委托人和受托人约定，由受托人处理委托人事务的合同。"实际上，委托合同的适用范围非常广泛，几乎包含所有服务性质的合同，如代理合同、行纪合同、保管合同等。司法实践中存在多种以加密货币为标的的委托合同，如委托保管合同、委托理财合同、委托购买合同等。当前司法实践对加密货币委托合同的法律效力存在争议，进而导致法院对权利人的利益保护诉求存在截然不同的裁判结果。例如，在曾某、谢某洲物权保护纠纷案[①]中，原告曾某委托被告谢某洲管理自己合法持有的泰达币，并将该货币转移到被告账户，随后，被告告知原告该货币丢失，原告要求被告赔偿财产损失。法院认为："比特币、以太币、泰达币等虚拟货币具有非货币当局发行、使用加密技术及分布式账户或类似技术、以数字化形式存在等主要特点，不具有法偿性，不应且不能作为货币在市场上流通使用。虚拟货币相关业务活动属于非法金融活动。参与虚拟货币投资交易活动存在法律风险。任何法人、非法人组织和自然人投资虚拟货币及相关衍生品，违背公序良俗的，相关民事法律行为无效，由此引发的损失由其自行承担；涉嫌破坏金融秩序、危害金融安全的，由相关部门依法查处。根据中国人民银行等部门发布的通知、公告，本案所涉泰达币是一种网络'虚拟货币'，原告曾某委托被告谢某洲操作交易'虚拟货币'的行为，有违金融管制相关的强制性规定，在我国不受法律的保护，上述行为造成的后果应由当事人自行承担，故原告的诉求于法无据，本院不予支持。"

就该案而言，原告的委托事项属于一般的民事法律行为，甚至根本不具有营利性质，该委托行为并不违反法律、行政法规的强制性规定，且不

[①] 参见（2022）川7101民初698号民事判决书。

会对社会公序良俗造成不良影响。但本案法院仅仅以委托的标的为加密货币为由断然否定委托合同的法律效力，对原告的财产返还请求权不予救济，不仅于法无据，且置加密货币权利人的合法权益于不顾，无法在根本上化解纠纷和冲突。所以，我们应当在现有法律的框架内对加密货币委托合同的法律效力作出判断，即该委托合同是否属于非法金融活动，以及是否会对社会秩序和公共利益造成不良影响。

从司法实践来看，加密货币委托合同主要包括加密货币委托理财合同和非加密货币委托理财合同（委托保管、委托持有合同），其中因加密货币委托理财引发的纠纷占据了绝大部分。该类合同的具体委托方式是，委托人支付金钱委托受托人（往往是专门从事加密货币发行或者投资的公司或个人），由其代买加密货币并转移给委托人或者代为持有，受托人接受委托人的指示或按照约定的条件卖出加密货币营利。根据《关于防范代币发行融资风险的公告》，代币发行融资是指融资主体通过代币的违规发售、流通，向投资者筹集比特币、以太币等所谓"虚拟货币"，本质上是一种未经批准非法公开融资的行为。代币发行融资中使用的代币或"虚拟货币"不由货币当局发行，不具有法偿性与强制性等货币属性，不具有与货币等同的法律地位，不能也不应作为货币在市场上流通使用。由此可知，上述公告规定禁止虚拟货币发行融资的重要原因在于虚拟货币不由货币当局发行，如果在市场上进行流通使用，将损害货币的法律地位，扰乱金融秩序。加密货币委托理财合同的投资性质非常明显，其本质上属于加密货币主体未经批准非法实施的公开融资行为，该类合同应属无效。而不属于加密货币投资理财的委托保管、委托持有合同属于正常的民事活动，不存在社会负外部性，合同应视为有效。

二、加密货币委托合同无效的法律救济

本书认为，在当前我国多次颁布规范性文件禁止以加密货币为对象的

非法金融活动的背景下，加密货币投资、理财合同归于无效，并且合同双方当事人都存在主观过错。我国《民法典》第157条规定："民事法律行为无效、被撤销或者确定不发生效力后，行为人因该行为取得的财产，应当予以返还；不能返还或者没有必要返还的，应当折价补偿。有过错的一方应当赔偿对方由此所受到的损失；各方都有过错的，应当各自承担相应的责任。法律另有规定的，依照其规定。"同时，《全国法院民商事审判工作会议纪要》第32条第2款规定："在确定合同不成立、无效或者被撤销后财产返还或者折价补偿范围时，要根据诚实信用原则的要求，在当事人之间合理分配，不能使不诚信的当事人因合同不成立、无效或者被撤销而获益。"第33条规定："合同不成立、无效或者被撤销后，在确定财产返还时，要充分考虑财产增值或者贬值的因素。双务合同不成立、无效或者被撤销后，双方因该合同取得财产的，应当相互返还。应予返还的股权、房屋等财产相对于合同约定价款出现增值或者贬值的，人民法院要综合考虑市场因素、受让人的经营或者添附等行为与财产增值或者贬值之间的关联性，在当事人之间合理分配或者分担，避免一方因合同不成立、无效或者被撤销而获益。在标的物已经灭失、转售他人或者其他无法返还的情况下，当事人主张返还原物的，人民法院不予支持，但其主张折价补偿的，人民法院依法予以支持。折价时，应当以当事人交易时约定的价款为基础，同时考虑当事人在标的物灭失或者转售时的获益情况综合确定补偿标准。标的物灭失时当事人获得的保险金或者其他赔偿金，转售时取得的对价，均属于当事人因标的物而获得的利益。对获益高于或者低于价款的部分，也应当在当事人之间合理分配或者分担。"

以上规定的核心观点可以作以下归纳：其一，合同无效时的财产返还应遵循诚信原则，当事人不能因不诚信行为而获益；其二，合同无效返还的对象是双方因该合同取得的财产；其三，财产利益的返还应在当事人之间合理分配或者分担。以此为主要规则，我们可以对加密货币委托合同无效时的财产返还问题予以分析。

当前我国司法实践对加密货币委托合同无效的处理结果存在较大差异。在田某春、王某玫委托合同纠纷案中，法院判决，田某春与王某玫之间的委托合同当属无效。双方当事人在应当明知"虚拟货币"不得交易的情况下仍然进行交易，双方对于合同无效的后果均存在过错，故对于田某春因购买虚拟货币产生的损失，本院酌定由两人各半负担。[①] 在该案中，法院判决委托人的损失为支出委托款和利息损失，由于双方当事人都存在过错，受托人只需要返还一半的委托款及利益。而在史某庆与付某委托合同纠纷案中，法院认为，原告史某庆决定投资 cvb（一种虚拟货币）一定程度上是基于被告付某的瑕疵推介行为，被告对此存在一定过错；此外，原告作为具有完全民事行为能力的主体，对自身事务负有相应的注意义务，其通过自身的最终决定投资 cvb，亦对其投资损失存在主要过错。本案中，根据原、被告的过错程度，本院确认被告应对原告的损失承担30%的赔偿责任，金额为1 050元，原告自行承担70%的责任。[②] 而在陈某平、董某华、厦门三点零文化传播有限公司民间借贷纠纷案中，法院则认为，公民交易虚拟货币的行为虽系个人自由，但该行为在我国不受法律保护，交易造成的后果和引发的风险应由投资者自行承担。本案中，董某华委托陈某平购买 ZMB（一种虚拟货币）的行为不受我国法律保护，其行为造成的后果以及风险应由董某华自行承担，董某华提出陈某平返还150 000元的诉讼主张无法律依据，本院不予支持。[③]

本书认为，对于该类纠纷的处理首先必须要明确的一点是，基于当前我国法律、行政法规以及规范性文件的规定，双方当事人对加密货币委托理财合同无效的法律后果应该是明知的，其主观过错非常明显，应该对无效后果承担法律责任。因此，一旦双方当事人基于意思一致达成加密货币委托投资理财合同，且受托人按照委托人的要求将其金钱用于加密货币投

---

① 参见（2021）粤0113民初27845号民事判决书。
② 参见（2019）津0104民初1416号民事判决书。
③ 参见（2020）闽0211民初270号民事判决书。

资，完成了在合同中承诺的法律义务，则双方当事人应该自己承担合同无效的不利法律后果，不得要求财产返还。也就是，按照《关于进一步防范和处置虚拟货币交易炒作风险的通知》的规定予以处理。如果基于法律程序对当事人予以财产返还，那么将直接违反合同无效处理的规则——合同无效时的财产返还应遵循诚信原则，当事人不能因不诚信行为而获益。因此，当前司法实践中所发生的加密货币委托理财合同诉讼大部分是投资人在感觉投资收益无法实现时提起的，如果允许其获得投资款，则无疑是通过法律途径获得了加密货币投资的另外一种安全保障。

同时，对大多数投资者来讲，加密货币投资理财涉及艰涩难懂的加密货币专业知识和相关技术操作方式，加密货币投资理财往往是在受托人的协助和说明下进行的。投资人对投资的利用方法和去向往往是不了解的，因此受让人就有可能以投资之名而将投资人的财产挪为他用，侵害委托人的合法财产权益。因此，对于加密货币委托理财合同无效后的处理，受托人要证明其完成了理财委托义务，将投资用于合同约定的事项。如果受托人不能充分证明投资流向和利用方式或者有证据表明受托人将投资用作他用，则应认定为投资人未履行委托义务，受托人以加密货币投资之名侵害投资人的合法财产权益，受托人非法获取的财产利益应当予以返还。例如，在陈某、陈某杰委托合同纠纷案中，陈某、陈某杰将 600 个以太币委托给张某友，由张某友代为进行投资理财，并引发纠纷。一审法院判决，原告将涉案以太币交由被告投资到基于以太坊区块链技术进行开发的创业项目"iotex"，用虚拟货币进行投资的行为在我国不受法律保护，现基于虚拟货币进行投资产生的投资风险及相应后果应由原告自行承担。因此，对原告诉请解除委托合同，要求被告返还 600 个以太币或按照一个以太币折算成 5 000 元的比例赔偿相应的 3 000 000 元损失的诉讼请求，均不予支持。但是二审法院对该案进行了改判，其认为，合同无效不等于无须返还，张某友实际收取了陈某、陈某杰的 600 个以太币，但又未能举证证明已将陈某、陈某杰所有的 600 个以太币投入"iotex"项目，故张某友仍应返还依委托合同取得的以太币。张某友主张已将诉争以太币支付给第三人，即使该主张属实，因陈某、陈某杰与张某友之间系委托合同关系，张某友还需证明其将以太币支付给第三人系应陈某、陈某杰的要求或经陈某、陈某杰同意而为，而张某友提供的微信录音通话记录只能体现通话时长，无法体现双方通话内容，陈某、陈某杰亦予以否认。故张某友对此主张无任何证据可以证明，以太币支付给第三人导致无法返还的责任也应由张某友承担。综上，张某友应返还诉争以太币。[①]

三、加密货币委托合同违约损害赔偿的范围

如果加密货币委托合同（委托保管合同）有效，那么合同当事人都应当按照合同约定履行合同义务，但司法实践中存在大量的受托人违约的案件，由此导致对委托人如何予以法律救济成为一个紧迫的问题。按照《民法典》的规定，若一方当事人违约，当合同存在履行可能时，违约方应当承担继续履行责任。但是，如上面所列举的陈某、陈某杰委托合同纠纷案，被告已经客观上没有能力履行该合同，此时该如何救济委托人的利益呢？我国《民法典》第580条规定："当事人一方不履行非金钱债务或者履行非金钱债务不符合约定的，对方可以请求履行，但是有下列情形之一的除外：（一）法律上或者事实上不能履行……有前款规定的除外情形之一，致使不能实现合同目的的，人民法院或者仲裁机构可以根据当事人的请求终止合同权利义务关系，但是不影响违约责任的承担。"由此可见，当加密货币委托合同客观不能履行时，权利义务将终止。

但合同终止后该如何保护委托人的利益呢？《民法典》第580条告诉我们，合同权利义务终止不影响违约责任的承担，因此，委托人可以要求受托人承担违约责任。如果当事人在合同中约定了违约金，那么违约损害赔偿应以违约金作为赔偿标准，但如果当事人未约定违约金，此时如何确

---

① 参见（2018）闽09民终1819号民事判决书。

定损害赔偿额是司法实践中的一个难题。我国《民法典》第584条规定："当事人一方不履行合同义务或者履行合同义务不符合约定，造成对方损失的，损失赔偿额应当相当于因违约所造成的损失，包括合同履行后可以获得的利益；但是，不得超过违约一方订立合同时预见到或者应当预见到的因违约可能造成的损失。"该条是对违约损害赔偿范围的规定，明确规定损害赔偿额包括合同履行后可以获得的利益。因此，在章某与张某委托合同纠纷案中，虽然原告为购买虚拟货币仅支出了2万元，但原告要求被告以16个以太币在2021年8月23日折合人民币343 118.56元的价格赔偿其损失，该赔偿额实际上就包括了合同履行后可以获得的利益。

但是，就加密货币而言，其市场价值具有波动性，因此对其价值的确定往往需要借助某些虚拟货币交易平台的价格信息，然而当前我国部门规章明确禁止为虚拟货币交易提供信息中介和定价服务，因此当前有关机构或平台提供的虚拟货币定价并不能获得官方的认可，这就在客观上导致虚拟货币的可得利益缺乏计算依据。同时，更重要的是，如果将虚拟货币的增值利益纳入违约损害赔偿的范围，就相当于承认了加密货币的投资价格和储存价值，这或许会进一步助长民事主体投资虚拟货币的热情。基于以上考虑，本书认为，在加密货币委托合同的违约损害赔偿范围确定中，不应将虚拟货币的增值利益计入违约损害赔偿的范围，违约损害赔偿的范围仅包括非违约方的直接损失，如加密货币购买款、加密货币购买款产生的利息、实际支付的委托费用、律师费等。

第五节　加密货币担保权的实现方式

一、司法争议

加密货币具有交换价值，当前司法实践出现了一些以加密货币为标的的担保合同。然而，由于我国相关规范性文件不承认加密货币的货币属性，在司法实践中法院对担保合同的法律效力存在不同的看法。在白某、谷某民间借贷纠纷案①中，谷某作为出借人与借款人白某签订《借款合同》，主要约定：谷某向白某出借货币资金 2 000 000 元，借款担保为 70 个比特币，由白某转入谷某指定的收币地址，币值按 50 000 元/枚计算，即质押 70 个比特币合计 3 500 000 元。在合同履行期间，若比特币币值高于 75 000 元/枚，在留足抵押担保的 3 500 000 元的等值比特币数量后，谷某可出售部分比特币，收益部分双方各获得 50%。双方约定当白某履行完上述还款和利息后，在合同到期时，如质押的比特币价值高于 3 500 000 元，本金部分的 3 500 000 元全部归还白某，收益部分双方各获得 50%；如质押的比特币价值低于或等于 3 500 000 元，则全部退还给白某。同日，优才公司作为出借人与借款人歌华公司签订《借款合同》，约定优才公司向歌华公司出借 3 000 000 元，借款担保人为白某，如歌华公司无法还清优才公司借款，担保人应无条件代为偿还。白某按约定将 70 个比特币转入谷某指定的收币地址，该 3 000 000 元本金到期后，白某无力偿还。白某与谷某协商出售部分比特币以偿还先到期的 3 000 000 元借款本金，故谷某向白某转入 31 枚比特币，白某出售了 26.95 枚比特币后归还了 3 000 000 元借款本金。2020 年 12 月 11 日，谷某按照当日比特币的价格计算，并通过微信向白某发送了计算表格，认为扣除白某尚欠本息，白某转入的 70 个比特币仅剩余 1.499 7 枚，双方对此协商未果，并引发纠纷。

  法院认为，由于涉案质押标的为比特币，根据《关于防范比特币风险的通知》的规定，比特币不具有与货币等同的法律地位，不能且不应作为货币在市场上流通使用。因此，从性质上看，比特币是一种特定的虚拟商品，不具有与货币等同的法律地位。2017 年中国人民银行等七部门联合发布《关于防范代币发行融资风险的公告》也重申了上述规定，同时，从防范金融风险的角度进一步提出，任何所谓的代币融资交易平台不得从

---

① 参见（2022）川 01 民终 3343 号民事判决书。

事法定货币、代币、"虚拟货币"之间的兑换业务，不得买卖或作为中央对手买卖代币或"虚拟货币"，不得为代币或"虚拟货币"提供定价、信息中介等服务。而质权的设立应当符合法律的规定，若以比特币充当质押物，实质上是变相地认可比特币为担保债务履行可以进行买卖交易，与上述文件精神不符，有悖于国家宏观政策，有损市场秩序的稳定以及社会公共利益的维护。虚拟货币无真实价值支撑，价格极易被操纵，相关投机交易活动存在虚假资产风险、经营失败风险、投资炒作风险等多重风险，在我国不受法律保护。因此，以比特币设立质权，不符合物权法定中的"物权种类法定"原则，该质权不成立。对于白某要求谷某对转入谷某账户的39枚比特币行使质权，折价偿还本息返还剩余比特币或者赔偿损失的诉请，一审法院不予支持。但是，司法实践中有的法院则认为以加密货币为标的的担保合同有效。在应某雷、许某委托合同纠纷案中，法院就认为："……这表明原告自愿同意将其委托被告置换的T币（虚拟货币，具有财产属性）质押给被告作为×燕欠被告15万元债务的担保，该质押行为系原告的真实意思表示，本院予以认定有效。"[①]该类纠纷涉及的核心问题是，加密货币能否成为担保物，以此为标的的担保合同是否有效。

二、效力判断

我国《民法典》第395条第1款规定，债务人或者第三人有权处分的下列财产可以抵押：（1）建筑物和其他土地附着物；（2）建设用地使用权；（3）海域使用权；（4）生产设备、原材料、半成品、产品；（5）正在建造的建筑物、船舶、航空器；（6）交通运输工具；（7）法律、行政法规未禁止抵押的其他财产。由此可见，只要满足了债务人或第三人对某财产享有处分权，以及法律、行政法律未禁止对该财产进行抵押，就可以在某财产上设立抵押权。同时，我国《民法典》第426条规定："法律、行政

---

① 参见（2021）浙1081民初3189号民事判决书。

法规禁止转让的动产不得出质。"该条的字面意思是，法律、行政法规未禁止转让的动产都可以出质设立质押权。因此，我们就需要结合加密货币上的权利性质和当前的相关规定，判断加密货币能否成为抵押权和质押权的设立对象。

前文我们已经得出结论，加密货币属于网络虚拟财产，权利人对其享有虚拟财产权，并享有持有、收益和一定的转让权能。所以，加密货币能不能成为抵押或质押标的的关键就在于，当前法律、行政法规是否禁止加密货币的转让。首先，当前我国规制加密货币的规范性文件的等级都较低，在法律、行政法规层面没有禁止加密货币转让的直接规定。其次，当前的规范性文件也并未禁止加密货币的转让。对于该问题本书已经反复说明，当前的规范性文件仅否定了加密货币的货币属性，禁止以加密货币为对象开展非法金融活动，但并未明确规定禁止加密货币转让。最后，基于私法自治的原则，法无禁止即可为。在当前法律、行政法规未禁止加密货币转让的前提下，加密货币可以成为抵押权和质押权的设立对象，以加密货币为标的的担保合同有效。

三、加密货币上担保权的实现方式

我国《民法典》规定，债务人不履行到期债务或者发生当事人约定的实现担保权的情形，担保权人可以与担保人协议以担保财产折价或者以拍卖、变卖该担保财产所得的价款优先受偿。具体到加密货币这一财产类型，基于当前我国规制加密货币的方式和目的，我们需要对其实现担保权的方式作出适当限制，以确保在保护债权人合法利益的同时不会损害社会公共秩序和利益。

我国《民法典》规定了实现担保权的三种具体方式，即折价、拍卖、变卖。首先，折价是指，债务履行期限届满后，担保权人与担保人协议将担保财产折抵一定价款的行为。就加密货币担保而言，债权人原本享有合法债权,当其债权不能实现时,将作为担保财产的加密货币折价并冲抵债务,仅在担保人和债权人之间发生法律效力,不存在危害社会公共秩序和公共利益的负外部性,与当前我国相关文件的规制目的并不冲突。其次,按照 2015 年修正的《拍卖法》的规定,拍卖是指以公开竞价的形式,将特定物品或者财产权利转让给最高应价者的买卖方式。就加密货币而言,以拍卖的方式实现担保权存在客观障碍,由于加密货币的技术设计,对加密货币起到支配作用的私钥掌握在担保人手中(或心中),如果担保人不愿意交出该加密货币的私钥则拍卖根本无法实现。同时,即使担保人自愿交出私钥并配合拍卖,但是拍卖的公开竞价形式会产生通过法院和拍卖机构为加密货币定价的实际效果,而这一做法明显违背了《关于进一步防范和处置虚拟货币交易炒作风险的通知》中"禁止为虚拟货币交易提供信息中介和定价服务"的规定。所以,本书认为,拍卖不能作为以加密货币为标的的担保权的实现方式。最后,变卖是指,将担保财产出卖,以获得的价款清偿债务。变卖担保财产可由司法机关、担保人、债权人实施。《最高人民法院关于人民法院网络司法拍卖若干问题的规定》第 26 条规定:"网络司法拍卖竞价期间无人出价的,本次拍卖流拍。流拍后应当在三十日内在同一网络司法拍卖平台再次拍卖,拍卖动产的应当在拍卖七日前公告;拍卖不动产或者其他财产权的应当在拍卖十五日前公告。再次拍卖的起拍价降价幅度不得超过前次起拍价的百分之二十。再次拍卖流拍的,可以依法在同一网络司法拍卖平台变卖。"第 37 条第 1 款规定:"人民法院通过互联网平台以变卖方式处置财产的,参照本规定执行。"由此可见,司法变卖也具有公开性的特征,基于上述理由,司法变卖不适用于作为以加密货币为标的的担保权的实现方式。除了司法变卖外,变卖加密货币也可以由担保人或债权人直接实施,此时涉及的一个问题是,担保人或债权人变卖加密货币的行为是否违反当前法律、行政法规的强制性规定或违背公序良俗。本书认为,担保人或债权人出卖加密货币的行为属于一般的民事行为,而非以加密货币为投资或融资对象的非法金融行为,该行为不会产生负外部性且不违背公序良俗。

因此,本书认为,以加密货币为标的的担保物权的实现应采取折价、担保人或债权人变卖的方式,司法拍卖和变卖的方式有悖于当前规范性文件中禁止为加密货币交易提供信息中介和定价服务的规定。

第六节 借了加密货币不还怎么办

加密货币出借合同纠纷主要是因借用人在出借到期后不予返还引发的。司法实践对该类纠纷处理面临的问题是,出借人是否享有加密货币返还请求权,以及当借用人不能返还时该如何对出借人予以法律救济。对于这些问题,当前法院的裁判观点并不一致。在丁某与翟某杰返还原物纠纷案[1]中,原告翟某杰将五万个莱特币出借给被告丁某,约定到期后返还,但到期后被告尚欠33 000个莱特币未返还。法院判决认为,莱特币具有稀缺性、可支配性等特点。2013年12月,中国人民银行等五部门联合发布《关于防范比特币风险的通知》,其中载有"从性质上看,比特币应当是一种特定的虚拟商品"的内容。此后中国人民银行等部门又于2017年9月发布《关于防范代币发行融资风险的公告》、于2021年9月发布《关于进一步防范和处置虚拟货币交易炒作风险的通知》等文件,其中明确虚拟货币不具有与法定货币等同的法律地位,不应且不能作为货币在市场上流通使用;另规定虚拟货币相关业务活动具有违法性;法人、非法人组织和自然人投资虚拟货币及相关衍生品,违背公序良俗的,相关民事法律行为无效。但并无法律、行政法规或部门规章等规定否定虚拟货币本身作为虚拟财产的可保护性。本案中,虽然丁某系依据借用关系取得翟某杰向其出借的莱特币,但因其承诺返还的时间已经届满,继续占有翟某杰的莱特币

---

[1] 参见(2022)京01民终5972号民事判决书。

的行为并无合法依据，翟某杰有权以返还原物为由向其主张返还。在本案中，法院明确加密货币权利人享有返还请求权。

但是，在刘某祥、刘某佚借用合同纠纷案中，刘某祥与万某洁系夫妻关系。2019年6月20日，万某洁以给其与刘某祥的儿子买房为由，向朋友刘某佚借用比特币2枚，并于当日向刘某佚出具了借条。万某洁于2020年4月21日死亡。一审法院判决，作为互联网虚拟物品的比特币，虽不具有货币属性，但具有商品属性，可以作为商品自由买卖，我国法律、行政法规并未禁止比特币的持有和合法流转。故对刘某祥提出的比特币交易涉嫌经济犯罪的辩解意见，不予采纳……因比特币系"虚拟货币"，如果刘某祥无法返还比特币，可比照2019年6月20日（借币日期）比特币的收盘价赔偿刘某佚的损失。但是，该案二审法院却认为，我国规范性文件已禁止比特币与法定货币的兑换业务，也禁止境外虚拟货币交易所通过互联网向我国境内居民提供服务，对违法比特币互联网站予以关闭。比特币作为所谓"虚拟货币"的货币两大属性——交换价值尺度和流通手段均被限制，即比特币作为一种虚拟财产缺乏合法经济评价标准，因此，案涉主张返还比特币的纠纷，不属于《民事诉讼法》规定的人民法院受理民事诉讼的范围，应驳回起诉，不予受理。[①]可见，对于加密货币出借合同纠纷我们必须要回答的问题是，该合同是否有效，以及该如何对出借人予以法律救济。

出借行为是民事生活中一种非常常见的法律行为，主要发生在自然人主体之间，出借人出借加密货币往往基于对借用人的信任，并且出借人也未从中获取相关利益。因此，出借加密货币并非当前我国规范性文件中明令禁止的行为，并不存在负外部性效果，不会对社会公序良俗造成损害。加密货币权利人依法享有网络虚拟财产权，而该权利的享有必然依赖于对加密货币的持有和控制，因此，当借用人到期不返还加密货币时，出借人就有权主张原物返还。但是，司法实践中的难点在于，若借用人不愿或客

[①] 参见（2022）吉06民终236号民事裁定书。

观不能返还加密货币，此时该如何对借用人予以法律救济，金钱损害赔偿是否会违背当前规范性文件的规制目的。

　　本书认为，出借人享有合法的网络虚拟财产权，当借用人不愿或客观不能返还加密货币时，应通过金钱损害赔偿的方式对出借人的网络虚拟财产权进行救济，这既是我国立法保护公民合法财产权的必然要求，同时也是社会主义核心价值观和民事交往中诚信原则的重要体现。对出借人的网络虚拟财产权进行金钱损害赔偿的关键是，如何计算其具体的损害赔偿额。此外，对出借人损害赔偿金额的计算应综合出借人获取加密货币的费用、借用人是否因加密货币获利、加密货币的市场价值等因素予以确定，同时应遵循对纠纷存在过错或不诚信一方不得因其违约行为而获得额外利益。具体而言，第一，若加密货币为出借人有偿取得，同时，借用人未因加密货币而获有利益，则应以出借人为获取加密货币而支付的费用计算损害赔偿额；第二，若加密货币为出借人无偿取得，但借用人因该加密货币获取了相关利益，则应以借用人获取的利益计算损害赔偿额；第三，若加密货币为出借人有偿取得，且借用人因该加密货币获取了相关利益，则应比较出借人支出的费用和借用人获取的利益，以较大者作为损害赔偿的依据；第四，若加密货币为出借人无偿取得，且借用人未因该加密货币获取任何相关利益，此时可按照借币时该加密货币的市场价格计算损害赔偿额。

图书在版编目（CIP）数据

网络虚拟财产：权利的消解与再造 / 赵自轩著. --北京：中国人民大学出版社，2023.12
（数字法治与数字中国丛书 / 周尚君主编）
ISBN 978-7-300-32338-1

Ⅰ. ①网… Ⅱ. ①赵… Ⅲ. ①互联网络—个人财产—法律—研究—中国 Ⅳ. ①D922.174

中国国家版本馆CIP数据核字（2023）第205268号

数字法治与数字中国丛书
周尚君　主　编
网络虚拟财产：权利的消解与再造
赵自轩　著
Wangluo Xuni Caichan: Quanli de Xiaojie yu Zaizao

出版发行	中国人民大学出版社		
社　　址	北京中关村大街31号	邮政编码　100080	
电　　话	010-62511242（总编室）	010-62511770（质管部）	
	010-82501766（邮购部）	010-62514148（门市部）	
	010-62515195（发行公司）	010-62515275（盗版举报）	
网　　址	http://www.crup.com.cn		
经　　销	新华书店		
印　　刷	北京昌联印刷有限公司		
开　　本	720 mm×1000 mm　1/16	版　次	2023年12月第1版
印　　张	19.25　插页1	印　次	2023年12月第1次印刷
字　　数	262 000	定　价	78.00元

版权所有　侵权必究　　印装差错　负责调换